W0294723

NZZ Libro

Johannes Rüegg-Stürm
Stefan Sander

Controlling für Manager

Grundlagen, Methoden, Anwendungen

8., überarbeitete Auflage

Verlag Neue Zürcher Zeitung

Mix
Produktgruppe aus vorbildlich bewirtschafteten Wäldern und anderen kontrollierten Herkünften
www.fsc.org Zert.-Nr. GFA-COC-001298
© 1996 Forest Stewardship Council
FSC

Bibliografische Information der Deutschen Nationalbibliothek
Die Deutsche Nationalbibliothek verzeichnet diese Publikation in der Deutschen Nationalbibliografie; detaillierte bibliografische Daten sind im Internet über http://dnb.d-nb.de abrufbar.

8., überarbeitete Auflage 2009

© 2009 Verlag Neue Zürcher Zeitung, Zürich
Gestaltung und Satz: Atelier Mühlberg, Basel
Druck, Einband: Kösel GmbH, Altusried-Krugzell

Dieses Werk ist urheberrechtlich geschützt. Die dadurch begründeten Rechte, insbesondere die der Übersetzung, des Nachdrucks, des Vortrags, der Entnahme von Abbildungen und Tabellen, der Funksendung, der Mikroverfilmung oder der Vervielfältigung auf andern Wegen und der Speicherung in Datenverarbeitungsanlagen, bleiben, auch bei nur auszugsweiser Verwertung, vorbehalten. Eine Vervielfältigung dieses Werkes oder von Teilen dieses Werkes ist auch im Einzelfall nur in den Grenzen der gesetzlichen Bestimmungen des Urheberrechtsgesetzes in der jeweils geltenden Fassung zulässig. Sie ist grundsätzlich vergütungspflichtig. Zuwiderhandlungen unterliegen den Strafbestimmungen des Urheberrechts.

ISBN 978-3-03823-516-3

www.nzz-libro.ch
NZZ Libro ist ein Imprint der Neuen Zürcher Zeitung

Dank

Ein Buch entsteht selten im Kopf oder auf dem Papier, sondern im Dialog. In diesem Sinne haben uns mehrere Personen innerhalb und ausserhalb unserer Familien seit längerer Zeit freundschaftlich und tatkräftig unterstützt. Ihnen allen danken wir ganz herzlich:

- *Hans Rüegg-Hauser* und *Hans Sander*, engagierten Unternehmern und Controllern mit langjährigen praktischen Erfahrungen, für unzählige lehrreiche Gespräche,
- *Alexander Arnold* und *Jürgen Baumann* für die wertvolle Unterstützung bei den redaktionellen Schlussarbeiten und für viele Detailverbesserungen bei den verschiedenen Neudrucken des Buchs,
- *Ines Hartmann* für ihren hervorragenden Einsatz bei der Überarbeitung dieser Neuauflage. Neben ihrer inhaltlichen Arbeit hat auch ihr Durchhaltewillen entscheidend zur Veröffentlichung beigetragen.

Schliesslich danken wir unseren Lebenspartnerinnen Gabriela und Gudrun und unseren Kindern für den motivierenden Lebenskontext, ihre Inspiration und das erforderliche Verständnis.

St. Gallen, 9. Februar 2009
Johannes Rüegg-Stürm und Stefan Sander

Inhaltsübersicht

Als Zielgruppe möchte das vorliegende Buch grundsätzlich all diejenigen Berufstätigen und Studierenden ansprechen, die aufgrund ihrer beruflichen Tätigkeit bzw. ihres Studiums an Controlling-Fragen interessiert sind, aber bisher (noch) keine eigentliche Grundausbildung im Bereich von Controlling, Finanz- und Rechnungswesen absolviert haben. Das Buch richtet sich besonders auch an solche Führungskräfte, die in leitenden Positionen (Abteilungsleitung, Bereichsleitung, Geschäftsleitung) tätig sind und keine betriebswirtschaftliche Ausbildung genossen haben (aber beispielsweise ein anderes Studium) und in Zukunft aus Zeitmangel auch nicht in die Lage kommen werden, ihre Kompetenz auf dem Controlling-Gebiet mithilfe von Seminaren oder Nachdiplomstudien zu ergänzen.

Demzufolge dient das Buch dem Zweck, die wichtigsten Grundlagen und Zusammenhänge eines führungsorientierten Controllings zu vermitteln, gewissermassen die «Basics of Controlling for Non-Financials».

Besonderes Gewicht wird auf eine möglichst ballastfreie Integration von zentralen Grundkenntnissen im Bereich von Rechnungswesen und Controlling gelegt. Deshalb wird nicht nur auf einen «Literaturapparat» verzichtet, sondern auch auf eine profunde Vermittlung von Techniken (zum Beispiel der Kostenrechnung), die im Controlling üblicherweise angewandt werden. Deren Beherrschung soll den Spezialistinnen und Spezialisten des Controller-Dienstes vorbehalten bleiben.

Gegenüber der früheren Ausgabe wurde dieses Buch vollständig überarbeitet. Die Grundlagen des finanziellen und betrieblichen Rechnungswesens wurden beibehalten, aber mit neuen Erkenntnissen auf dem Gebiet des Controllings ergänzt und aktualisiert. Ebenfalls wurde die Reihenfolge der Module etwas angepasst.

Im folgenden Schema sind der Aufbau und die wesentlichen Bezugspunkte des vorliegenden Buches dargestellt.

Aufbau des Buches

Kernidee	*Modul 1:* *Zweck und Inhalt des Controllings* Prozess der Planung und vorausschauenden Feinsteuerung (Aktionsorientierung)		
Messinstrumentarium	**Systematik der Datenaufbereitung**		
	Modul 2: *Finanzielles Rechnungswesen* Navigation des Gesamtunternehmens in seiner externen Umwelt	*Modul 3:* *Investitionsrechnung/ Unternehmensbewertung* Transparenz über den (langfristigen) Erfolgsbeitrag einzelner Objekte / Projekte	*Modul 4:* *Betriebliches Rechnungswesen* Transparenz über Erfolgsbeiträge der internen Leistungserstellung (Marktleistungen, Bereiche)
Arbeiten im Cockpit	*Modul 5:* *Reporting als Plattform für die Durchführung von Planung und Feinsteuerung*		
	Planungsrechnungen (für die operative Planung)	Statusberichte (für die laufende Feinsteuerung)	

Modul 1

Kernidee	*Modul 1:* *Zweck und Inhalt des Controllings* Prozess der Planung und vorausschauenden Feinsteuerung (Aktionsorientierung)

Im *ersten Modul* wird das dem Buch zugrunde liegende Verständnis, das heisst die *Kernidee* von Controlling, erläutert. Controlling wird als dauernder Prozess verstanden, der aus einem stets wiederkehrenden Zusammenspiel der Kernaktivitäten *Planung* und *Feinsteuerung* besteht. Inhaltlich gesehen umfasst Controlling nicht alle Tätigkeitsaspekte der Unternehmensführung, wohl aber alle finanzwirtschaftlichen.

Controlling ist vergleichbar mit dem Steuern eines Flugzeuges, Autos oder Schiffes. Wir werden in den nachfolgenden Ausführungen immer wieder auf dieses Bild zurückkommen.

Module 2 bis 4

Messinstrumentarium	**Systematik der Datenaufbereitung**		
	Modul 2 *Finanzielles Rechnungswesen*	*Modul 3* *Investitionsrechnung/ Unternehmensbewertung*	*Modul 4* *Betriebliches Rechnungswesen*
	Navigation des Gesamtunternehmens in seiner externen Umwelt	Transparenz über den (langfristigen) Erfolgsbeitrag einzelner Objekte/Projekte	Transparenz über Erfolgsbeiträge der internen Leistungserstellung (Marktleistungen, Bereiche)

Um ein Flugzeug steuern zu können, müssen *Messinstrumente* vorhanden sein, welche die externe Position des Flugzeuges anzeigen. Dies genügt jedoch noch nicht. Auch im Flugzeug selber ablaufende Prozesse und Zustände müssen mit Messinstrumenten überwacht werden können, zum Beispiel die aktuelle Leistung der Triebwerke, der Treibstoffstand usw.

Im zweiten, dritten und vierten Modul wird dieses Messinstrumentarium des Controllings vorgestellt. Dabei liegt die Konzentration auf den wichtigsten und gebräuchlichsten Instrumenten, die in der Praxis zur Anwendung gelangen, und es wird dabei insbesondere auch die Systematik der Datenaufbereitung erläutert.

Im *zweiten Modul* werden die konzeptionellen Grundlagen des *finanziellen Rechnungswesens* erörtert. Das finanzielle Rechnungswesen dient nicht nur der Unterstützung der Unternehmensführung, sondern richtet sich auch an externe Anspruchsgruppen eines Unternehmens.

Die Instrumente des finanziellen (wie auch des betrieblichen) Rechnungswesens dienen der Ermittlung des Geschäftserfolgs *innerhalb einer bestimmten Periode.* Es gibt aber Objekte und Projekte, deren finanzielle Wirkungen (Ausgaben und Nutzen) den relativ engen zeitlichen Rahmen des finanziellen und betrieblichen Rechnungswesens sprengen. Deshalb bedarf eine Beurteilung der Wirkungen von einzelnen Investitionsobjekten und -projekten über deren gesamte Nutzungsdauer eines speziellen finanzwirtschaftlichen Instrumentariums: der *Investitionsrechnung.* Im *dritten Modul* werden hierzu die wichtigsten Methoden vorgestellt. Ebenfalls in dieses Gebiet gehört die Unternehmensbewertung, die auf derselben Methodik beruht.

Das finanzielle Rechnungswesen bildet die *Grundlage* für ein aussagekräftiges Controlling, im Hinblick auf die Nachfrage nach Führungsinformationen bedarf es indessen einer wesentlichen Ergänzung: eines massgeschneiderten betrieblichen Rechnungswesens. Im *vierten Modul* werden deshalb die Instrumente eines modernen *betrieblichen Rechnungswesens* behandelt.

Modul 5

Arbeiten im Cockpit	*Modul 5:* *Reporting als Plattform für die Durchführung von Planung und Feinsteuerung*	
	Planungsrechnungen (für die operative Planung)	Statusberichte (für die laufende Feinsteuerung)

Die gesamte Informationsaufbereitung im Rahmen des finanziellen und betrieblichen Rechnungswesens dient der Unterstützung der *Unternehmensführung im «Unternehmenscockpit».*

Das Unternehmenscockpit, das heisst alle Orte eines Unternehmens, an denen zielgerichtet auf den Kurs des Unternehmens Einfluss genommen wird, ist vergleichbar mit einer Plattform, auf der teils periodisch, teils in einem kontinuierlichen Prozess Daten präsentiert, interpretiert und in Steuerungsinputs transformiert werden.

Das *Reporting* stellt eine solche Plattform dar. Es dient dazu, Transparenz über die finanziellen Wirkungen der laufenden und zukünftigen Geschäftstätigkeit zu schaffen.

Das Berichtswesen als Arena oder Plattform des Controllings wird durch das Messinstrumentarium des finanziellen und betrieblichen Rechnungswesens mit Daten versorgt. So sollen Statusberichte (Ergebnisrechnungen) möglichst einfach und prägnant zum Ausdruck bringen, inwiefern sich das Unternehmen auf Kurs befindet oder ob Bedarf an Korrekturmassnahmen besteht. Planungsrechnungen haben demgegenüber die Aufgabe, ein transparentes finanzielles Gesamtbild der gemeinsam festgelegten, zukünftigen Marschrichtung (Strategie) zu vermitteln.

Alle Daten (Berichte) bilden somit stets den *Ausgangspunkt* für mögliche weiterführende *Steuerungsaktivitäten* (Massnahmen, Aktionen). Diese müssen auf der Berichtswesen-Plattform gemeinsam erarbeitet und diskutiert werden.

> *Statusberichte* (Ergebnisrechnungen) können als Ausgangsbasis für die nächste Planungsrunde dienen.
>
> In *Planungsrechnungen* festgehaltene finanzielle Ziele stellen umgekehrt zentrale Orientierungspunkte für die Feinsteuerung der laufenden Geschäftsaktivitäten dar.

Im Reporting als Controlling-Plattform benötigen wir somit ein Ordnungsgerüst (Ordnungsform, Struktur), auf dessen Grundlage systematisch aufbereitete Daten zur laufenden und zukünftigen Geschäftstätigkeit (Ergebnis- und Planungsrechnungen) in einer möglichst verständlichen «finanziellen Sprache» dargestellt und in eine entsprechende Diskussion eingebracht werden können.

Ein solches Ordnungsgerüst bestimmt die *Aussageform* und den *Detaillierungsgrad* der Steuerinformationen. Solche Steuerinformationen können den Charakter von Plan-Daten oder Ist-Daten haben (zum Beispiel nach Kunden oder Regionen differenzierte Umsatzziele und Umsatzergebnisse). Auf der Berichtswesen-Plattform können solche Steuerinformationen die Erarbeitung von Korrekturmassnahmen veranlassen, deren finanzielle Wirkungen – «übersetzt» in finanzielle Plan- oder Feinsteuerungsgrössen (Ziele) – in das Messinstrumentarium des finanziellen und betrieblichen Rechnungswesens zurückfliessen, wo sie anschliessend beispielsweise zu einem Mehrjahresplan oder zu einer revidierten Erwartungsrechnung («letzten Schätzung») integriert werden. Diese kann ihrerseits wiederum den nächsten Input für die Berichtswesen-Plattform des Controllings darstellen usw.

Controlling-Aktivitäten auf der Berichtswesen-Plattform bilden deshalb Elemente eines kontinuierlichen Zielfindungs-, Zielvereinbarungs- und Feinsteuerungsprozesses, bei dem die finanziellen Ursachen und Folgen der Unternehmensentwicklung *transparent* und damit einer *zielgerichteten Beeinflussung* zugänglich gemacht werden.

Die vorliegenden Ausführungen sollen dazu Hilfe leisten, dass Sie sich als Leserinnen und Leser dieses Buches im Sinne eines Lerntransfers darüber Klarheit verschaffen können,

- welche *Controlling-Informationen* für die Führung Ihres eigenen Bereiches oder Unternehmens eine wichtige Bedeutung aufweisen,
- welche *Controlling-Instrumente* (Messinstrumentarium) zu deren Erarbeitung notwendig sind und
- wie Sie mit der Problematik von *Planung* und *Feinsteuerung* im Rahmen des *Berichtswesens*
  - von der *Psycho-Logik* (Verhaltensgrundsätze bei der Bewältigung von Controlling-Aufgaben) und
  - von der *Logik* (Form und Struktur von Berichten) her angemessen umgehen können.

Zu diesem Zweck soll die im **Modul 1** vorgestellte Idee von Controlling als Zusammenspiel von Planung und Feinsteuerung beim Lesen des Buches im Sinne eines «Selbst-Controllings» ein erstes Anwendungsfeld finden.

Zu Beginn jedes Moduls findet sich zur Orientierung die Übersichtsabbildung über das Rechnungswesen mit einer kurzen Angabe zum Inhalt des folgenden Moduls und der Einbettung desselben in den Gesamtkontext.

Am Schluss aller grösseren Abschnitte befindet sich zusätzlich eine Zusammenfassung mit den wichtigsten Inhalten der vorhergehenden Kapitel. Nach dieser Zusammenfassung gibt es eine Frageliste, anhand derer Sie selber prüfen können, in welchen Gebieten Sie sich möglicherweise noch etwas unsicher fühlen. Zum Zweck der Unterstützung Ihrer persönlichen «Feinsteuerung» finden Sie neben den Fragen auch die entsprechenden Seitenangaben, wohin Sie zurückspringen können, um zielgerichtet allfällige Lücken zu füllen.

Controlling als betriebswirtschaftliches Fachgebiet hat eine Tradition. Das vorliegende Buch nimmt wertvolle Stränge einer über Jahre gewachsenen, in Praxis und Lehre bewährten Controlling-Tradition auf. In diesem Sinne orientieren sich die Ausführungen dieses Buches im Wesentlichen an folgender empfehlenswerter Literatur:

- A. Deyhle, B. Steigmeier und Autorenteam, *Controller und Controlling*, Haupt: Bern 1993.
- L. Rieder, H. Siegwart, *Neues Brevier des Rechnungswesens*, 5. überarbeitete Auflage, Haupt: Bern 2005.
- H. Siegwart, Kennzahlen für die Unternehmungsführung, 6. aktualisierte und erweiterte Auflage, Haupt: Bern 2003.

Hilfreiche Angaben zu den behandelten Themen finden sich auch in:

- A. Deyhle, *Controller-Praxis*, 14. Auflage, 2 Bände, Verlag für Controlling-Wissen: Offenburg 2001.
- A. Deyhle, *Controller-Handbuch*, 4. überarbeitete Auflage, 6 Bände, Gauting/ Management Service Verlag: München 1996.
- R. Dubs, D. Euler, J. Rüegg-Stürm, Ch. E. Wyss, *Einführung in die Managementlehre*, Haupt: Bern 2004.
- P. Gomez, *Wertmanagement*, Econ: Düsseldorf 1993.
- C. Helbling, *Unternehmensbewertung und Steuern*, 9. Auflage, skv: Zürich 1998.
- S. Hostettler, *Economic Value Added (EVA): Darstellung und Anwendung auf Schweizer Aktiengesellschaften*, 5. Auflage, Haupt: Bern 2002.
- Horváth & Partner, *Balanced Scorecard umsetzen*, 4. Auflage, Schäffer-Poeschel: Stuttgart 2007.
- IGC International Group of Controlling, *Das Controller Wörterbuch*, 3. überarbeitete und erweiterte Auflage, Schäffer-Poeschel: Stuttgart 1999.
- R. Kaplan, D. Norton, «*Measures that Drive Performance*», in: Harvard Business Review, January–February 1992, S. 72–79.
- R. Lanz, *Controlling in kleinen und mittleren Betrieben*, 3. Auflage, Haupt: Bern 1992.
- R. Lutz, M. Boemle, *Der Jahresabschluss*, 5. Auflage, skv: Zürich 2008.
- Th. Reichmann, *Controlling mit Kennzahlen und Management-Tools*, 7. überarbeitete und erweiterte Auflage, Vahlen: München 2006.
- S. Reinecke, S. Janz, *Marketingcontrolling: Sicherstellen von Marketingeffektivität und -effizienz*, Kohlhammer: Stuttgart 2007.
- E. Staehelin, *Investitionsrechnung*, 10. überarbeitete und aktualisierte Auflage, Rüegger: Zürich 2007.
- G. B. Stewart, *The Quest for Value*, HarperCollins: New York 1991.

Inhaltsverzeichnis

Modul 1
Zweck und Inhalt des Controllings

Modul 2
Finanzielles Rechnungswesen

Modul 3
Zukunftsgerichtete finanzielle Führung und Analyse:
Investitionsrechnung und Bewertungsverfahren

Modul 4

Betriebliches Rechnungswesen

Anhang

Modul 1
Zweck und Inhalt des Controllings

1 Controlling im Rahmen der Gesamtführung

Controlling ist ein zentrales Element der *finanziellen Führung*. Controlling hat auf der einen Seite mit Geld bzw. Finanzen und auf der andern Seite mit Führung zu tun. Auf den Aspekt der Führung wird im Kapitel 2 näher eingegangen.

Jedem Unternehmen werden insbesondere bei der Gründung über die Finanzierung durch Geldgeber Geldmittel zur Verfügung gestellt, die vom Unternehmen investiert werden. Diese Vorgänge – Finanzierung und Investition – bilden den Ausgangspunkt der Betrachtungen. Alle Geldgeber haben selbstverständlich das Ziel, dass ihre Geldmittel in irgendeiner Form zurückbezahlt werden. Sie dürfen mit Recht erwarten, dass diese Rückzahlung den ursprünglich zur Verfügung gestellten Betrag übersteigt. Ein Unternehmen muss somit einen finanziellen Mehrwert schaffen, der mindestens dazu ausreicht, die Mittel der Geldgeber zu verzinsen und sie angemessen für das eingegangene Risiko zu entschädigen.

Der *Return on Investment* (ROI, Gesamtkapitalrentabilität) ist eine zentrale finanzielle Kennziffer. Sie bildet einen wichtigen Indikator für die Verzinsung der investierten Mittel. Die Elemente des ROI lassen sich grafisch mithilfe eines sogenannten ROI-Stammbaums darstellen. Der ROI-Stammbaum besteht aus zwei Strängen:

Abb. 1 ROI-Stammbaum

- Im oberen Strang wird dargestellt, wie – ausgehend von den Verkaufserlösen am Markt – der Gewinn (Jahresüberschuss) zustande kommt.
- Im unteren Strang wird dargestellt, in welcher Form das dem Unternehmen zur Verfügung gestellte Kapital in den Betriebsmitteln gebunden wird.

Bei der finanziellen Führung kommt aber auch dem Zeitaspekt eine wichtige Bedeutung zu, denn Geldausgang und Geldeingang auf der einen Seite und Gütereingang und Güterausgang auf der andern Seite liegen normalerweise zeitlich auseinander. Dies führt zu einer Bindung von Geld (Kapital) in Anlagegütern, Lagern und Geldforderungen, was zwei Konsequenzen nach sich zieht:

- Die Bindung von Kapital kostet etwas: einen *Zins.*
- Zusätzlich bedarf es eines «Gefässes», das die Schwankungen zwischen Geldeingängen und Geldausgängen auffangen kann: eine *Liquiditätsreserve.*

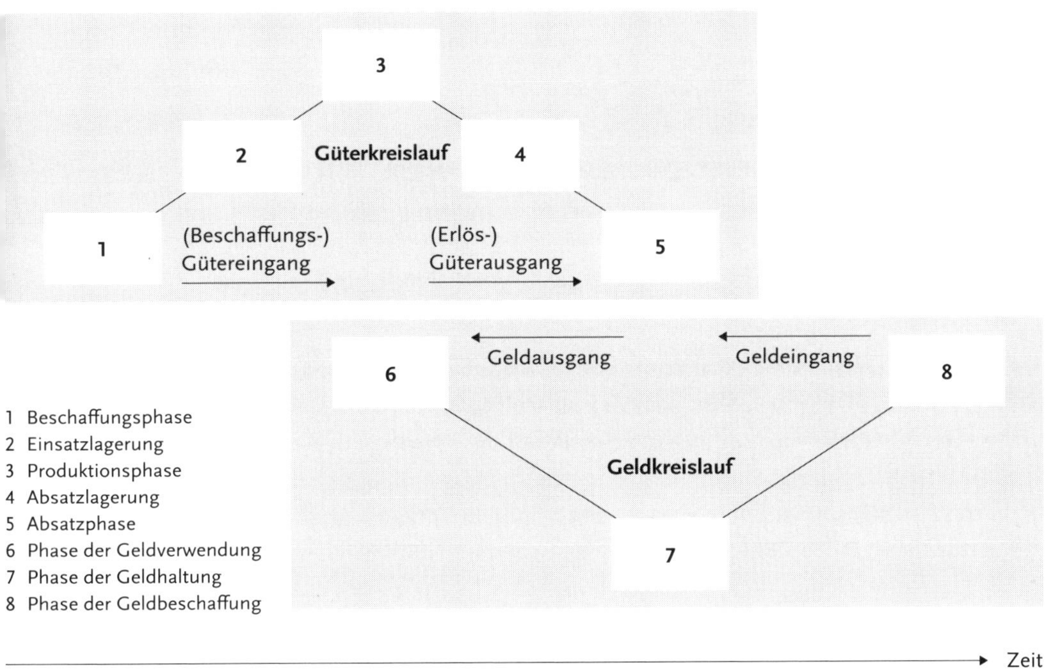

Abb. 2 Zeitverschobener Güter- und Geldkreislauf (in Anlehnung an Rieder/Siegwart 1993, 18)

Controlling und alle Anstrengungen im Zusammenhang mit der finanziellen Führung haben somit zwei Ziele:

- Erstens geht es darum, die *finanziellen Ansprüche* der Geldgeber (Aktionäre, Banken, Lieferanten usw.) und aller weiteren Anspruchsgruppen, denen gegenüber ein Unternehmen finanzielle Verpflichtungen eingeht (also auch der Arbeitnehmenden usw.), jederzeit effizient befriedigen zu können. Dazu bedarf es der langfristig gesicherten *finanziellen Stabilität* eines Unternehmens.
- Zweitens sind alle Wertschöpfungsaktivitäten ständig daraufhin zu überprüfen, inwiefern sie einen *Mehrwert* schaffen, also zum wirtschaftlichen Erfolg bzw. zum *erfolgswirtschaftlichen Wertzuwachs* eines Unternehmens beitragen.

Beim Ziel der *finanziellen Stabilität* geht es insbesondere um:

- die stetige Aufrechterhaltung von Liquidität und Zahlungsfähigkeit
- *Sicherheit*, das heisst die ständige Fähigkeit, auch ein gewisses Mass an unvorhersehbaren Entwicklungen finanziell verkraften zu können (Markteinbrüche, konjunkturelle Krisen, Strukturwandel usw.)
- eine risikogerechte, verkraftbare Investitionspolitik
- eine frist- und risikogerechte Kapitalstruktur
- die Erhaltung von Handlungsfreiheit und Unabhängigkeit

Bezugspunkte des *erfolgswirtschaftlichen Wertzuwachses* sind:

- Gewinn
- Mittel(zu)fluss, Cashflow (aus betrieblicher Tätigkeit)
- Rentabilität, das heisst eine angemessene Verzinsung der investierten Geldmittel
- Wirtschaftlichkeit, das heisst Wertzuwachs durch sämtliche Wertschöpfungsaktivitäten

Soll nun das Controlling wirksam zum erfolgswirtschaftlichen Wertzuwachs beitragen, dann genügt es nicht, sich nur an Geldgrössen (Wertgrössen) zu orientieren. Vielmehr muss es sich ganz stark auf die Vorgänge des geschäftlichen Alltags ausrichten. Es geht beim Controlling somit nicht nur um Geld und um Führung, sondern auch darum, alle zentralen Vorgänge und Abläufe des betrieblichen Alltags daraufhin zu untersuchen und darzustellen, welche kurzfristigen und langfristigen Konsequenzen sie finanziell für ein Unternehmen haben. Controlling ist damit letztlich mit einem *Dolmetscher* vergleichbar: Es übersetzt Geschäftsfälle von der Sprache des Verkaufs-, Produktions-, Einkaufs-, Büropersonals usw. («Grossauftrag von Kundin X»), in die *allgemein verständliche Sprache der Zahlen* («bringt einen zusätzlichen Deckungsbeitrag von ... CHF/EUR»). Dadurch übernimmt das Controlling eine Art Dolmetscher- oder Brückenfunktion.

2 Inhalt und Aufgaben des Controllings und des Controllers

2.1 Controlling als Führungsfunktion

Controlling ist ein Schlagwort, das in die meisten Unternehmen Eingang gefunden hat. Es wird aber nicht überall im gleichen Sinne verwendet, und es gibt auch nicht eine «richtige» Definition dafür. In den folgenden Überlegungen wird versucht, eine zweckmässige und bewährte Vorstellung zu vermitteln, was unter Controlling zu verstehen ist.

- Controlling ist zunächst eine *Führungsphilosophie*, das heisst eine «Denkhaltung», die idealerweise von jeder verantwortungsbewussten Führungskraft gelebt wird. Es ist eine Philosophie des ganzheitlichen Führens, man ist sich bewusst, dass man neben einer leistungswirtschaftlichen und einer sozialen auch eine finanzielle Verantwortung hat.
- Controlling findet *überall* statt, auch im persönlichen Alltag – mehr oder weniger systematisch und methodisch abgestützt.
- Controlling ist ein *ständiger Steuerungs- und Lernprozess*. Controlling kann nicht einfach technokratisch eingeführt werden, sondern zeigt sich vielmehr in bestimmten Denkhaltungen (wie Zukunfts-, Team- und Handlungsorientierung) und bestimmten Wertvorstellungen (wie Fairness und Transparenz), die in einem Unternehmen ständig gefördert und gepflegt werden müssen. Nur wenn das gewohnheitsmässige Argumentieren und Handeln des betrieblichen Alltags zunehmend durch solche Denkhaltungen und Wertvorstellungen geprägt wird, kann das Potenzial von Controlling genutzt werden. Die Effektivität des Controllings hängt somit nicht nur von der sachgerechten Anwendung bestimmter Instrumente und Technologien (zum Beispiel Informationstechnologie) ab, sondern auch von der Verankerung bestimmter Denkhaltungen, Wertvorstellungen und Gewohnheiten in der Unternehmenskultur.
- Inhaltlich umfasst Controlling nicht alle Aspekte, die im Prozess der Führung bearbeitet werden müssen, aber *alle finanziellen Aspekte*.

2.2 Kernaktivitäten des Controllings

Controlling umfasst im Wesentlichen zwei Kernaktivitäten:

- konsequente, systematische Planung
- beharrliche, vorausschauende Feinsteuerung

1. Konsequente Planung[2]

«Wer kein Ziel hat, für den ist jeder Wind bzw. Weg der richtige!»

Jedes verantwortungsbewusste Verhalten in einem sozialen Gebilde beginnt damit, dass man sich systematisch Gedanken über die Zukunft macht und versucht, für eine bestimmte Zeit (Planungsperiode) anspruchsvolle, aber dennoch erreichbare Ziele zu setzen. Hierzu gehört auch die Bestimmung der Massnahmen, die zur Zielerreichung führen sollen.

Im Bereich der finanziellen Führung schlägt sich dies in verschiedenen *Planungsrechnungen* nieder. Beispiele dazu sind: Kostenplanung, Erlösplanung, Budget, Planung des Verkaufserfolges, Plan-Kalkulationen, Investitionsrechnungen usw. Aussagefähige Planungsrechnungen setzen ein zweckmässiges *Planungssystem* voraus.

2. Vorausschauende Feinsteuerung
Am Ende einer Planungsperiode (überrascht und resigniert) festzustellen, dass die gesteckten Ziele nicht erreicht wurden, bringt niemandem etwas. Die Einflüsse, denen man auf dem Weg zum Ziel ausgesetzt ist und die einen vom idealen Pfad abbringen können, lassen sich auch in einer noch so guten Planung nicht vorausberechnen. Deshalb ist Feinsteuerung unumgänglich. Eine zweckmässige Feinsteuerung beinhaltet folgende fünf Elemente:

- Erstens gehört dazu eine klare (allenfalls periodische) Standortbestimmung. «Was haben wir bis jetzt erreicht? Wo stehen wir jetzt?» Im Bereich der finanziellen Führung wird dies mithilfe von *Ist-Rechnungen* erreicht. Aussagefähige Ist-Rechnungen setzen ein zweckmässiges *Abrechnungssystem* voraus.

2 Unter Planung wird ein partizipativer Prozess der Zielvereinbarung («Zieldialog») und Massnahmenbestimmung im «Gegenstromprinzip» verstanden. Dieser beginnt top-down mit der Vorgabe klarer Zielvorstellungen der Geschäftsleitung, die anschliessend auf Teilziele heruntergebrochen und bottom-up in einem Abstimmungsprozess mit der Sichtweise der in den Leistungserstellungsprozess unmittelbar eingebundenen Mitarbeitenden (zum Beispiel mit Kundenkontakt) harmonisiert werden müssen.

- Im nächsten Schritt muss in einer *Abweichungsanalyse* ermittelt werden, inwiefern man sich auf dem ursprünglich angestrebten Pfad befindet.
- Weiter bedarf es einer *Ursachenanalyse* für die aufgetretenen Abweichungen. «Haben wir den Markt falsch eingeschätzt oder zuwenig intensiv bearbeitet? Sind die Kosten zu hoch? Welche Ursachen sind dafür verantwortlich, dass wir uns nicht auf dem anvisierten Kurs befinden?»
- Nachdem nun ermittelt wurde, wie viel und warum man vom geplanten Pfad abgewichen ist, gilt es, wieder das ursprünglich angestrebte Ziel zu fokussieren. Dabei stellt sicht die Frage, was nun unternommen werden muss, damit das Ziel doch noch erreicht werden kann bzw. wo es hinführen wird, wenn aus der momentanen Situation das Beste gemacht wird. Diese Anstrengungen finden ihren Niederschlag in einer *Erwartungsrechnung*. «Wo wollen wir aufgrund der aktuellen Position und Entwicklungstrends am Ende doch noch hingelangen? Welche Massnahmen müssen von wem und bis wann ergriffen werden?»
- Für eine zielführende Feinsteuerung bedarf es eines letzten sehr wichtigen Elements, das die periodischen Standortbestimmungen und Korrekturmassnahmen ergänzt. Es sind dies *Entscheidungsrechnungen*, beispielsweise Auftragskalkulationen und Investitionsrechnungen, die bei allen Entscheidungen von einer gewissen Tragweite Orientierungshilfe verleihen können.
  - Sollen wir diesen Auftrag zu diesem Preis noch annehmen?
  - Um wie viel muss der Umsatz steigen, damit sich diese Promotionskampagne auszahlt?
  - Um wie viel muss die Verkaufsmenge steigen, damit sich die Anschaffung dieser Maschine lohnt?
  - Was kostet es unseren Betrieb, wenn wir die Lieferfristen um ein Drittel kürzen möchten?
  - Wie viel Kosten müssen mit dieser neuen Abpackmaschine gespart werden können, damit sie sich innert nützlicher Frist amortisiert?

Demzufolge ist Controlling sicher nicht:

- Kontrolle («organisierte Besserwisserei durch Kontrolleure», Geheimdienst, Misstrauensorganisation);
- ein Fortschreiben der Buchhaltung in die Zukunft (im Sinne einer finanziellen Prognose oder «Hellseherei»).

2.3 Aufgaben von Controller und Controller-Dienst(-Bereich)[3]

Das vorangegangene Kapitel zeigt auf, dass Controlling eine bestimmte Denkweise darstellt, die jede Führungskraft verinnerlichen sollte. Planung und Feinsteuerung sind Tätigkeiten, die bei jeder zielgerichteten Tätigkeit unverzichtbar sind. Es sind also keinesfalls nur Controller, die Controlling betreiben. Was ist dann aber die eigentliche Aufgabe des Controllers und des Controller-Dienstes?

Der Controller ist dafür verantwortlich, die Voraussetzungen zu schaffen, dass *alle* Akteure im Unternehmen Controlling betreiben können. Dazu muss der Controller-Dienst[4] im Wesentlichen drei Aufgabengebiete betreuen:

- *Erstens* ist er verantwortlich für eine angemessene finanzielle *Transparenz* in einem Unternehmen. Zu diesem Zwecke sind – unterstützt durch entsprechende Systeme:
  - alle Geschäftsfälle eines Unternehmens *wert-* und *mengen*mässig[5] zu erfassen, das heisst
  - für die einzelnen Produkte, Dienstleistungen und Prozesse wie auch für das Unternehmen als Ganzes ist der wertmässige Erfolg / Misserfolg bezüglich *Vergangenheit* (für die Feinsteuerung) und Zukunft (für die Planung) zu ermitteln.
- Der Controller-Dienst ist *zweitens* verantwortlich für die Förderung des finanziellen *Bewusstseins*. Hierzu muss er eine Brückenbauerfunktion ausüben, nämlich,
  - die *reale, physische Welt*, das heisst Aktivitäten, Einkaufs- und Verkaufsmengen, Beanspruchung von Maschinenzeit, Durchlaufzeiten, Lagerhöhen usw., also alle *Mengengrössen*, verbinden
  - mit der *finanziellen* Welt, das heisst den *geldmässigen* Auswirkungen all dieser Vorgänge.

3 Unter Controller-Dienst wird die Abteilung verstanden, die sich vor allem mit der Ausgestaltung und Weiterentwicklung des Messinstrumentariums (finanzielles und betriebliches Rechnungswesen, siehe Module 2 und 4) beschäftigt (siehe hierzu auch Deyhle / Steigmeier 1993, S. 157 f.).

4 Je nach Grösse eines Unternehmens muss der Controller-Dienst aufgeteilt werden, zum Beispiel in einen Marketing-, einen Einkaufs-, einen Logistik- und einen Produktionscontroller-Dienst oder auch nach Regionen usw., die dann ihrerseits fachlich von einem zentralen Controller koordiniert werden.

5 Wertmässig bedeutet in Geldeinheiten (CHF/EUR), mengenmässig bezieht sich demgegenüber auf Mengeneinheiten (Stückzahl, Maschinenstunden, Anzahl Materialbezüge, Auslieferungen usw.).

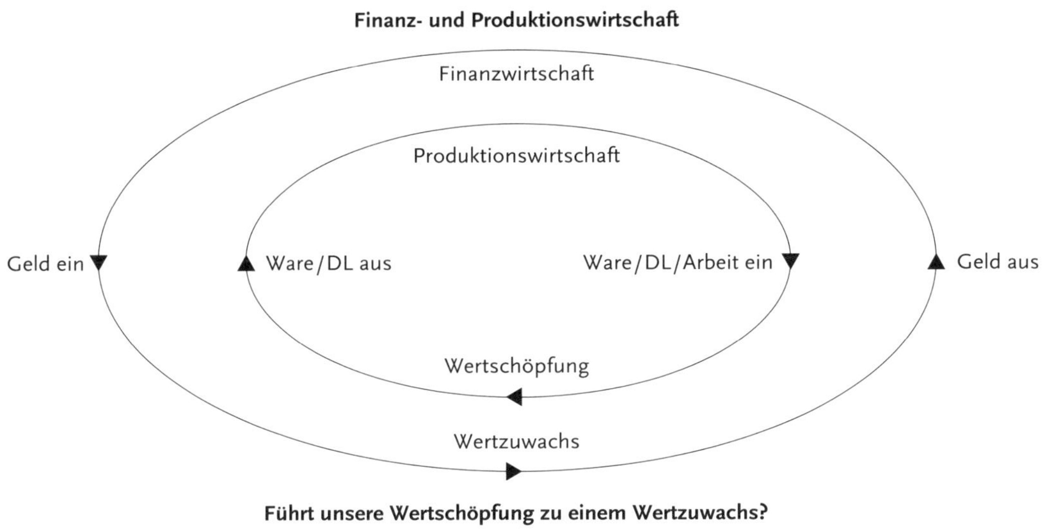

Abb. 3 Wertschöpfung und Wertzuwachs

Dabei müssen sowohl für die Vergangenheit als auch für die Zukunft die folgenden drei Fragen beantwortet werden können[6]:

Vergangenheit

- *Wo*, in welchen Bereichen, Abteilungen, Stellen sind in der Abrechnungsperiode welche Kosten entstanden?
- *Wofür*, für welche Produkte, Leistungen und Aufträge sind welche Kosten entstanden?
- *Womit*, das heisst mit welchen Marktleistungen und auf der Grundlage welcher Infrastruktur, hat das Unternehmen in einzelnen Teilmärkten seinen Erfolg erzielt?

Zukunft

- *Wo*, in welchen Bereichen, Abteilungen, Stellen dürfen in der Planungsperiode welche Kosten entstehen?
- *Wofür*, für welche Produkte, Leistungen und Aufträge dürfen welche Kosten entstehen? Was dürfen unsere Leistungen also kosten?

6 Der erste Fragenblock richtet den Blick zurück in die unmittelbare Vergangenheit. Seine Beantwortung dient der Feinsteuerung. Der zweite Fragenblock ist zukunftsgerichtet und dient der Planung.

- *Womit*, das heisst mit welchen Marktleistungen und auf der Grundlage welcher Infrastruktur, will das Unternehmen in einzelnen Teilmärkten seinen Erfolg erzielen?

- Der Controller-Dienst ist *drittens* verantwortlich für eine optimale Steuerung des Unternehmensgeschehens mithilfe von quantitativ erhebbaren Grössen. Dies setzt voraus, dass sämtliche Verantwortungsträger wissen, an welchen quantitativen und insbesondere finanziellen Grössen sie sich bei der Führung des Geschäfts und den dabei zu lösenden Aufgaben orientieren sollen und was diese Grössen bedeuten.

Der Controller-Dienst nimmt also für das Gesamtunternehmen eine *Servicefunktion* wahr. Controlling entsteht damit aus der *Kooperation* von Manager (Führungskraft) und Controller.

Der Manager betreibt das Geschäft und ist *verantwortlich für das Ergebnis*, das heisst den *wirtschaftlichen Erfolg* (siehe **Abb. 4**). Die finanzwirtschaftliche Resultatsverantwortung ist seine eigentliche Controlling-Verantwortung.

Wenn jede Führungskraft eine Controlling-Verantwortung hat, muss auch der Controller-Dienst selber wirtschaftlich sein! Deshalb muss der Controller oder die Controllerin als Führungskraft auch im eigenen Bereich Controlling-Aufgaben wahrnehmen. Controlling ist nicht kostenlos, sondern beansprucht Ressourcen. Der Controller-Dienst erbringt interne Dienstleistungen. Diese müssen zur rechten Zeit, in der richtigen, gewünschten Aussageform und

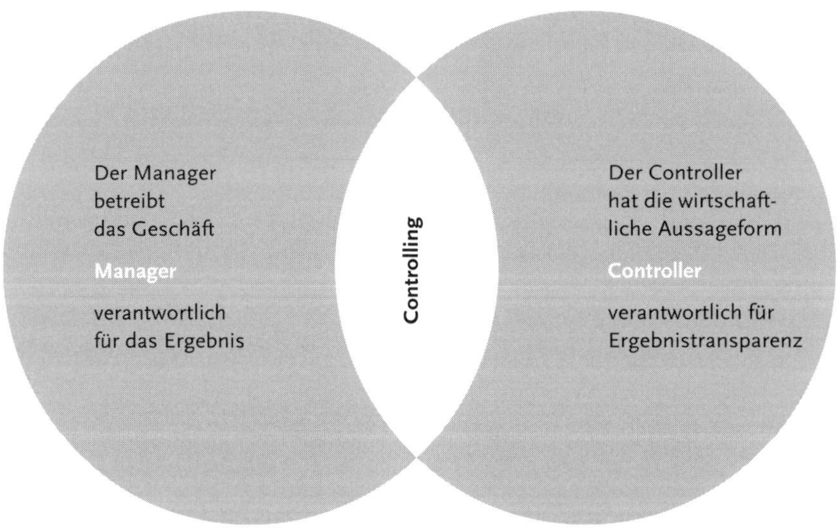

Abb. 4 Controlling und Controlling-Kooperation (Quelle: Deyhle/Steigmeier 1993, 26)

zu – für das Gesamtunternehmen – günstigen Konditionen erarbeitet werden. Auch dazu bedarf es der Planung und Feinsteuerung.

Je kleiner eine Unternehmung ist, um so weniger ist sie in der Lage, sich einen vollzeitig arbeitenden Controller oder gar einen entsprechenden Bereich zu leisten. Dies führt dazu, dass in kleinen Betrieben viele Aufgaben eines Controllers durch die Buchhalterin oder gar einen externen Treuhänder erbracht werden müssen – zumindest, was die Datenaufbereitung betrifft.

Andererseits muss aber in kleinen Betrieben auch die Geschäftsleitung selber einiges an Arbeiten des Controller-Bereichs (zum Beispiel die Erstellung von Kalkulationen usw.) übernehmen, dies gewissermassen in Personalunion als Managerin und zugleich Controllerin.

Je kleiner eine Unternehmung also ist, desto grösser wird die Schnittmenge zwischen *Manageraufgaben* und *Controller-Aufgaben* ausfallen. Umso wichtiger werden dann aber auch ausreichende Kenntnisse der Geschäftsleitung hinsichtlich der konzeptionellen Grundlagen, Instrumente und Dienstleistungsfunktionen des Controller-Dienstes.

In grösseren Unternehmen führt der *Controller* den *Controller-Bereich* (zum Beispiel den Controller-Dienst, das Rechnungswesen und die Buchhaltung). Dabei ist er vor allem verantwortlich für die Transparenz des Ergebnisses, das heisst für

- die Entwicklung und Wartung eines aussagefähigen *Planungssystems, Rechnungs- und Berichtswesens* mit einer zweckmässigen *Betriebsdatenerfassung*;
- *Schulung* und *Ausbildung*;
- die *Koordination* von Planungs- und Budgetarbeiten und das Zusammenführen einzelner Pläne zu einem Gesamtplan;
- die Durchführung von *Ursachen- und Abweichungsanalysen* und die Erarbeitung von Alternativen zur Gegensteuerung;
- die Koordination der *Erwartungsrechnung*;
- die *Signalisation* von *«Exceptions»* beim Überschreiten bestimmter, idealerweise in der Planung bereits festgelegter Checkpoints;
- *Beratung* und *Unterstützung* der Führungskräfte in Spezialproblemen: zum Beispiel Abweichungsanalysen, Investitionsrechnungen, Ermittlung und Darstellung der finanz- und erfolgswirtschaftlichen Konsequenzen möglicher Entscheidungsalternativen wie Kauf/Verkauf von Unternehmen, Outsourcing-Entscheidungen, Standortentscheidungen usw. (ohne Verschiebung der Verantwortung für die Entscheidung auf den Controller!).

Zusammengefasst wird unter Controlling der (integrierte) Prozess einer systematischen und konsequenten Planung sowie einer kontinuierlichen Feinsteuerung, der sich auf die finanziellen Aspekte der Unternehmensführung bezieht, verstanden.

2.4 Aufbau der Controlling-Instrumente

Das Basisinstrument der finanziellen Führung bzw. der Controlling-Verantwortung der Führungskräfte ist das Rechnungswesen. Es wird unterteilt nach dem externen, nach aussen an die Stakeholder (Anspruchsgruppen) einer Unternehmung gerichteten, finanziellen Rechnungswesen und dem internen, nach innen an die Führungskräfte gerichteten, betrieblichen Rechnungswesen.

Die Datenbasis bildet einerseits die Finanzbuchhaltung und andererseits die Betriebsbuchhaltung. Die daraus abgeleiteten Instrumente sind beim finanziellen Rechnungswesen die Erfolgsrechnung, Bilanz sowie Mittelflussrechnung bzw. die sich daraus ergebenden Instrumente der Finanzplanung, während beim betrieblichen Rechnungswesen die abgeleiteten Instrumente Kostenstellen-, Kostenträgerrechnung usw. als Planungsinstrumente mit Ist-Daten als Analyseinstrumente zur Verfügung stehen.

Die Instrumente des finanziellen Rechnungswesens dienen in verdichteter Form der Unternehmensanalyse, der Beurteilung der finanziellen Situation einer Unternehmung, während die Instrumente des betrieblichen Rechnungswesens die Grundlage unter anderem der Wertschöpfungsanalyse darstellen.

Grundsätzlich leitet man aus der Unternehmensanalyse die relevanten Top-down-Vorgaben (siehe ROI) für die Gesamtunternehmung ab, aus der Wertschöpfungsanalyse und dem Budgetierungsprozess die entsprechenden Bottom-up-Vorgaben mit ihren Zielsetzungen. Im Endeffekt sollten diese Zielvorgaben übereinstimmen: Die Verzinsung des eingesetzten Kapitals sollte dem erzielten Gewinn aus dem Wertschöpfungsprozess entsprechen. Ist dies nicht der Fall, müssen über die Stellhebel (zum Beispiel Umsatzwachstum, Kosteneinsparungen, Prozessverbesserungen) im betrieblichen Rechnungswesen Wege aufgezeigt werden, damit diese Renditelücke (Gap) möglichst schnell geschlossen werden kann.

Aus beiden Bereichen werden dann die Informationen für ein entsprechendes Management-Informations-System (MIS), entweder in Form eines Cockpits oder als finanzielle Perspektive im Rahmen einer Balanced Scorecard, abgeleitet.

Alle weiteren Module richten sich nach dieser Übersicht, die somit den roten Faden für das Buch vorgibt.

Folgende Inhalte zeigen die einzelnen Module:

- **Modul 1**
  erklärt die Grundlage für die Instrumente (Controlling-Philosophie).

- *Modul 2*
  zeigt innerhalb des Rechnungswesensinstrumentariums auf, wie sich das finanzielle Rechnungswesen (Finanzbuchhaltung) aufbaut, welches seine

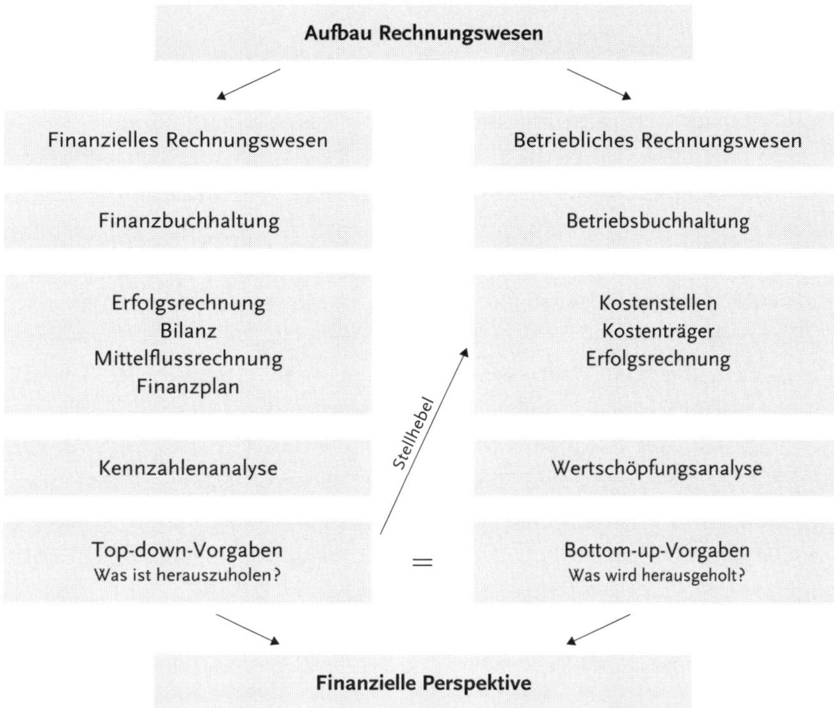

Abb. 5 Übersicht Rechnungswesen

Kerninstrumente (Erfolgsrechnung, Bilanz, Mittelflussrechnung) sind und welche Analysemöglichkeiten sich ergeben (Kennzahlenanalyse und Top-down-Vorgaben).

- *Modul 3*
  zeigt die Finanzplanung im Sinne der Zukunftsorientierung mithilfe der Investitionsrechnung und der Unternehmensbewertung auf.
- *Modul 4*
  stellt die Zusammenhänge im betrieblichen Rechnungswesen dar, von der Betriebsbuchhaltung bis hin zur Wertschöpfungsanalyse von Produkten, Dienstleistungen und Kundenaufträgen.
- *Modul 5*
  schlussendlich fasst alles im Sinne des Reportings/Managementinformationssystems zusammen und zeigt den Zusammenhang der Finanziellen Perspektive hin zu einer Balanced Scorecard auf.

Am Anfang jeden Moduls wird wieder aufgezeigt, wo man sich in diesem Schema gerade befindet.

Zusammenfassung Modul 1

- Controlling ist ein zentrales Element der *finanziellen Führung*. Ausgangspunkt des Controllings bilden die Vorgänge der *Finanzierung* und der *Investition*, die in der unternehmerischen Tätigkeit eine zentrale Rolle spielen.
- Der *Return on Investment* (ROI, Gesamtkapitalrentabilität) ist eine wichtige finanzielle Kennziffer, da sie einen Indikator für die Verzinsung der investierten Mittel und damit für den Erfolg der unternehmerischen Tätigkeit darstellt.
- Geldeingänge und Geldausgänge einerseits sowie Gütereingänge und Güterausgänge andererseits fallen üblicherweise *zeitlich* auseinander. Dies führt dazu, dass im Unternehmen Geld gebunden wird, das verzinst werden muss. Zudem muss zum Ausgleich der Schwankungen von Geldein- und -ausgängen eine Liquiditätsreserve gehalten werden.
- Die Ziele des Controllings und aller Anstrengungen im Rahmen der finanziellen Führung sind einerseits die *langfristige Sicherung* der *finanziellen Stabilität* des Unternehmens sowie andererseits die *Überprüfung der Wertschöpfungsaktivitäten* auf ihren Beitrag zur Schaffung eines erfolgswirtschaftlichen Wertzuwachses.
- Controlling ist eine *Führungsphilosophie* der Resultatsverantwortung, die überall im Unternehmen stattfinden soll. Zusätzlich ist Controlling ein ständiger Steuerungs- und Lernprozess und umfasst alle *finanziellen* Aspekte der Führung.
- Kernaktivitäten des Controllings sind die konsequente, systematische Planung sowie die beharrliche Feinsteuerung der *finanziellen Resultate*.
- *Planung* wird im Controlling verstanden als ein partizipativer Prozess der Zielvereinbarung und Massnahmenbestimmung. Als Instrumente stellt der Controller-Dienst die Instrumente des Rechnungswesens in Form von verschiedenen Planungsrechnungen zur Verfügung.
- *Feinsteuerung umfasst* eine periodische Standortbestimmung, Wertschöpfungs- und Abweichungsanalysen, Ursachenanalysen, Erwartungsrechnungen und Entscheidungsrechnungen.
- Der Controller-Dienst ist mit den *Aufgaben* betraut, für eine zweckmässige *finanzielle Transparenz* im Unternehmen zu sorgen, das finanzwirtschaftliche Bewusstsein bei den Verantwortungsträgern zu fördern und eine optimale Steuerung des Unternehmens mithilfe von quantitativ erhebbaren Grössen zu ermöglichen.

Selbst-Controlling: Modul 1

Frage		*Unsicher? Wenn ja: Seite*
1	Welche Erwartungen haben Kapitalgeber an das Unternehmen?	22
2	Beschreiben Sie in Ihren eigenen Worten die Bedeutung des ROI und dessen Berechnung.	22/23
3	Welche Ziele verfolgt das Controlling im Zusammenhang mit der finanziellen Führung?	24
4	Wer betreibt Controlling?	25
5	Welche Aktivitäten spielen im Rahmen des Controllings eine zentrale Rolle und wie hängen diese zusammen?	26
6	Welches sind die wichtigsten Elemente der Feinsteuerung?	26/27
7	Welche Aufgabenbereiche sollten vom Controller wahrgenommen werden?	28–31
8	Warum schreibt man Controlling mit C und nicht mit K?	27
9	Welche Instrumente des Rechnungswesens werden zur Wahrnehmung der Controlling-Verantwortung benötigt?	Module 2, 3, 4 und 5

Modul 2
Finanzielles Rechnungswesen

Modul 2 beschäftigt sich mit dem Finanziellen Rechnungswesen, somit mit der finanziellen Gesamtsicht auf eine Unternehmung. Folgende Instrumente werden näher beschrieben.

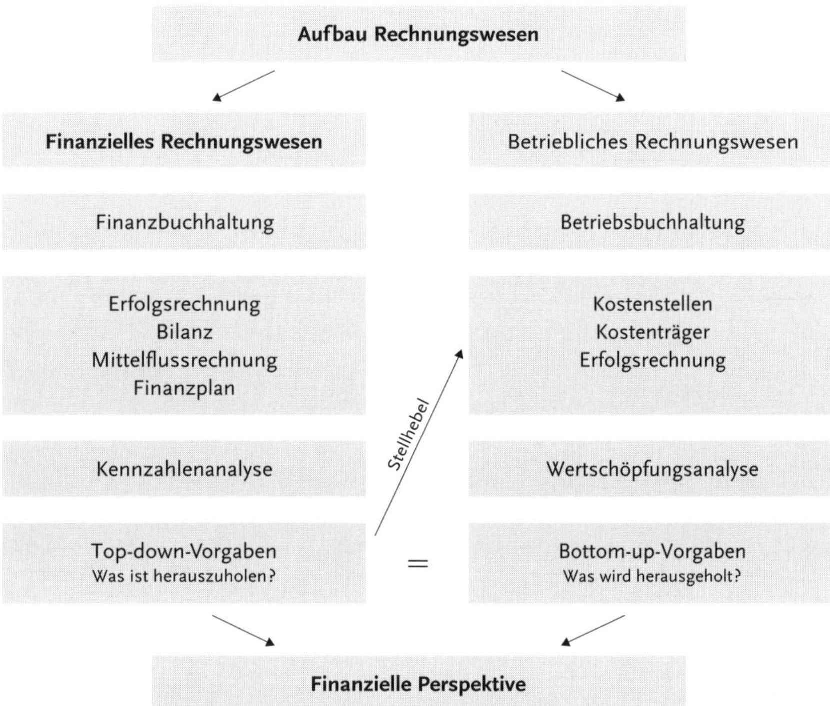

Abb. 6 Übersicht Rechnungswesen

Die Übersichtsabbildung zeigt, wo die Themen und Inhalte dieses Moduls innerhalb des Rechnungswesens anzusiedeln sind.

Folgende Inhalte zeigen die einzelnen Module:

- *Modul 1*
  erklärt die Grundlage für die Instrumente (Controlling-Philosophie).
- **Modul 2**
  zeigt innerhalb des Rechnungswesensinstrumentariums auf, wie sich das finanzielle Rechnungswesen (Finanzbuchhaltung) aufbaut, welches seine Kerninstrumente (Erfolgsrechnung, Bilanz, Mittelflussrechnung) sind und welche Analysemöglichkeiten sich ergeben (Kennzahlenanalyse und Top-down-Vorgaben).

- *Modul 3*
  zeigt die Finanzplanung im Sinne der Zukunftsorientierung mithilfe der Investitionsrechnung und der Unternehmensbewertung auf.
- *Modul 4*
  stellt die Zusammenhänge im betrieblichen Rechnungswesen dar, von der Betriebsbuchhaltung bis hin zur Wertschöpfungsanalyse von Produkten, Dienstleistungen und Kundenaufträgen.
- *Modul 5*
  schlussendlich fasst alles im Sinne des Reportings/Managementinformationssystems zusammen und zeigt den Zusammenhang der Finanziellen Perspektive hin zu einer Balanced Scorecard auf.

1 Was erfasst das finanzielle Rechnungswesen?

Das finanzielle Rechnungswesen hat eine alte Tradition, nicht zuletzt deswegen, weil auch staatliche Institutionen teilweise schon in früher Zeit Rechenschaft ablegen mussten, wie sich ihre Einnahmen zusammensetzten und wofür diese Einnahmen im Verlauf einer bestimmten Periode ausgegeben wurden. Das Konzept der doppelten Buchhaltung wurde bereits im Mittelalter, vor mehr als 500 Jahren, von einem gelehrten Franziskaner-Mönch (Luca Pacioli) entwickelt und hat seither keine grundlegenden konzeptionellen Änderungen erfahren.

Folgendes soll hier festgehalten werden:

- Das finanzielle Rechnungswesen hält *alle geldmässig relevanten* Beziehungen zwischen Unternehmen und Umwelt fest. Hierzu gehören die Umsatzerlöse, Zinszahlungen an die Banken, Lohnzahlungen, Steuerzahlungen, Zinserträge von gewährten Darlehen usw.
- Das finanzielle Rechnungswesen dient der Darstellung von Vermögen und Schulden, der Eigentumsverhältnisse, der *Liquidität* und *Rentabilität* des Gesamtunternehmens. Wichtig zu vermerken ist also, dass, wenn von finanziellem Rechnungswesen gesprochen wird, immer die Leistung eines Unternehmens als Gesamtheit (insbesondere als juristischer Person) zur Diskussion gestellt wird. Weiter stehen immer *aktuelle Bestandesgrössen* und in der unmittelbaren Vergangenheit erwirtschaftete finanzielle Ergebnisse im Zentrum der Überlegungen.

- Das finanzielle Rechnungswesen befriedigt vor allem auch die Bedürfnisse *externer* Anspruchsgruppen. Dabei stehen folgende Interessen im Vordergrund:

Anspruchsgruppe	**Interessen**
Unternehmen	Informationsgrundlage zur finanziellen Steuerung
Mitarbeitende	Ertrags- und Finanzkraft im Hinblick auf eine angemessene Entlöhnung und die Erhaltung der Arbeitsplätze
Fremdkapitalgeber	Sicherheit der Kredite, risikogerechte Verzinsung
Lieferanten	Kreditwürdigkeit hinsichtlich Warenlieferungen / Dienstleistungen auf Kredit
Aktionäre/Finanzanalysten	Rentabilität, Risiko, Erfolgsentwicklung, Dividende, Wertzuwachs
Staat	Steuern, Gläubigerschutz, Sicherung von Arbeitsplätzen

Abb. 7 Anspruchsgruppen und deren Interessen an finanziellen Informationen

2 Finanzbuchhaltung

2.1 Bilanz und Erfolgsrechnung

2.1.1 Bilanz

Unter Bilanz oder Bilanzierung (Erstellung einer Bilanz) versteht man die Gegenüberstellung des Vermögens und des Kapitals eines Unternehmens zu einem bestimmten Zeitpunkt. Die Bilanz stellt einen Status, eine *Bestandesrechnung* dar, aus der hervorgeht, wie sich das Vermögen zusammensetzt und wie dieses Vermögen finanziert ist, das heisst, wem dieses Vermögen eigentlich gehört. In der Sprache der Finanzbuchhaltung werden dabei das Vermögen als *Aktiven* bezeichnet und die Schulden bzw. das Kapital als *Passiven*. Eine Bilanz kann schematisch als grosses Konto (d. h. mithilfe eines Kontenkreuzes) dargestellt werden. Nachfolgend findet sich ein Beispiel einer Bilanz.

Bilanz der X-AG per 31. 12. 20XX

Aktiven		**Passiven**	
Umlaufvermögen		*Fremdkapital*	
Flüssige Mittel	6 000	Kurzfristiges Fremdkapital	
Debitoren (Forderungen)	20 000	Kreditoren	16 000
Vorräte	13 000	Kontokorrent	10 000
		Langfristiges Fremdkapital	
		Darlehen	23 000
		Hypotheken	25 000
Anlagevermögen		*Eigenkapital*	
Mobilien	25 000	Grundkapital	32 000
Immobilien	30 000	Reserven	5 000
Beteiligungen	20 000	Gewinn	3 000
= Bilanzsumme	114 000	= Bilanzsumme	114 000

Abb. 8 Beispiel einer Bilanz

Auf der linken Seite einer Bilanz befinden sich die Aktiven, das heisst alle Vermögenswerte, über die ein Unternehmen verfügen kann. Diese Vermögenswerte werden in die beiden Kategorien *Umlaufvermögen* und *Anlagevermögen* unterteilt.

Im Umlaufvermögen befinden sich solche Vermögensposten, die sich mit der laufenden Geschäftstätigkeit gewissermassen ständig erneuern (zum Beispiel liquide Mittel, Kundenforderungen, Vorräte).

Im Anlagevermögen befinden sich demgegenüber all diejenigen Posten, die als Teil der Unternehmensinfrastruktur längerfristig für die betriebliche Leistungserstellung zur Verfügung stehen (zum Beispiel Informationstechnologie-Architektur, Mobiliar, Fahrzeuge, Immobilien usw.).

Umlaufvermögen	
Flüssige (liquide) Mittel	Kasse, Postcheck und Bankguthaben
Wertschriften	Kurzfristig liquidierbare Wertschriften (Aktien, Obligationen)
Forderungen	Kundenguthaben (Debitoren), Wechselguthaben
Vorräte	Roh- und Hilfsstoffe, Halb- und Fertigfabrikate, Ware in Arbeit
Transitorische Aktiven	Abgrenzposten (aktivierte Aufwendungen der Folgeperiode[7])

Anlagevermögen	
Materielles Anlagevermögen	Mobiliar, Fahrzeuge, Maschinen, Immobilien (Gebäude, Grundstücke)
Finanzanlagen/Beteiligungen	längerfristig gehaltene Anteilsrechte an andern Unternehmen
Immaterielles Anlagevermögen	Patente, Lizenzen, Goodwill

Abb. 9 Inhalte der Vermögenspositionen

7 Ein Unternehmen erhält am 30.11.20XX die Rechnung einer Versicherungsprämie für das Jahr XY, die sie (zum Beispiel um einen Rabatt zu realisieren) unverzüglich, d.h. im Jahre XX, zahlt. Dies führt zu einem Vermögensabfluss (in der Bilanz per 31.12.20XX) bzw. einem Aufwand in der Erfolgsrechnung (1.1.–31.12.20XX), der eigentlich *erst im Jahre XY* anfällt. Um dennoch ein periodengerechtes, korrektes Ergebnis auszuweisen, wird per 31.12.20XX eine entsprechende *transitorische* (vorübergehende) «Korrekturbuchung» vorgenommen. Dabei wird der betroffene Betrag dem Konto Versicherungsprämien (im «Haben», Aufwandsminderung) gutgeschrieben und in der Bilanz auf das Konto transitorische Aktiven gebucht. Per 1.1.20XY werden die transitorischen Aktiven mit dem umgekehrten Buchungssatz wieder aufgelöst.

Auf der Seite der *Aktiven* (links in der Bilanz) sind also die Vermögenswerte des Unternehmens zusammengestellt. Die Aktivseite gibt an, wofür das Kapital (d. h. die finanziellen Mittel) im Rahmen von Investitionsaktivitäten (Mittelverwendung) verwendet wurde. Die Reihenfolge der Aktiven entspricht der Liquidierbarkeit, das heisst, zuerst wird das relativ leicht zu «verflüssigende» Umlaufvermögen, danach das Anlagevermögen aufgeführt. Unternehmen, die nach der 4. bzw. 7. EU-Richtlinie oder dem § 266 (Ergänzende Vorschriften für Kapitalgesellschaften) des deutschen Handelsgesetzbuches (HGB) bilanzieren, haben diese Positionen in der umgekehrten Reihenfolge aufzuführen. Für börsenkotierte Unternehmungen sei hier auch auf die International Financial Reporting Standards (IFRS) verwiesen, die allerdings nicht Inhalt dieses Buches sind.

Auf der *rechten* Seite einer Bilanz befinden sich die *Passiven*. Ein Unternehmen ist nicht ein Gebilde, das aus dem Nichts entsteht, sondern hinter jedem Unternehmen stehen Einzelpersonen oder Institutionen (Banken usw.), die durch die Bereitstellung entsprechender Geldmittel, das heisst durch Finanzierungsaktivitäten, die Gründung eines Unternehmens ermöglicht haben. Dadurch entstehen zwischen Kapitalgebern und Unternehmen bestimmte Verpflichtungen, die auf der Passivseite einer Geschäftsbilanz dargestellt werden. Die Passiven setzen sich aus drei Hauptgruppen zusammen: aus dem kurzfristigen und langfristigen Fremdkapital sowie dem Eigenkapital.

Für das Fremdkapital bestehen im Allgemeinen rechtlich einforderbare Rückzahlungsverpflichtungen, das heisst, Gläubiger des Unternehmens wie Lieferanten, Banken, Obligationäre usw. können aufgrund vertraglicher Vereinbarungen die Rückzahlung ihrer Forderungen in einer bestimmten Höhe und zu einem bestimmten Zeitpunkt rechtlich geltend machen. Das Fremdkapital lässt sich unterteilen in kurz- und langfristiges Fremdkapital. Zum kurzfristigen Fremdkapital werden normalerweise Verbindlichkeiten gezählt, die innerhalb eines Jahres fällig werden.

Im Gegensatz zum Fremdkapital bestehen für das *Eigenkapital keine Rückzahlungsverpflichtungen*. Eine Aktionärin hat lediglich das Recht auf Auszahlung eines Gewinnanteils (Dividende) und bestimmte Mitwirkungsrechte hinsichtlich der Geschäftsführung. Sie kann aber nicht an eine Unternehmensleitung gelangen und die Rückzahlung des investierten Eigenkapitals fordern, sondern lediglich versuchen, ihre Aktien (Eigenkapitalanteile) an eine Drittperson zu veräussern. Weil das Eigenkapital nicht rückzahlungspflichtig ist, dient es insbesondere dem Auffangen allfälliger Verluste. Deshalb wird beim Eigenkapital auch von Risikokapital gesprochen.

Auf der Passivseite wird somit ausgewiesen, auf welche Weise (woher) das Kapital (d. h. die finanziellen Mittel) im Rahmen der *Finanzierung* beschafft wurde, das zur (An-)Schaffung des Vermögens benötigt wurde. Die

Reihenfolge der Passiven entspricht der Fälligkeit der Verbindlichkeiten. Unternehmen, die nach der 4. bzw. 7. EU-Richtlinie oder dem deutschen Handelsrecht (§ 266 HGB, Ergänzende Vorschriften für Kapitalgesellschaften) bilanzieren, haben diese Positionen wiederum in der umgekehrten Reihenfolge aufzuführen.

Fremdkapital	
Kurzfristiges Fremdkapital	
Kreditoren	Lieferantenschulden oder -kredite
Kurzfristige (Bank-)Schulden	Kontokorrentkredit, kurzfristige Darlehen von Dritten
Kurzfristige Rückstellungen	Rückstellungen für kurzfristige Risiken
Transitorische Passiven	Abgrenzposten (passivierte Erträge der Folgeperiode[8])
Langfristiges Fremdkapital	
Langfristige Bankschulden	Mittel- und langfristige Kredite
Langfristige Darlehen	Langfristige Schulden gegenüber Drittpersonen, Obligationsanleihen
Hypotheken	Langfristige, grundpfandgesicherte Schulden
Langfristige Rückstellungen	Rückstellungen für langfristige latente Risiken
Eigenkapital	
Grundkapital	Aktienkapital, Stammkapital, Genussscheine bzw. Kapitaleinlagen
Reserven (Rücklagen)	Gesetzliche und freie
Gewinnvortrag	
Reingewinn (+) bzw. Reinverlust (–)	

Abb. 10 Inhalte der Finanzierungspositionen

Jede Bilanz ist stets ausgeglichen, das heisst, zu jedem Zeitpunkt ist die Summe aller Vermögenswerte gleich der Summe der Kapitalien eines Unternehmens. Im Rahmen der Geschäftstätigkeit entwickeln sich Aktiven und Passiven je nach Geschäftserfolg unterschiedlich. Die entsprechende Differenz zeigt den erwirtschafteten Gewinn (Überschuss der Aktiven gegenüber den Passiven) bzw. Verlust (Überschuss der Passiven gegenüber den Aktiven) an.

Aktiven = Passiven
Aktiven = Passiven + *Gewinn der Periode*
Aktiven + *Verlust der Periode* = Passiven

Die Summe aller Vermögenswerte wird als Bilanzsumme bezeichnet. Sie ist gleich der Summe aller Kapitalien.

Daraus ergibt sich schematisch die in **Abbildung 11** dargestellte Grundstruktur jeder Bilanz (entweder mit einem Reingewinn oder einem Reinverlust).

Die Bilanz resultiert aus einer *Zeitpunktbetrachtung*. Vermögen und Kapital werden an einem bestimmten Stichtag, zum Beispiel am Jahreswechsel, einander gegenübergestellt. Im Laufe des Geschäftsjahres erbringt das Unternehmen Leistungen, erwirbt Vermögen und beansprucht finanzielle Mittel. All diese Geschäftsfälle sind mit Wertverschiebungen verbunden, die sich in der Bilanz niederschlagen.

8 Ein Jahresumsatzbonus stellt eine Ertragsminderung dar, die *erst im Folgejahr* (20XY) nach Feststellung des tatsächlichen Jahresumsatzes den betroffenen Kunden gutgeschrieben werden kann. Um dennoch ein periodengerechtes, korrektes Ergebnis auszuweisen, wird per 31.12.20XX eine «Korrekturbuchung» vorgenommen. Diese Korrekturbuchung dient dazu, die entsprechende Ertragsminderung dem alten Jahr (XX) zu belasten. Hierzu muss per 31.12.20XX der betroffene Betrag einerseits dem Warenertrag (im «Soll» der Erfolgsrechnung) belastet und andererseits in der Bilanz als transitorisches Passivum verbucht werden. Per 1.1.20XY werden die transitorischen Passiven mit dem *umgekehrten* Buchungssatz wieder aufgelöst.

Bilanz

Vermögen		**Schulden**	
Umlaufvermögen *UV*	– Flüssige Mittel – Wertschriften – Forderungen – Vorräte – Transitorische Aktiven	– Kreditoren – Kurzfristige (Bank-)Schulden – Kurzfristige Rückstellungen – Transitorische Passiven	*Kurzfristiges* *Fremdkapital KFK*
Anlagevermögen *AV*	– Materielles Anlagevermögen – Finanzanlagen/ Beteiligungen – Immaterielles Anlagevermögen	– Darlehen – Hypotheken – Langfristige Rückstellungen	*Langfristiges* *Fremdkapital LFK*
		– Aktienkapital – Reserven – Gewinnvortrag	*Eigenkapital EK*
	Reinverlust *der Bilanz*	*Reingewinn* *der Bilanz*	
= *Bilanzsumme*		= *Bilanzsumme*	

Abb. 11 Schematischer Aufbau einer Bilanz

2.1.2 Erfolgsrechnung[9]

Um den Erfolg eines Unternehmens genau ermitteln zu können, müsste man den Wertzuwachs des Vermögens über die *ganze* Lebensdauer dieses Unternehmens betrachten. In dieser Hinsicht wären am Ende der Lebensdauer alle Vermögenswerte zu verkaufen und alle Schulden zurückzuzahlen. Vom sich daraus ergebenden Betrag wäre das ursprünglich durch die Eigentümer eingeschossene und in der Zwischenzeit möglicherweise erhöhte Eigenkapital abzuziehen. Was dann noch verbliebe, würde den finanziellen Wertzuwachs des Unternehmens während der ganzen Lebensdauer darstellen. Eine derartige Erfolgsermittlung ist natürlich nicht praktikabel. Die langfristige und in den meisten Fällen zeitlich unbegrenzte Erhaltung der Lebensfähigkeit eines Unternehmens stellt ja geradezu ein zentrales Ziel unternehmerischer Tätigkeit dar.

Die Unternehmensleitung, die Eigentümer, die übrigen Kapitalgeber und andere Anspruchsgruppen wollen jedoch laufend über den Geschäftsverlauf und den daraus resultierenden finanziellen Erfolg orientiert sein. Dies bedingt, dass – relativ kurzfristige – Abrechnungs- oder Erfolgsperioden festgelegt werden. Dies kann schwierige *zeitliche Abgrenzungsprobleme* mit sich bringen.

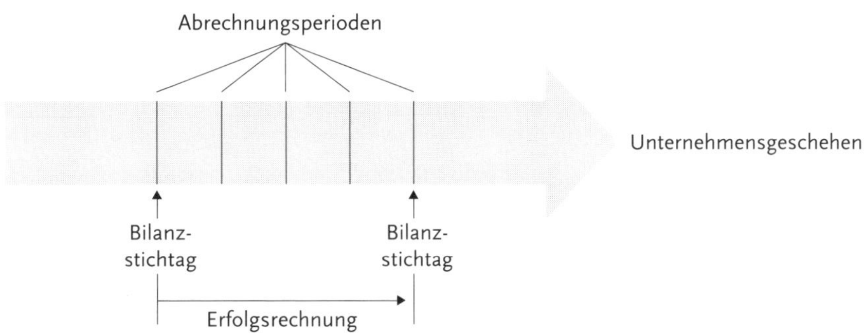

Abb. 12 Unternehmensgeschehen und Abrechnungsperioden

9 Die Erfolgsrechnung (ER) wird vielfach – insbesondere in Deutschland – auch als Gewinn- und Verlustrechnung (GuV) bezeichnet. In Deutschland finden sich die Vorschriften für Gliederung und Inhalt der GuV in §§ 275–277 HGB (Ergänzende Vorschriften für Kapitalgesellschaften).

Die Wertverschiebungen oder Geschäftsfälle, die während einer bestimmten Periode (bspw. einem Jahr) auflaufen und zu einem Wertzuwachs oder (infolge Leistungsverzehr) zu einem Wertverzehr eines Unternehmens führen, werden in der *Erfolgsrechnung* festgehalten. Die Erfolgsrechnung zeigt auf strukturierte Weise einen Zusammenzug aller Wertverschiebungen, die im Laufe einer Periode in einem Unternehmen angefallen sind. Sie ist nicht – wie die Bilanz – eine Bestandesrechnung, sondern eine *Bewegungsrechnung*. Sie dient also dazu, aufzuzeigen, welche Wertverschiebungen in welcher Weise zum Periodenerfolg beigetragen haben. Diese Wertverschiebungen lassen sich in die beiden grossen Kategorien *Aufwand (Wertverzehr)* und *Ertrag (Wertzuwachs)* unterteilen.

Wie eine Bilanz kann auch eine Erfolgsrechnung als grosses Konto (d. h. mithilfe eines Kontenkreuzes) dargestellt werden. Nachfolgend findet sich das Beispiel einer Erfolgsrechnung.

Erfolgsrechnung der X-AG vom 1.1. bis 31.12. 20XX

Aufwand		**Ertrag**	
– Materialaufwand	25 000	– Umsatz	88 000
– Personalaufwand	45 000	– Zinsertrag	1 000
– Übriger Fremdleistungsaufwand	5 000	– Beteiligungsertrag	300
– Energieaufwand	7 000	– Bestandesänderungen	1 200
– Zinsaufwand	2 500	– Eigenleistungen	3 000
– Abschreibungen	5 000		
– Steuern	1 000		
Reingewinn	*3 000*		
	93 500		93 500

Abb. 13 Beispiel einer Erfolgsrechnung

Auf der linken Seite einer Erfolgsrechnung befinden sich die Aufwandspositionen, auf der rechten die Ertragspositionen.

Aufwand	
Materialaufwand	Aufwand für Roh- und Hilfsstoffe sowie für Halbfabrikate von Dritten
Personalaufwand	Löhne, Gehälter, Sozialleistungen
Zinsaufwand	Kapitalzinsen, eventuell Mieten
Fremdleistungsaufwand	für Energie, Unterhalt, Reparaturen, Versicherungen, Beratung, administrative Hilfsmittel (EDV)
Abschreibungen (AV) Wertberichtigungen (UV)	Aufwand, der die periodenbezogene Abnutzung/Entwertung des Anlagevermögens (AV) und von Teilen des Umlaufvermögens (UV) zum Ausdruck bringt
Steuern	Ertrags- und Kapitalsteuern, Gebühren, Abgaben
Gewinn	Ertragsüberschuss, «Zins»[10] für das Eigenkapital
Ertrag	
Umsatz	Umsätze mit Dritten aus dem Verkauf und der Erstellung von Produkten und Dienstleistungen
Zinsertrag	Zinsertrag aus Wertschriften usw.
Beteiligungsertrag	Ertrag aus Beteiligungen
Bestandesänderungen	Bestandeszunahmen bzw. -abnahmen (Aufwand) von Roh- und Hilfsstoffen, Halb- und Fertigfabrikaten[11]
Eigenleistungen	Wert der Eigenherstellung von Anlagen und Immobilien
Eventuell Verlust	Aufwandsüberschuss

Abb. 14 Inhalte der Positionen der Erfolgsrechnung

10 Im Gegensatz zu den Fremdkapitalzinsen, die vom Unternehmen jedem einzelnen Gläubiger geschuldet werden, hat ein Aktionär keinen zum Voraus festgelegten, rechtlich einforderbaren Anspruch auf einen Gewinnanteil. Dementsprechend wird das Eigenkapital auch als Risikokapital bezeichnet, weil es im Falle von risikobehafteten Geschäftsaktivitäten dem Auffangen der damit verbundenen Verluste dient.

11 Werden in einer Abrechnungsperiode mehr Verkaufsprodukte verkauft, als in dieser Periode produziert wurden, ist damit eine Lagerabnahme verbunden. Diese Lagerabnahme (Abnahme eines Aktivums) entspricht einem Aufwand, der als Bestandesänderung von Fertigfabrikaten verbucht werden muss. Dasselbe gilt für den umgekehrten Fall.

Aufwand + *Gewinn* = Ertrag

Aufwand = Ertrag + *Verlust*

Die Differenz zwischen Ertrag und Aufwand bildet den Gewinn bzw. Verlust. Übersteigt der Aufwand einer Periode den Ertrag derselben, entsteht ein Verlust, im umgekehrten Fall ein Gewinn.

Die Summe aller Aufwandspositionen (plus allfälligem Periodengewinn) wird als Summe der Erfolgsrechnung bezeichnet. Sie ist gleich der Summe aller Ertragspositionen (plus allfälligem Periodenverlust).

Daraus ergibt sich schematisch folgende Grundstruktur jeder Erfolgsrechnung:

Erfolgsrechnung

Aufwand	**Ertrag**
– Material- und Warenaufwand («Anschaffungskosten») – Bruttogewinn	– Nettoerlöse
– Personal- und übriger Betriebsaufwand – Betriebsergebnis	– Zinsertrag – Eigenerstellte Anlagen
– Ausserordentlicher Aufwand – Betriebsfremder (neutraler) Aufwand	– Ausserordentlicher Ertrag – Betriebsfremder (neutraler) Ertrag
Unternehmenserfolg: Reingewinn	Reinverlust
= Summe der Erfolgsrechnung	= Summe der Erfolgsrechnung

Abb. 15 Schematischer Aufbau einer Erfolgsrechnung

Diese Grundstruktur widerspiegelt die Vorteile einer *mehrstufigen Erfolgsrechnung*. Bei einer mehrstufigen Erfolgsrechnung wird klar herausgearbeitet, welchen Einfluss

- die Differenz zwischen Nettoerlösen und Fremdleistungen (zum Beispiel Rohstoffe, zugekaufte Halbfabrikate usw.), das heisst der Bruttogewinn (Marge),
- die «normale» betriebliche Tätigkeit (Betriebsergebnis) sowie
- ausserordentliche (einmalig anfallende) Elemente und neutrale (betriebsfremde) Komponenten

auf den gesamten Unternehmenserfolg ausüben.

Die künstliche Aufteilung des Unternehmensgeschehens in Abrechnungsperioden bringt *Abgrenzungsprobleme* mit sich. Mithilfe von transitorischen Posten oder der Verbuchung von Bestandesänderungen versucht man, diese Probleme zu bewältigen. Dennoch lässt sich der Periodenerfolg nie ganz genau berechnen, weil die *periodengerechte Aufwands- und Ertragsermittlung* mit Annahmen und Schätzungen verbunden ist. Eines dieser Probleme ist beispielsweise die periodengerechte Zuordnung von Forschungs- und Entwicklungsaufwand sowie von Schulungs- oder Werbeaufwand. So dürfte in all diesen Fällen der geschaffene Nutzen oft erst in späteren Perioden, d. h. mit einer nicht unerheblichen Zeitverzögerung anfallen.

Auf der Ertragsseite können zum Beispiel bei der Abwicklung von mehrjährigen Grossprojekten die Leistungserbringung und die Ertragswirksamkeit dieser Leistungen (Ablieferung an den Kunden) auseinanderklaffen. Mit periodengerecht kalkulierten bzw. ausgehandelten Kundenanzahlungen usw. kann dieses Spannungsfeld allerdings etwas entschärft werden.

Ein weiteres Problem ist die sachgerechte Ermittlung des Abschreibungsaufwandes. Bei einer Produktionsanlage beruht er auf einer Vielzahl von Annahmen. Dazu gehören beispielsweise Annahmen, welche die physische Lebensdauer (Abnutzung, Verschleiss), den technologischen Fortschritt, zukünftig erforderliche Verfahrensänderungen zum Zweck einer verbesserten Produktqualität, aber auch die erwartete Marktentwicklung (insbesondere bei modischen Absatzgütern) betreffen. Abrechnungstechnisch wurden hierzu verschiedene Abschreibungsmethoden entwickelt, die lineare Abschreibungsmethodik ist am meisten verbreitet.

Bei einer korrekten *Bilanzierung* ergeben sich also nicht nur *zeitliche Abgrenzungsprobleme*, sondern auch Schwierigkeiten der *sachgerechten Bewertung* im Rahmen der Inventarisierung. Die «korrekte» Bewertung von Vermögen und Verbindlichkeiten eines Unternehmens (zum Beispiel Bewertung der Materialvorräte, Bildung von Rückstellungen für künftige Schadensfälle usw.) unterliegt unausweichlich einem gewissen Ermessensspielraum. Normalerweise geht man bei der Vermögensbeurteilung von der Fortführung des Unternehmens aus, was somit zu einem sogenannten Fortführungswert führt. Demgegenüber fallen Liquidationswerte von Vermögenspositionen in den meisten Fällen wesentlich tiefer aus.

Zusammenfassung

Bilanz = Zeit*punkt*betrachtung
Erfolgsrechnung = Zeit*raum*betrachtung

Die Unterteilung des Unternehmensgeschehens in Abrechnungsperioden ist vor allem zum Zweck der Erfolgsermittlung und -steuerung durch die Unternehmensführung notwendig.

Die *periodengerechte* Ermittlung des Unternehmenserfolgs ist mit dem Problem der periodengerechten zeitlichen Abgrenzung und letztlich auch der korrekten Bewertung (sachlichen Abgrenzung) von Geschäftsfällen verbunden.

Die häufigsten Abrechnungsperioden sind das (Kalender-)Jahr, das Semester, das Quartal und der Monat (die beiden Letzteren primär zum Zweck der internen Erfolgsermittlung und Erfolgssteuerung).

Zusammenfassung Modul 2, Kapitel 2.1

- Das finanzielle Rechnungswesen hält *alle geldmässig relevanten Beziehungen* zwischen Unternehmen und Umwelt fest.
- Es dient der Darstellung von Vermögen und Schulden, der Eigentumsverhältnisse, der Liquidität, des Periodenerfolgs (Gewinn/Verlust) und der Rentabilität des Gesamtunternehmens.
- In der Bilanz wird die *Vermögens- und Schuldenlage* eines Betriebs zu einem bestimmten Zeitpunkt dargestellt.
- Auf der *linken* Seite der Bilanz sind alle *Vermögensbestandteile* aufgeführt. Wichtigste Kategorien bilden das Umlaufvermögen (Geld, Forderungen, Vorräte) und das Anlagevermögen (Sachanlagen, Immobilien, Finanzanlagen, immaterielle Anlagen). Zuoberst finden sich diejenigen Vermögenspositionen, die am leichtesten in Geld umgewandelt werden können, zuunterst diejenigen, die am schwierigsten zu liquidieren sind. Unternehmen, die nach der 4. bzw. 7. EU-Richtlinie oder dem § 266 (Ergänzende Vorschriften für Kapitalgesellschaften) des deutschen Handelsgesetzbuches (HGB) bilanzieren, haben diese Positionen in der umgekehrten Reihenfolge aufzuführen.
- Auf der *rechten* Seite der Bilanz ist dargestellt, welche Anspruchsgruppen *welche finanziellen* Ansprüche gegenüber einem Betrieb geltend machen dürfen. Wichtigste Kategorien bilden das Fremdkapital (kurzfristiges und langfristiges) und das Eigenkapital. Das Fremdkapital stellt die Schulden eines Unternehmens dar. Die Positionen des Fremdkapitals unterliegen einer bestimmten Fälligkeit, oder sie sind zumindest innert einer bestimmten Frist kündbar. Das Eigenkapital bringt demgegenüber den Wert des Vermögens der Eigentümer eines Betriebs zum Ausdruck. Eigenkapital ist Risikokapital, weil keinerlei Rückzahlungsverpflichtungen bestehen. Umgekehrt haben die Eigenkapitalgeber (= Eigentümer) weitestgehende Verfügungsrechte über ein Unternehmen (Einflussnahme auf die Geschäftstätigkeit, Verkauf des ganzen Betriebs usw.). Die Schuldenpositionen sind nach Massgabe ihrer abnehmenden Fälligkeit von oben nach unten aufgeführt. Unternehmen, die nach der 4. bzw. 7. EU-Richtlinie oder dem deutschen Handelsrecht (§ 266 HGB, Ergänzende Vorschriften für Kapitalgesellschaften) bilanzieren, haben diese Positionen wiederum in der umgekehrten Reihenfolge aufzuführen.
- Da es sinnlos ist, den Wertzuwachs, das heisst den finanziellen Erfolg, für die gesamte (in den meisten Fällen unbegrenzte) Lebensdauer eines Be-

triebs festzuhalten, ist man gezwungen, die Geschäftstätigkeit zeitlich in Perioden zu gliedern.

- Zur Ermittlung des Erfolgs einer Geschäftsperiode dient die *Erfolgsrechnung*.
- In einer Erfolgsrechnung finden sich auf der *linken* Seite die *Aufwandspositionen* und auf der *rechten* Seite die *Ertragspositionen.*
- Die Festlegung von Abrechnungsperioden bringt allerdings *zeitliche Abgrenzungsprobleme* von Aufwands- und Ertragspositionen mit sich.
- Der Reingewinn eines Unternehmens ist zum einen definiert als Überschuss der Ertragspositionen über die Aufwandspositionen. Damit wird er in der Erfolgsrechnung auf der linken Seite ausgewiesen. Zum andern ist der Reingewinn eines Unternehmens definiert als Überschuss des Aktivenzuwachses über den Passivenzuwachs. Damit wird er in der Bilanz auf der rechten Seite ausgewiesen. Für einen allfälligen Verlust gilt dies in analoger Form, aber seitenverkehrt.

Selbst-Controlling: Modul 2, Kapitel 1–2.1

	Frage	*Unsicher? Wenn ja: Seite*
1	Was erfasst das finanzielle Rechnungswesen und wie werden Mengengrössen berücksichtigt?	39
2	Was wird im Rahmen des finanziellen Rechnungswesens dargestellt?	39
3	Was steht jeweils auf der linken und der rechten Seite der Bilanz?	46
4	Nach welchem Kriterium sind die Positionen auf den beiden Seiten der Bilanz jeweils geordnet?	43/44
5	Wieso wird das Eigenkapital auch als Risikokapital bezeichnet?	43
6	Wieso ist die Bilanz eine Zeitpunktbetrachtung?	45
7	Wozu dient die Erfolgsrechnung?	48
8	Was steht jeweils auf der linken und der rechten Seite der Erfolgsrechnung?	50
9	Wieso ist die Erfolgsrechnung eine Zeitraumbetrachtung?	48
10	Warum ergeben sich bei der Bilanzierung und der Erstellung der Erfolgsrechnung Abgrenzungsprobleme?	51
11	Wie hängen Bilanz und Erfolgsrechnung zusammen?	Kapitel 2.2

2.2 Doppelte Buchhaltung

2.2.1 Bestandeskonten und Bewegungskonten als Gerüst der Buchhaltung

Jede Unternehmung entfaltet die verschiedensten Aktivitäten, um ihre Ziele und Aufgaben zu erfüllen:

- Sie *investiert*, das heisst, sie kauft Grundstücke, baut, erwirbt Material und Maschinen, gewährt Darlehen.
- Sie *finanziert* sich, zum einen aus der eigenen betrieblichen Tätigkeit (Cashflow), zum andern durch Kapital von aussen. Eine solche Fremdfinanzierung kann zum Beispiel durch eine Kreditaufnahme, eine Kapitalerhöhung oder durch die Beanspruchung des Zahlungsziels bei Lieferanten erfolgen.
- Die Unternehmung *verkauft* ihre Güter und Dienstleistungen und *beschafft* die notwendigen Sachmittel. Sie *zahlt* Löhne und Gehälter für ihre Mitarbeitenden sowie Rechnungen (zum Beispiel mittels Banküberweisung).

All diese Ereignisse werden als *Geschäftsfälle* bezeichnet, mit denen Wertverschiebungen verbunden sind.

Die Erstellung von Bilanz und Erfolgsrechnung fällt der *Finanzbuchhaltung* zu. Sie hat die Aufgabe, alle Geschäftsfälle (Wertverschiebungen) *lückenlos festzuhalten, zu kontieren und zu verbuchen.* Die *Buchhaltung* ist im Grunde genommen nichts anderes als ein raffinierter *Registrierungsmechanismus.* Registriert und verarbeitet werden dabei alle Geschäftsfälle mit finanzieller Wirkung – oder anders ausgedrückt: die finanziellen Wirkungen der Geschäftstätigkeit.

Diese Verarbeitung erfolgt über Konten. Konten sind ein Strukturierungsmittel der Buchhaltung. Jedes Konto bildet schematisch gesehen ein T-Kreuz. Die linke Seite eines solchen Kontenkreuzes wird gemäss alter Tradition mit *Soll* bezeichnet, die rechte Seite mit *Haben.*

Dabei muss man sich sämtliche bisher erläuterten Positionen in der Bilanz (zum Beispiel Liquide Mittel, Vorräte, Immobilien, Kreditoren, Hypotheken usw.) und Erfolgsrechnung (zum Beispiel Personalaufwand, Zinsaufwand, Abschreibungen, Verkaufserlöse usw.) als Konten vorstellen.

Konto X

SOLL	HABEN

Abb. 16 Grafische Darstellung eines Kontos in Form eines Kontenkreuzes

Die Differenz zwischen Soll (links) und Haben (rechts) wird *Saldo* eines Kontos genannt, die Ermittlung dieser Differenz *Saldierung.*

Wie bereits erörtert, stellen auch Bilanz und Erfolgsrechnung *aggregierte Konten* dar. Deren Saldo bildet der *Reingewinn (eventuell Reinverlust) der Periode*, der in der Bilanz und Erfolgsrechnung identisch sein muss.

Bilanz per 31.12.20XX

	Aktiven	Passiven	
Ertrag minus Aufwand	Reingewinn der Erfolgsrechnung	Reingewinn der Bilanz	Aktiven minus Passiven
	Aufwand	Ertrag	

Erfolgsrechnung 1.1. bis 31.12.20XX
(Summenbilanz)

Abb. 17 Schematische Darstellung des Zusammenspiels von Bilanz und Erfolgsrechnung

Die Bilanz registriert *Vermögen* und *Schulden* an einem *Stichtag.* Deshalb haben *alle Bilanzkonten* den Charakter von *Bestandeskonten.* Diese Bestandeskonten verändern sich wie Reservebehälter, die mit einer Flüssigkeit gefüllt sind; sie nehmen einmal zu, das andere Mal wieder ab usw. Die Bilanz selber ist das am höchsten aggregierte Bestandeskonto, welches das Gesamtvermögen und die Gesamtschulden eines Unternehmens ausweist.

Die Erfolgsrechnung registriert wie ein *Sammelgefäss* alle *Wertzuwächse* und *Wertverminderungen* (Wertverzehr), die während einer Periode auflaufen. Die einzelnen *Erfolgskonten* der Erfolgsrechnung haben deshalb den Charakter von *Bewegungskonten.* Mithilfe der Aufwandskonten werden alle anfallenden Aufwendungen gesammelt, auf den Ertragskonten alle auflaufenden Erträge. Analog zur Bilanz ist die Erfolgsrechnung das am höchsten aggregierte Bewegungskonto, weil es den gesamten «Fluss» an Wertzuwächsen und Wertverminderungen ausweist.

Zusammenfassung

- Bilanzkonten = Bestandeskonten:
  - *Aktivkonten* registrieren Zu- und Abgänge von Vermögen
  - *Passivkonten* registrieren Ab- und Zugänge von Schulden
- Erfolgskonten = Bewegungskonten:
  - *Aufwandskonten* registrieren den Wertverzehr, das heisst alle auflaufenden Aufwendungen (und sachlich damit zusammenhängenden Aufwandsminderungen).
  - *Ertragskonten* registrieren alle Wertzuwächse, das heisst alle auflaufenden Erträge (und sachlich damit zusammenhängenden Ertragsminderungen).

Nun werden diese Überlegungen auf die Kontenform übertragen:

Vermögen – Aktivkonto A (Beispiel Postcheck)

Zugänge von Vermögen	Abnahme von Vermögen
(+)	(−)

Schulden – Passivkonto B (Beispiel Hypotheken)

Abnahme von Schulden	Zugänge von Schulden
(−)	(+)

Aufwandskonto C (Beispiel Personalaufwand)

Aufwandszunahme	Aufwandsminderung
(+)	(−)

Ertragskonto D (Beispiel Zinsertrag)

Ertragsminderung	Ertragszunahme
(−)	(+)

Abb. 18 Darstellung von Bilanz- und Erfolgskonten

2.2.2 Die Grundlogik einer doppelten Buchhaltung

Der Logik einer *doppelten Buchhaltung* liegen drei einfache, aber sehr folgenreiche Ideen im Sinne von Regeln oder Konventionen zugrunde:

- Jeder Geschäftsfall berührt ohne Ausnahme immer zwei Konten. «Keine Buchung ohne Gegenbuchung», das heisst, jeder Betrag, der auf ein bestimmtes Konto gebucht wird, muss gleichzeitig auch auf die gegenüberliegende Seite eines zweiten Kontos gebucht werden. Deshalb wird von einer *doppelten* Buchhaltung gesprochen.
- Bei jeder Buchung wird somit beim einen Konto auf die *linke* Seite (Soll) gebucht und beim andern Konto auf die *gegenüberliegende* Seite, das heisst in diesem Fall die *rechte* Seite (Haben). Daraus entsteht stets eine Symmetrie von Buchungen. Bei einer korrekten Verbuchung aller Geschäftsfälle muss demzufolge die Summe aller Buchungen auf die linke Seite und die Summe aller Buchungen auf die rechte Seite *immer identisch* sein.
- Bilanz und Erfolgsrechnung sind *spiegelbildlich* aufgebaut (siehe **Abb. 17**: Schematische Darstellung des Zusammenspiels von Bilanz und Erfolgsrechnung). Vereinfacht gesagt stehen sich grundsätzlich
  - Aufwandspositionen (Erfolgsrechnung, linke Seite) und Schuldenerhöhungen (Passiven, Bilanz, rechte Seite) und
  - Vermögenszuwächse (Aktiven, Bilanz, linke Seite) und Ertragspositionen (Erfolgsrechnung, rechte Seite) gegenüber.

Aus dieser Logik ergibt sich, dass der Reingewinn auf der linken Seite der Erfolgsrechnung haargenau dem Reingewinn auf der rechten Seite der Bilanz entspricht. Oder mit andern Worten:

In dem Masse, in dem in einer bestimmten Periode die erzielten Erträge (Wertzuwächse) eines Unternehmens die aufgelaufenen Aufwände (Wertverzehr) übersteigen, muss auch das Gesamtvermögen dieses Unternehmens *haargenau im gleichen Masse* gegenüber den Gesamtschulden gewachsen sein. Dieser Zusammenhang wird im Kapitel 2.2.3 (Der Weg von der Eröffnungs- zur Schlussbilanz) durch ein Beispiel dargestellt. Die doppelte Buchhaltung stellt somit eine äusserst raffinierte Kodierungslogik dar.

Jeder Geschäftsfall muss auf einem *Buchungsbeleg* festgehalten werden. Dabei erfolgt die Kontierung, das heisst die Zuweisung oder Kodierung eines Betrags, auf die linke Seite eines bestimmten Kontos und auf die rechte Seite eines andern Kontos.

Mit der Kontierung, das heisst der Erstellung eines Buchungsbelegs, wird also festgelegt, welche zwei Konten der Bilanz und/oder der Erfolgsrechnung im Soll bzw. im Haben durch einen bestimmten Geschäftsfall tangiert werden. Dieser Beleg wird anschliessend in das Journal übertragen, das chronologisch fortlaufend geführt wird.

Bei der Erstellung des *Buchungsbelegs* erfolgt also die Zuordnung eines von einem Geschäftsfall generierten Geldbetrags zu zwei Konten der Bilanz und/ oder Erfolgsrechnung. Dazu wird ein *Buchungssatz* festgelegt.

Journal

Belegdatum	Buchungssatz		Buchungstext (Beschreibung)	Betrag (CHF/EUR)
	Soll	Haben		
23.5.	Personal-aufwand	Bank	Zahlung der Löhne	200 000
24.5.	Postcheck	Verkaufserlöse	Zahlung Faktura Nr. 10201	80 000
27.5.	Warenaufwand	Bank	Zahlung Lieferung Nr. 226	50 000
...	–	–	–	–
...	–	–	–	–

Abb. 19 Beispiel von Buchungssätzen in einem Journal

Bei einer doppelten Buchhaltung wird jeder Geschäftsfall auf zwei (verschiedenen) Konten verbucht, einmal im Soll und einmal im Haben.

Soll-Buchung = Eintrag im Soll, das heisst Eintrag links
Haben-Buchung = Eintrag im Haben, das heisst Eintrag rechts

Aufbau eines Buchungssatzes
(mit Auszahlung der Löhne als Beispiel):

Soll-Konto an Haben-Konto	*Betrag*
Personalaufwand an Bank	*240 000*

Ein Buchungssatz gibt an, auf welches Konto die Soll-Buchung und auf welches Konto die Haben-Buchung eines Geschäftsfalls zu erfolgen hat. Ferner wird der Betrag genannt, der dem einen Konto zu belasten und dem andern in gleicher Höhe gutzuschreiben ist.

Im Buchungssatz wird immer zuerst das Konto für die Soll-Buchung (links) und dann das Konto für die Haben-Buchung (rechts) genannt. Zwischen beiden Konten steht das Wort an oder ein Bindestrich (zum Beispiel *Kasse – Darlehen*).

Im Folgenden findet sich eine Auswahl möglicher Buchungssätze in Kombination mit einer Erläuterung möglicher Geschäftsfälle, die hinter diesen Buchungssätzen stehen könnten. Um die folgenden Buchungssätze nachvollziehen zu können, empfiehlt es sich, das Lesezeichen zur Hand zu nehmen, wo die Konventionen der Verbuchung von Geschäftsfällen in Bilanz- und Erfolgskonten festgehalten sind.

Buchung 1
Kasse an Darlehen 400 000

Dieser Buchungssatz besagt, dass das Unternehmen ein Darlehen in Höhe von 400 000 aufgenommen hat und das Geld bar bezahlt wurde. Auf dem Aktivkonto Kasse sind 400 000 im Soll (links) zu buchen und auf dem Passivkonto Darlehen 400 000 im Haben (rechts).

Buchung 2
Wertschriften an Bank 28 000

Es sind für 28 000 Wertschriften durch eine Bankzahlung erworben worden. Auf dem Konto Wertschriften erfolgt die Buchung im Soll (links). Das Bankkonto (Kontokorrent) wird dementsprechend belastet, das heisst, dort erfolgt die Buchung im Haben (rechts).

Buchung 3
Debitoren an Umsatz 150 000

Für 150 000 konnten Verkaufsprodukte auf Rechnung (Kredit) an einen Kunden verkauft werden. Die Forderungen gegenüber Kunden nehmen zu, deshalb steht der Betrag von 150 000 im Soll (links). Die dem Kunden erbrachte Leistung stellt dagegen einen Ertrag dar und wird deshalb im Haben (rechts) auf dem Ertragskonto Umsatz gebucht.

Buchung 4
Unterhalt Immobilien an Kreditoren 7500

Nachdem eine Fassade des Firmengebäudes neu gemalt werden musste, ist die Rechnung (mit einer Zahlungsfrist von 30 Tagen) eingetroffen. Der Betrag von 7500 wird im Soll (links) auf das Aufwandskonto Unterhalt Immobilien gebucht. Gleichzeitig nehmen damit die Verbindlichkeiten gegenüber dem Maler als Lieferanten zu, weshalb die Gegenbuchung auf das Konto Kreditoren im Haben (rechts) vorgenommen wird.

Buchung 5
Mobilien an Kreditoren 10 000

Die Betriebsleiterin musste mit einem neuen, leistungsfähigeren PC ausgerüstet werden, der in der Bilanz aktiviert wird. Die Rechnung wird im laufenden Monat bezahlt werden. Deshalb wird die Wertvermehrung von 10 000 im Soll (links) des Kontos Mobilien verbucht, während die Gegenbuchung im Haben (rechts) des Kontos Kreditoren vorgenommen wird.

Buchung 6
Abschreibungen an Maschinen 6000

Auf dem Maschinenpark werden Abschreibungen in Höhe von 6000 vorgenommen. Dies widerspiegelt die Abnutzung (Wertabnahme) des Maschinenparks. Deshalb erfolgt die Buchung im Soll (links) des Aufwandskontos Abschreibungen. Die Gegenbuchung erfolgt im Haben (rechts) des Kontos Maschinen.

Buchung 7
Baukredit an Hypotheken 200 000

Die Bank hat den Baukredit für einen Neubau in eine Hypothek, das heisst eine grundpfandgesicherte Forderung, umgewandelt. Deshalb steht der Betrag von 200 000 beim Konto Baukredit im Soll (links, Abnahme einer Schuld) und im Konto Hypotheken im Haben (rechts, Zunahme einer Schuld).

Buchung 8
Kreditoren an Bank 35 000

Eine Rechnung wird per Bank bezahlt. Sowohl die Lieferantenschulden als auch das Bankkonto nehmen ab. Deshalb wird der Betrag von 35 000 beim Kreditorenkonto ins Soll (links) gebucht und beim Bankkonto ins Haben (rechts).

Je nach der Auswirkung solcher Geschäftsfälle auf die Bilanz werden folgende Arten der Wertverschiebung unterschieden:

Art der Wertverschiebung	*Erfolgswirksame Buchung:* Ein Konto der Erfolgsrechnung wird verändert und gleichzeitig ein Konto der Bilanz. Damit verändern sich die Gesamtsaldi von Bilanz und Erfolgsrechnung und damit der Gewinn. Auch die Bilanzsumme und die Summe der Erfolgsrechnung verändern sich.
Beispiele	*Buchungen 3, 4 und 6* Umsatz, Betriebsaufwand

Grafische Darstellung

	Bilanz		Erfolgsrechnung	
	Aktiven	Passiven	Aufwand	Ertrag
(1) oder (2)	Konto A1 (+/–)	Konto P2 (+/–)	Konto A2 (+/–)	Konto E1 (+/–)

Die vier nachfolgenden Wertverschiebungen betre=en ausschliesslich die Bilanz und haben demzufolge keinen Einfluss auf den Gewinn. Sie werden deshalb als *nicht erfolgswirksame* Buchungen bezeichnet.

Art der Wertverschiebung	*Aktivtausch:* Ein Aktivkonto (Vermögenskonto) der Bilanz wird erhöht und ein anderes gleichzeitig um denselben Betrag vermindert. Die Bilanz bleibt ausgeglichen: Aktiven = Passiven.
Beispiele	*Buchung 2* Barkauf von Ersatzteilen für den Maschinenpark an Lager

Grafische Darstellung

Bilanz		Erfolgsrechnung	
Aktiven	Passiven	Aufwand	Ertrag
Konto A1 (+) Konto A2 (–)			

Art der Wertverschiebung

Passivtausch: Ein Passivkonto (Schuldenkonto) der Bilanz wird erhöht und ein anderes gleichzeitig um denselben Betrag vermindert. Auch hierbei bleibt die Bilanz im Gleichgewicht.

Beispiele

Buchung 7
Umwandlung von kurz- in langfristige Schulden

Grafische Darstellung

Bilanz		Erfolgsrechnung	
Aktiven	Passiven	Aufwand	Ertrag
	Konto P1 (+) Konto P2 (–)		

Art der Wertverschiebung

Bilanzverlängerung: Ein Aktivkonto und ein Passivkonto der Bilanz werden gleichzeitig um den gleichen Betrag erhöht. Die Bilanz bleibt ausgeglichen. Die Bilanzsumme (alle Aktiven und alle Passiven addiert) vergrössert sich.

Beispiele

Buchungen 1 und 5
Materialkauf an Lager, zahlbar innert 30 Tagen

Grafische Darstellung

Bilanz		Erfolgsrechnung	
Aktiven	Passiven	Aufwand	Ertrag
Konto A1 (+)	Konto P1 (+)		

Art der Wertverschiebung

Bilanzverkürzung: Ein Aktivkonto und ein Passivkonto werden gleichzeitig um den gleichen Betrag vermindert. Die Bilanzsumme verkleinert sich. Die Bilanz bleibt ausgeglichen.

Beispiele

Buchungen 8
Zahlung von Lieferantenrechnungen per Postscheck

Grafische Darstellung

Bilanz		Erfolgsrechnung	
Aktiven	Passiven	Aufwand	Ertrag
Konto A1 (–)	Konto P1 (–)		

Abb. 20 Erfolgswirksame und erfolgsunwirksame Wertverschiebungen

Aus den vier möglichen *nicht erfolgswirksamen* Wertverschiebungen ist zu erkennen, dass die Bilanz immer im Gleichgewicht bleibt. Dies wird dadurch erreicht, dass im System der doppelten Buchhaltung zu jeder Buchung eine entsprechende Gegenbuchung erfolgt. Dazu ein ganz einfaches Zahlenbeispiel:

Zahlenbeispiel

Ein Unternehmer gründet ein Geschäft und stellt eine Bilanz auf (Buchungssatz: Kasse an Eigenkapital):

Aktiven		Passiven	
Kasse	10000	Eigenkapital	10000

Er kauft eine Maschine für CHF/EUR 6000.– und zahlt sie bar (= Aktivtausch). Die Bilanz hat sich dadurch wie folgt geändert (Buchungssatz: Anlagen an Kasse):

Aktiven		Passiven	
Kasse	4000	Eigenkapital	10000
Anlagen	6000		
	10000		10000

Der Unternehmer nimmt in Hinblick auf kommende Lieferantenrechnungen ein Darlehen in Höhe von CHF/EUR 5000.– auf (= Bilanzverlängerung, Buchungssatz: Kasse an Darlehen):

Aktiven		Passiven	
Kasse	9000	Darlehen	5000
Anlagen	6000	Eigenkapital	10000
	15000		15000

Zusammenfassung

Die Bilanz ist eine Zeit*punkt*betrachtung.
Die Erfolgsrechnung ist eine Zeit*raum*betrachtung.

Nur Buchungen, die sowohl ein Bilanzkonto als auch ein Konto der Erfolgsrechnung berühren, sind *erfolgswirksam*.
Demzufolge sind Buchungen, die *zwei* Bilanzkonten oder zwei Konten der Erfolgsrechnung berühren, *nicht erfolgswirksam*.

Nicht erfolgswirksame Geschäftsfälle wirken sich so auf die Bilanz aus, dass sich das Gleichgewicht, das heisst das Verhältnis zwischen der Höhe der Aktiven und der Höhe der Passiven, nicht verändert.

Aktivtausch	ein Aktivum (+), ein anderes (–)
Passivtausch	ein Passivum (+), ein anderes (–)
Bilanzverlängerung	ein Aktivum und ein Passivum (+)
Bilanzverkürzung	ein Aktivum und ein Passivum (–)

2.2.3 Der Weg von der Eröffnungs- zur Schlussbilanz[12]

Auf den Konten der Bilanz und der Erfolgsrechnung werden nach der Logik der doppelten Buchhaltung lückenlos sämtliche Geschäftsfälle einer Abrechnungsperiode erfasst.

Jedes *Aktivkonto* erhält als *Bestandeskonto* zu Beginn der Periode aus der Eröffnungsbilanz einen Anfangsbestand im Soll (links). Alle Vermögenszugänge werden im Soll (links) und alle Vermögensabgänge im Haben (rechts) gebucht. Zum Abschluss der Periode wird die Differenz zwischen Soll (links) und Haben (rechts) gebildet und der so entstandene Saldo im Haben (rechts) des Kontos ausgewiesen und im Soll (links) in die Schlussbilanz aufgenommen.

Jedes *Passivkonto* erhält als *Bestandeskonto* zu Beginn der Periode ebenfalls einen Anfangsbestand, aber im Haben (rechts). Alle Kapitalzugänge werden im Haben und die entsprechenden Abgänge im Soll (links) verbucht. Der Saldo des Passivkontos wird im Soll ausgewiesen und von dort ins Haben (rechts) der Schlussbilanz übertragen.

Aufwands- und Ertragskonten weisen als Bewegungskonten keine Anfangsbestände, sondern nur Schlusssaldi auf.

Am Schluss der Abrechnungsperiode werden die Saldi der Bilanzkonten zur Schlussbilanz zusammengefasst. Der Saldo der Schlussbilanz entspricht dem Bilanzgewinn oder -verlust, der identisch ist mit dem Reingewinn der Erfolgsrechnung.

Die *Saldi der Erfolgskonten* werden zusammengefasst zur *Erfolgsrechnung*. Der Saldo der Erfolgsrechnung ist der Reingewinn oder -verlust, der auch in der Bilanz erscheint.

Die Aktionäre einer Aktiengesellschaft haben keinen rechtlichen Anspruch auf einen Zins. Dennoch stellt der Reingewinn des Jahres im Grunde genommen den «Zins» dar, der mit dem investierten Eigenkapital erwirtschaftet wurde. Die Aktionäre haben grundsätzlich das Recht, über die *Verwendung* des erwirtschafteten Reingewinns zu entscheiden. Der Gewinn kann im Wesentlichen:

- den Reserven (Eigenkapital) zugeschlagen und damit der weiteren Unternehmensentwicklung zur Verfügung gestellt werden;
- als Dividende ausgeschüttet und damit dem Unternehmen entzogen werden;
- dem Gewinnvortrag zugeschlagen werden. Damit bleibt er im Unternehmen, steht aber in einer nächsten Periode zusammen mit dem Gewinn der nächsten Periode für die nächste Gewinnverteilung zur Verfügung.

12 Die Schlussbilanz einer bestimmten Abrechnungsperiode ist normalerweise auch wieder die Eröffnungsbilanz der nächstfolgenden Periode.

Diese drei Möglichkeiten können im Rahmen bestimmter gesetzlicher Vorschriften über die Gewinnverteilung grundsätzlich beliebig kombiniert werden.

Im Folgenden findet sich zuerst ein kurzer schematischer Ausschnitt aus einem Zahlenbeispiel, danach ein vollständiges Zahlenbeispiel einer Aktiengesellschaft. Abschliessend soll ein rein schematisches Beispiel den Gesamtablauf und die Logik verdeutlichen, die im Verlaufe einer Buchungsperiode zur Anwendung kommen.

Ausschnitt aus einem Zahlenbeispiel

Eröffnungsbilanz per 1.1.20XX

Aktiven		Passiven	
– Liquide Mittel	84 000	– Kreditoren	54 000
–		–	
–		–	
–		–	

Aktivkonto Liquide Mittel

Soll		Haben	
Anfangsbestand	84 000		
–		–	
–		–	
–		–	
Zugänge insgesamt	126 000	Abgänge insgesamt	142 000
		Endbestand (Saldo)	68 000

Passivkonto Kreditoren

Soll		Haben	
–		Anfangsbestand	54 000
–		–	
Abgänge insgesamt	146 000	Zugänge insgesamt	138 000
Endbestand (Saldo)	46 000		

Schlussbilanz per 31.12.20XX

Aktiven		Passiven	
– Liquide Mittel	68 000	Kreditoren	46 000
–		–	
–		–	
–		–	

Vollständiges Zahlenbeispiel

Eröffnungsbilanz per 1.1.20XX

Aktiven		Passiven	
Kasse	10	Bankschulden	20
		Aktienkapital	30
		Reserven	10
Maschinen	50		
Bilanzsumme	60	Bilanzsumme	60

Aktivkonten		**Passivkonten**		**Aufwandskonten**		**Ertragskonten**	
Kasse		Bankschulden		Personalaufwand		Verkaufserlöse	
10	60		20	60			120
120	35						
5	S = 40	S = 20			S = 60	S = 120	
Maschinen		Eigenkapital		Übriger Aufwand		Übriger Ertrag	
50	5		40	35			5
				5			
	S = 45	S = 40			S = 40	S = 5	

S = Saldo

Schlussbilanz I per 31.12.20XX

Aktiven		Passiven	
Kasse	40	Bankschulden	20
		Aktienkapital	30
Maschinen	45	Reserven	10
		Gewinn	25
Bilanzsumme	85	Bilanzsumme	85

Erfolgsrechnung vom 1.1.–31.12.20XX

Aufwand		Ertrag	
Personalaufwand	60	Verkaufserlöse	120
Übriger Aufwand	40	Übriger Ertrag	5
Gewinn	25		
Summe	125	Summe	125

Schlussbilanz II per 31.12.20XX
(Eröffnungsbilanz per 1.1.20XY)

Aktiven		Passiven	
Kasse	40	Kreditoren	10
		Bankschulden	20
Maschinen	45	Aktienkapital	30
		Reserven	25
Bilanzsumme	85	Bilanzsumme	85

Gewinnverteilung

Gewinn – Kreditoren Dividende	10
Gewinn – Reserven	15
Total	25

Abb. 21 Schematische Zahlenbeispiele einer Aktiengesellschaft
(Quelle: in Anlehnung an Rieder/Siegwart 1993, 39)

Im nachfolgenden schematischen Beispiel finden sich die Bilanz und die Erfolgsrechnung der X-AG mit zwei Aktivkonten (A1 und A2), zwei Passivkonten (B1 und B2), zwei Aufwandskonten (C1 und C2) und zwei Ertragskonten (D1 und D2).

Die Eröffnungsbuchungen der Eröffnungsbilanz lauten:

Aktivkonto A1 an Eröffnungsbilanz:	*Eröffnungssaldo A1*
Aktivkonto A2 an Eröffnungsbilanz:	*Eröffnungssaldo A2*
...	...
Eröffnungsbilanz an Passivkonto B1:	*Eröffnungssaldo B1*
Eröffnungsbilanz an Passivkonto B2:	*Eröffnungssaldo B2*

Demgegenüber lauten die Abschlussbuchungen der Schlussbilanz:

Schlussbilanz an Aktivkonto A1:	*Schlusssaldo A1*
Schlussbilanz an Aktivkonto A2:	*Schlusssaldo A2*
...	...
Passivkonto B1 an Schlussbilanz:	*Schlusssaldo B1*
Passivkonto B2 an Schlussbilanz:	*Schlusssaldo B2*

Beim Geschäftsabschluss bedarf nicht nur die Bilanz, sondern auch die Erfolgsrechnung der Abschlussbuchungen. Sie lauten schematisch:

Erfolgsrechnung an Aufwandskonto C1:	*Schlusssaldo C1*
Erfolgsrechnung an Aufwandskonto C2:	*Schlusssaldo C2*
...	...
Ertragskonto D1 an Erfolgsrechnung:	*Schlusssaldo D1*
Ertragskonto D2 an Erfolgsrechnung:	*Schlusssaldo D2*

Wenn die ganze Geschäftsperiode hindurch korrekt gebucht wurde, muss der nun verbleibende Saldo, das heisst der Reingewinn oder Reinverlust, in der Schlussbilanz und in der Erfolgsrechnung identisch sein. Der entsprechende letzte Buchungssatz lautet:

Schlusssaldo Erfolgsrechnung
an Schlusssaldo Schlussbilanz *Reingewinn (Betrag in CHF/EUR)*
oder allenfalls
Schlusssaldo Schlussbilanz an
Schlusssaldo Erfolgsrechnung *Reinverlust (Betrag in CHF/EUR)*

In Abhängigkeit von der rechtlichen Form des Unternehmens kann der ermittelte Gewinn der Schlussbilanz (oder wenigstens ein Teil davon) zur Verteilung freigegeben werden. Dafür kann eine Weiterverbuchung des Gewinns auf die folgenden Passivkonten, also ein Passivtausch, infrage kommen: Eigenkapital, Privat-, Dividenden-, Reserven-, Tantiemen-, Personalfürsorge-, Gewinnvortragskonto oder vorerst ein Gewinnverteilungskonto. Man erhält damit die *Bilanz nach Gewinnverteilung* (oder eine Schlussbilanz II).

Bilanz X-AG vom 31.12.20XX

Aktivkonto A1 (Vermögen)		Passivkonten B1 (Schulden)	
Eröffnungssaldo A1	Abnahme von Vermögen (–)	Abnahme von Schulden (–)	Eröffnungssaldo B1
Zugänge von Vermögen (+)	Schlusssaldo A1	Schlusssaldo B1	Zunahme von Schulden (+)

Aktivkonto A2 (Vermögen)		Passivkonten B2 (Schulden)	
Eröffnungssaldo A2	Abnahme von Vermögen (–)	Abnahme von Schulden (–)	Eröffnungssaldo B2
Zugänge von Vermögen (+)	Schlusssaldo A2	Schlusssaldo B2	Zunahme von Schulden (+)

Erfolgsrechnung der X-AG vom 1.1. bis 31.12.20XX

Aufwandskonto C1		Ertragskonto D1	
Aufwandszunahme (+)	Aufwands-minderung (–)	Ertragsminderung (–)	Ertragszunahme (+)
	Schlusssaldo C1	Schlusssaldo D1	

Aufwandskonto C2		Ertragskonto D2	
Ertragszunahme (+)	Aufwands-minderung (–)	Ertragsminderung (–)	Ertragszunahme (+)
	Schlusssaldo C2	Schlusssaldo D2	

Abb. 22 Veränderung von Bilanz und Erfolgsrechnung im Laufe einer Geschäftsperiode

Zusammenfassend wird der Geschäftserfolg einer Periode mithilfe der folgenden Elemente und «Systematik» ermittelt:

Bestandesrechnung

- Eröffnungs*bilanz*
- Aktiv- und Passivkonten (=Bestandeskonten)
- Schluss*bilanz* mit Bilanzgewinn/-verlust

Bewegungsrechnung

- Aufwands- und Ertragskonten (=Erfolgskonten)
- *Erfolgsrechnung* mit Reingewinn/-verlust

Jeder erfolgswirksame Geschäftsfall erscheint zum einen auf einem Konto der Erfolgsrechnung (Soll oder Haben) und die entsprechende Gegenbuchung auf einem Bestandeskonto der Bilanz (Haben oder Soll). Demzufolge muss sich in der Bilanz (insbesondere in der Schlussbilanz) ein Gewinn oder Verlust in gleicher Höhe wie in der Erfolgsrechnung einstellen.

2.3 Buchhaltungsorganisation

Die ordnungsgemässe und effiziente Führung einer Buchhaltung bedarf einiger Hilfsmittel, die dazu dienen, die lückenlose Verarbeitung (Verbuchung) verschiedenster Geschäftsfälle zu standardisieren und zu systematisieren.

Eine gute Organisation der Buchhaltung muss nicht nur die korrekte Verbuchung aller Geschäftsfälle sicherstellen, sondern auch eine zeitgerechte Erstellung des Geschäftsabschlusses. Dieser sollte *spätestens am 1. März des Folgejahres* vorliegen.

Zudem müssen für das betriebliche Rechnungswesen rechtzeitig die notwendigen Daten für monatliche, vierteljährliche und halbjährliche *Zwischenberichte* vorliegen (siehe hierzu **Modul 4** und **5**).

Zu den wichtigsten Strukturierungshilfsmitteln einer zweckmässigen Buchhaltung gehören:

- Kontenplan
- Belegstruktur
- Buchungsjournal
- Hauptbuch
- Hilfsbuchhaltungen, vorgelagerte Buchungssysteme

Die Vielzahl der Konten muss in eine bestimmte Ordnung gebracht werden. Das unternehmensindividuelle Ordnungssystem der Konten wird als *Kontenplan* bezeichnet. Dieser stellt zusammen mit den allgemein gültigen Buchungsregeln und den internen Kontierungsrichtlinien sicher, dass eine einheitliche und eindeutige Verbuchung aller auftretenden Geschäftsfälle bzw. deren Belege erfolgt. Der Kontenplan ist somit ein Gliederungsschema für die Konten eines Unternehmens. Da die Struktur und der Detaillierungsgrad eines zweckmässigen Kontenplans sehr stark von der Geschäftstätigkeit, der Branche, aber auch landesspezifischen (rechtlichen) Gegebenheiten abhängen, mag eine Anlehnung an einen branchen- oder landesspezifischen Kontenrahmen hilfreich sein. In einem solchen Fall leitet sich dann die Gliederung und Nummerierung der Konten von den branchenspezifischen Kontenschemen ab, welche die Kontenklassen und -gruppen vorgeben. Ein *Kontenrahmen* ist ein *standardisierter Gliederungsvorschlag* für die Struktur der in einer Branche oder einem Land verwendeten Kontenpläne.

Alle Geschäftsfälle mit finanzwirtschaftlichen Auswirkungen müssen in einem ersten Schritt auf einem Beleg festgehalten werden. Die *Belegstruktur* entspricht einem Standardformular (einer Input-Maske), in dem alle wesentlichen Informationen zur Verbuchung und allenfalls weiteren Verarbeitung im betrieblichen Rechnungswesen standardisiert festgehalten werden müssen. Hierzu gehören auf jeden Fall die Felder Belegnummer, Belegdatum, Soll- und Haben-Konto, Text und Betrag sowie ergänzend dazu beispielsweise Kostenart, Kostenstelle und/oder Auftragsnummer.

Im *Buchungsjournal* sind sämtliche Bewegungen (oder Buchungssätze) in chronologischer Reihenfolge aufgeführt.

Im *Hauptbuch* werden die Einträge dagegen kontenweise gegliedert, woraus dann mit Leichtigkeit eine Bilanz und Erfolgsrechnung erstellt werden können.

Während früher umfangreiche manuelle Arbeiten notwendig waren, um diese beiden Dokumentationsformen zu erhalten, bedarf es mit moderner Informationstechnologie lediglich einer einmaligen Erfassung der Belege. Was die Grundsystematik betrifft, eignet sich jedoch die 500 Jahre alte italienische Buchhaltung nach wie vor am besten.

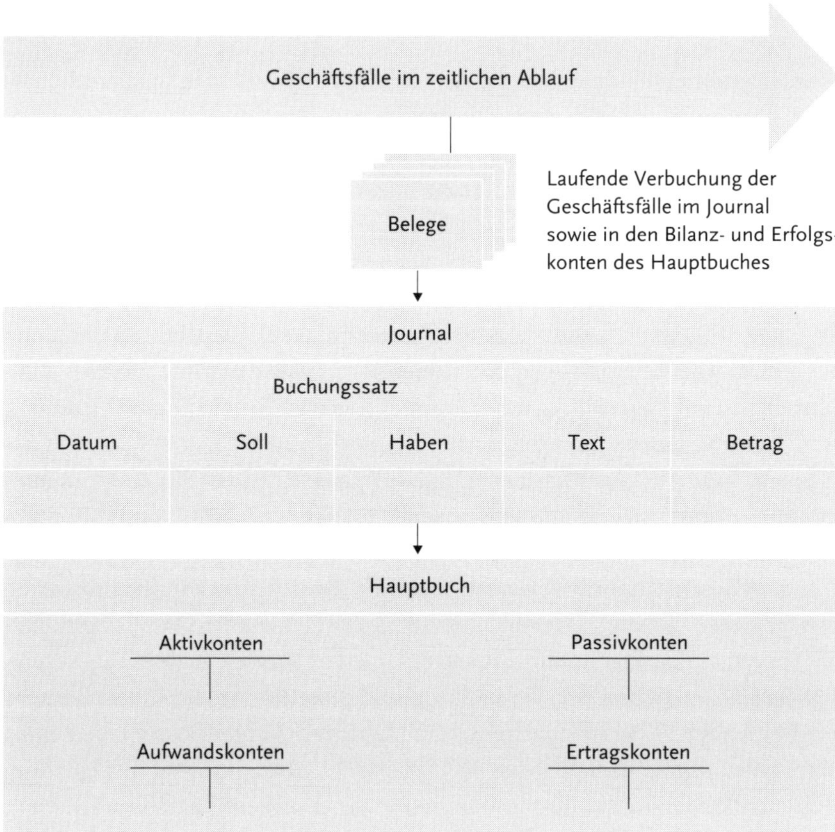

Abb. 23 Verbuchung von Geschäftsfällen im zeitlichen Ablauf

Mit dem Wachstum von Unternehmen und dem Ziel einer administrativ einfachen Buchhaltungsorganisation sind im Rahmen einer optimalen Arbeitsteilung verschiedene zusätzliche, vorgelagerte Buchungssysteme (mit der gleichen Logik) entwickelt worden, die als *Hilfsbuchhaltungen* bezeichnet werden.

Erwähnt, aber nicht weiter ausgeführt, seien hier:

- Fakturierung
- Debitorenbuchhaltung
- Kreditorenbuchhaltung
- Materialbuchhaltung
- Lagerbuchhaltung (stille Reserven!)
- Anlagenbuchhaltung (stille Reserven!)
- Lohn- und Gehaltsbuchhaltung

Zusammenfassung Modul 2, Kapitel 2.2–2.3

- Im Alltag eines Unternehmens laufen eine Vielzahl von Geschäftsaktivitäten ab. Die einzelnen Geschäftsfälle werden in der *Finanzbuchhaltung* nach einer bestimmten Logik (Set von Vorschriften) registriert und geordnet.
- «Sammelgefässe» der Geschäftsfälle sind die *Konten*. Jedes Konto lässt sich wie die Bilanz und die Erfolgsrechnung als T-Kreuz (Kontenkreuz) darstellen. Die linke Seite eines Kontenkreuzes bezeichnet man mit *Soll*, die rechte Seite mit *Haben*.
- Bilanzkonten sind *Bestandeskonten*, die Konten der Erfolgsrechnung sind *Bewegungskonten*.
- Jeder Geschäftsfall berührt ohne Ausnahme immer *zwei* Konten, beim einen Konto die Soll-Seite, beim anderen die Haben-Seite. «Keine Buchung ohne Gegenbuchung», das heisst, jeder Betrag, der auf ein bestimmtes Konto gebucht wird, muss im selben Moment auch auf die gegenüberliegende Seite eines zweiten Kontos gebucht werden. Deshalb wird von einer *doppelten Buchhaltung* gesprochen.
- Bilanz und Erfolgsrechnung sind *«spiegelbildlich»* aufgebaut, indem die Aktiven der Bilanz den Ertragspositionen der Erfolgsrechnung und die Passiven der Bilanz den Aufwandspositionen der Erfolgsrechnung gegenüberstehen.
- Jeder Geschäftsfall muss auf einem *Buchungsbeleg* festgehalten werden. Dabei erfolgt die Kontierung, bei der ein Buchungssatz festgelegt wird, woraus die Zuweisung eines Betrags auf die eine Seite eines bestimmten Kontos und auf die gegenüberliegende Seite eines andern Kontos erfolgt.
- Eine gute Buchhaltungsorganisation dient der korrekten Verbuchung aller Geschäftsfälle und der zeitgerechten Erstellung des Geschäftsabschlusses (spätestens am 1. März des Folgejahres). Zudem müssen für das *betriebliche Rechnungswesen rechtzeitig* die notwendigen Daten für monatliche, vierteljährliche und halbjährliche *Zwischenberichte* bereitgestellt werden.
- Für eine ordnungsgemässe effiziente Buchhaltung werden deshalb ein Kontenplan, eine Belegstruktur, interne Kontierungsrichtlinien, ein Buchungsjournal, ein Hauptbuch, je nach Grösse und Komplexität eines Betriebs diverse Hilfsbuchhaltungen und vorgelagerte Buchungssysteme benötigt.

Selbst-Controlling: Modul 2, Kapitel 2.2–2.3

Frage		*Unsicher? Wenn ja: Seite*
1	Was versteht man unter einem Geschäftsfall und was ist immer damit verbunden?	55
2	Wozu dienen Konten und wie sind sie aufgebaut?	55/56
3	Was ist der Saldo der Bilanz und der Erfolgsrechnung?	56
4	Welche Arten von Bestandeskonten gibt es und was registrieren sie jeweils?	56
5	Welche Arten von Bewegungskonten gibt es und was registrieren sie jeweils?	56
6	Wieso sind Bilanz und Erfolgsrechnung spiegelbildlich aufgebaut?	58
7	Wie ist ein Buchungssatz aufgebaut? Was wäre ein Beispiel für eine Buchung? Welche Konten sind jeweils wie betroffen?	59/60
8	Warum werden bei den Konten der Erfolgsrechnung keine Eröffnungsbuchungen vorgenommen?	66
9	Auf welchen Konten erscheinen erfolgswirksame Geschäftsfälle?	72
10	Für wen werden normalerweise Bilanzen und Erfolgsrechnungen erstellt?	Kapitel 3 und 4

3 Ordnungsmässigkeit der Buchführung – rechtliche Anforderungen

Das finanzielle Rechnungswesen hält alle geldmässig relevanten Beziehungen zwischen Unternehmen und Umwelt fest. Das finanzielle Rechnungswesen befriedigt nicht zuletzt auch die Bedürfnisse *externer* Anspruchsgruppen, die ein Interesse aufweisen, das des gesetzlichen Schutzes würdig ist.

Dieser *gesetzliche Schutz* bezieht sich vor allem auf gewisse Mindestanforderungen an die Ordnungsmässigkeit der Buchführung. Dies betrifft insbesondere die Kapitalgesellschaften (AG, GmbH, die Genossenschaften), bei denen die (persönliche) Haftung und damit persönliche Belangbarkeit der verantwortlichen Unternehmer und Unternehmerinnen im Vergleich zu Personengesellschaften stark eingeschränkt ist.

Die *allgemeinen Vorschriften* des Obligationenrechtes (OR) über die Buchführung finden sich in Art. 957–964 OR.[13] Dazu enthält das OR[14] auch spezielle Buchführungsvorschriften zum Beispiel für:

- die Kollektiv- und Kommanditgesellschaften (Art. 558–560, 587 OR)
- Aktiengesellschaften und Kommanditaktiengesellschaften (Art. 662–671, 725 Abs. 2, 742, 743, 764 OR).

Art. 957 OR definiert die Pflicht zur Buchführung wie folgt (kursiv nicht im Original):

«Wer verpflichtet ist, seine Firma in das Handelsregister eintragen zu lassen, ist gehalten, diejenigen Bücher ordnungsgemäss zu führen, die nach Art und Umfang seines Geschäftes nötig sind, um die *Vermögenslage* des Geschäftes und die mit dem Geschäftsbetriebe zusammenhängenden *Schuld- und Forderungsverhältnisse* sowie die *Betriebsergebnisse*[15] der einzelnen Geschäftsjahre festzustellen.»

---

13 In Deutschland gelten für die bisherigen und folgenden Ausführungen sinngemäss ähnliche rechtliche Vorschriften. Die entsprechenden Bestimmungen befinden sich im dritten Buch des Handelsgesetzbuches (Handelsbücher, §§ 238–339 HGB).

14 In der Schweiz können ergänzend auch gewisse kantonal festgelegte *steuerrechtliche* Anforderungen an die Buchführungspflicht von Bedeutung sein.

15 Unter Betriebsergebnis wird *rechtlich* der Geschäftserfolg, also der Unternehmensgewinn verstanden.

Der Begriff der gesetzmässigen Buchführung ist rechtlich weiter gefasst als derjenige der Buchhaltung. Er umfasst nicht nur die buchhalterischen Eintragungen, sondern auch die Beschaffung und Aufbewahrung der hierzu erforderlichen Unterlagen (Belege, Auszüge, Abrechnungen, Geschäftskorrespondenz usw.). Für diese Dokumente besteht eine *Aufbewahrungspflicht* von *zehn Jahren*.

Zur *allgemeinen* Buchführungspflicht gehört insbesondere die *jährliche Erstellung* von:

- Inventar
- Betriebsrechnung
- Bilanz

Dabei gelten die nachfolgend erläuterten Grundsätze der *Bilanzwahrheit* und *Bilanzklarheit* und die Regel, dass alle Aktiven höchstens nach dem Werte anzusetzen sind, «der ihnen im Zeitpunkt, auf welchen die Bilanz errichtet wird, für das Geschäft zukommt» (Art. 960 OR).

Die *wichtigsten Sondervorschriften* sind jene für Aktiengesellschaften. Darin finden sich vor allem Vorschriften zum Geschäftsbericht:

- Inhalt
- Mindestgliederung von Bilanz und Erfolgsrechnung
- Inhalt des Anhangs (Offenlegungspflichten)
- Bewertungsregeln (Bewertung von Aktiven und Passiven)

3.1 Inhalt des Geschäftsberichtes

Gemäss Art. 662 OR ist für die Erstellung eines ordnungsgemässen Geschäftsberichtes der Verwaltungsrat verantwortlich. Er umfasst drei Hauptelemente:

- Jahresrechnung, bestehend aus:
  - Erfolgsrechnung
  - Bilanz
  - Anhang
- Jahresbericht
- eventuell eine Konzernrechnung.
- Wenn Sie nach den Europäischen (IFRS, International Financial Reporting Standards) oder Amerikanischen Rechnungslegungsvorschriften (United States Generally Accepted Accounting Principles, US-GAAP) bilanzieren, zusätzlich noch eine Mittelflussrechnung.

Für die *Ordnungsmässigkeit* der *Rechnungslegung*, die eine möglichst zuverlässige Beurteilung der tatsächlichen Vermögenslage, der bestehenden Schulden und der damit im Zusammenhang stehenden Geschäftsentwicklung gewährleisten soll, sind folgende Grundsätze und Vorschriften zu beachten (Art. 662a OR):

- Vollständigkeit der Jahresrechnung
- Klarheit und Wesentlichkeit der Angaben
- Vorsicht
- Fortführung der Unternehmenstätigkeit
- Stetigkeit in Darstellung und Bewertung
- Unzulässigkeit der Verrechnung von Aktiven und Passiven sowie von Aufwand und Ertrag

3.2 Mindestgliederung und -offenlegung von Bilanz und Erfolgsrechnung

In der *Erfolgsrechnung* sind die

- betrieblichen
- ausserordentlichen
- betriebsfremden (neutralen)

Aufwendungen und Erträge *gesondert* auszuweisen.

Im Weiteren sind gesondert auszuweisen:

- beim *Ertrag* mindestens
  - Erlös aus Lieferungen und Leistungen
  - Finanzertrag
  - Gewinn aus Veräusserungen von Anlagevermögen (übriger Betriebsertrag)
- beim *Aufwand* mindestens
  - Material- und Warenaufwand
  - Personalaufwand
  - Finanzaufwand
  - Abschreibungen
  - übriger Betriebsaufwand

In der *Bilanz* sind

- Umlauf- und Anlagevermögen sowie
- Fremd- und Eigenkapital

gesondert auszuweisen.

Weiter zu differenzieren ist dabei:

- beim Umlaufvermögen in:
  - flüssige Mittel
  - Forderungen aus eigenen Lieferungen und Leistungen
  - andere Forderungen
  - Vorräte
  - aktive Rechnungsabgrenzungsposten (transitorische Aktiven)
- beim Anlagevermögen in:
  - Finanzanlagen
  - Sachanlagen
  - immaterielles Anlagevermögen
- beim Fremdkapital in:
  - Schulden aus bezogenen Lieferungen und Leistungen
  - andere kurzfristige Verbindlichkeiten
  - langfristige Verbindlichkeiten
  - Rückstellungen
  - passive Rechnungsabgrenzungsposten (transitorische Passiven)
- beim Eigenkapital in:
  - Aktienkapital
  - gesetzliche und andere Reserven
  - Bilanzgewinn

Weiter sind konzerninterne Verflechtungen, Verflechtungen mit Aktionären, Rechnungsabgrenzungsposten (transitorische Aktiven und Passiven) sowie ein allfälliger Bilanzverlust gesondert auszuweisen.

3.3 Inhalt des Anhangs (Offenlegungspflichten)

Der *Anhang* (Art. 663b OR) muss insbesondere folgende Angaben enthalten:

- Bürgschaften, Garantieverpflichtungen, Pfandbestellungen zugunsten Dritter (zum Beispiel Hypotheken);
- Verpfändete Aktiven, Aktiven unter Eigentumsvorbehalt;
- nicht bilanzierte Leasingverbindlichkeiten;
- Brandversicherungswerte der Sachanlagen;
- Verbindlichkeiten gegenüber Vorsorgeeinrichtungen;
- Beträge, Zinssätze und Fälligkeiten der von der Gesellschaft ausgegebenen Anleihensobligationen;
- alle Beteiligungen, die für die Beurteilung der Vermögens- und Ertragslage der Gesellschaft wichtig sind;
- «den Gesamtbetrag der aufgelösten Wiederbeschaffungsreserven und der darüber hinausgehenden stillen Reserven, soweit dieser den Gesamtbetrag der neugebildeten derartigen Reserven übersteigt, wenn dadurch das erwirtschaftete Ergebnis wesentlich günstiger dargestellt wird»;
- Angaben über Gegenstand und Betrag von Aufwertungen;
- Angaben über Erwerb, Veräusserung und Anzahl eigener Aktien.

3.4 Bewertungsregeln

Die Bewertungsregeln sind in Art. 665–670 OR festgehalten.

Anlagevermögen und Wertschriften ohne Kurswert dürfen höchstens zu Anschaffungs- oder Herstellkosten – abzüglich der notwendigen Abschreibungen – bewertet werden.

Zum Anlagevermögen gehören auch Beteiligungen. Beteiligungen sind Finanzanlagen, die mit der Absicht dauernder Anlage gehalten werden und eine massgebliche Einflussnahme (mindestens 20%) ermöglichen.

Vorräte dürfen höchstens zu den Anschaffungs- oder Herstellkosten bewertet werden. Sind diese höher als ein allfälliger Marktpreis, so gilt dieser (Niederstwertprinzip).

Zusammenfassung Modul 2, Kapitel 3

- Die Ordnungsmässigkeit der Buchführung ist *gesetzlich* vorgeschrieben und dient dem Schutz zentraler Anspruchsgruppen eines Unternehmens, das heisst vor allem den Gläubigern.
- Zur *allgemeinen Buchführungspflicht* gehört insbesondere die jährliche Erstellung von *Inventar*, *Betriebsrechnung* und *Bilanz*.
- Für *Aktiengesellschaften* gelten Sondervorschriften. Diese beziehen sich vor allem auf den Geschäftsbericht und umfassen *Bewertungsregeln* sowie Vorschriften zum Inhalt und zur Mindestgliederung von Bilanz und Erfolgsrechnung sowie zum Inhalt des Anhangs (Offenlegungspflichten).
- Der Geschäftsbericht umfasst drei Hauptelemente:
  - *Jahresrechnung*, bestehend aus Erfolgsrechnung, Bilanz und Anhang,
  - *Jahresbericht* und eventuell eine
  - Konzernrechnung.

Selbst-Controlling: Modul 2, Kapitel 3

	Frage	*Unsicher? Wenn ja: Seite*
1	Wessen Bedürfnissen muss das finanzielle Rechnungswesen insbesondere entsprechen?	77
2	Welche Rechnungen/Dokumente müssen gemäss allgemeiner Buchführungspflicht erstellt werden?	78
3	Was muss der Geschäftsbericht beinhalten?	78
4	Warum sind betriebliche, ausserordentliche und betriebsfremde (neutrale) Aufwendungen und Erträge gesondert auszuweisen?	79
5	Wieso müssen stille Reserven im Anhang gesondert ausgewiesen werden?	81
6	Für wen werden Geschäftsabschlüsse erstellt und wie verändern sie sich in Abhängigkeit von der jeweiligen Zielgruppe?	Kapitel 4

4 Probleme des Geschäftsabschlusses

4.1 Anspruchsgruppen des Geschäftsabschlusses

Der Zweck der Erstellung von Bilanz und Erfolgsrechnung liegt in der Feststellung der Vermögens- und Schuldenlage eines Unternehmens sowie in der Ermittlung des Periodenerfolgs der Geschäftstätigkeit. Je nach Anspruchsgruppe liegen dabei unterschiedliche Interessen vor:

- Im Rahmen der *Unternehmensführung* werden diese Daten zur Überwachung der finanziellen Stabilität sowie zur Planung und Feinsteuerung des erfolgswirtschaftlichen Wertzuwachses des Unternehmens benötigt.
- Die *Steuerbehörde* ist an korrekten Bemessungsgrundlagen für die Besteuerung interessiert.
- Die Eigentümer und *Fremdkapitalgeber* erwarten Aussagen über die Sicherheit ihrer Kapitalanlage und die Ertragskraft des Unternehmens.
- Auch zwischen Unternehmen und *Lieferanten, Kundschaft, Mitarbeitenden* und der *Öffentlichkeit* bestehen gegenseitige, teilweise sehr weitreichende Abhängigkeiten, die eine Informationspflicht über den Geschäftsgang des Unternehmens begründen und legitimieren.

Inhalt, Form und Umfang der Rechnungslegung, insbesondere die konkrete Gestaltung von Bilanz und Erfolgsrechnung, hängen deshalb von ihrer konkreten Zweckbestimmung ab. Während unterjährige Rechnungsausweise (Zwischenabschlüsse) vor allem in kleineren und mittleren, nicht börsenkotierten Unternehmen eher interne Führungshilfsmittel darstellen, wird die *Jahresrechnung* (Jahresabschluss) ganz besonders auch auf die Bedürfnisse von unternehmensexternen Kreisen und Mitarbeitenden ausgerichtet.

> Bei der Erstellung von Bilanz und Erfolgsrechnung ist es unumgänglich, dass *Bewertungen* vorgenommen werden müssen (siehe Modul 2, Kapitel 3.4).

Dies betrifft einerseits die monetäre Bewertung von Vermögen wie Immobilien, Sachanlagen (Mobilien, Betriebsfahrzeuge) und immaterielles Anlagevermögen (Patente, Lizenzen, Marken). Dazu gehört aber auch eine Bewertung des Lagers (Halb- und Fertigfabrikate) und der Bonität von Kunden mit ausstehenden Kundenforderungen. Auch auf der Passivseite der Bilanz finden sich solche Posten wie zum Beispiel Garantierückstellungen, Rücknahmeverpflichtungen von Leasinggütern als Leasinggeber, Rückstellungen für Risiken im Bereich der Produkthaftpflicht, Rückstellungen für Prozesskosten (juristische Auseinandersetzungen) usw.

4.2 Divergierende Gesichtspunkte des Geschäftsabschlusses: betriebswirtschaftliche Erfolgsperspektive, Handelsrecht und Steuerrecht

Die Bewertungen von Vermögens- und Schuldenpositionen sowie der damit zusammenhängenden Geschäftsfälle der Erfolgsrechnung fallen somit je nach der gewählten Zweckbestimmung des Geschäftsabschlusses unterschiedlich aus:

- Die interne oder betriebswirtschaftliche Bilanz und Erfolgsrechnung verfolgt den Zweck, für die Unternehmensführung ein möglichst «objektives», sachgerechtes, realistisches Bild zu ermitteln, damit auf dessen Grundlage zweckmässige Planungs-, Feinsteuerungs- und Entscheidungsfunktionen ausgeübt werden können. In Verbindung mit den Controlling-Instrumenten des betrieblichen Rechnungswesens (siehe **Modul 4**) spricht man dabei häufig auch von sogenannten Managementrechnungen.

Der *betriebswirtschaftliche Erfolg* eines Unternehmens wird oft durch den sogenannten *Managementerfolg* oder durch das *operative Resultat* zum Ausdruck gebracht. Kennzeichnend sind dabei die folgenden Elemente:

- kalkulatorische Abschreibungen, die möglichst den tatsächlichen Wertverzehr bzw. eine problemlose Wiederbeschaffung widerspiegeln;
- kalkulatorische Zinsen, welche die tatsächlichen Kapitalkosten als Ergebnis einer bestimmten Kapitalbindung durch das gesamte investierte Vermögen (oder zumindest durch das Nettoumlaufvermögen) zum Ausdruck bringen;
- kalkulatorischer Unternehmerlohn;
- Ausschluss von Bewertungskorrekturen (Bildung/Auflösung stiller Reserven);
- Ausschluss bzw. gesonderter Ausweis ausserordentlicher und vor allem betriebsfremder (neutraler) Positionen.

- Beim handelsrechtlichen Rechnungsausweis, der sich primär an die Kapitalgeber und an die Öffentlichkeit richtet, soll die wirtschaftliche Situation des Unternehmens keinesfalls besser dargestellt werden, als sie es tatsächlich ist. Dieser Schutzgedanke führt zunächst zu einem ersten Prinzip, dem *Prinzip der Bilanzvorsicht.* Das Vorsichtsprinzip schlägt sich in der handelsrechtlichen *Höchstbewertungsvorschrift von Aktiven* nieder: Der Höchstwert ist der Tageswert zum Bilanzstichtag. Bei Kapitalgesellschaften sind die Vermögenswerte höchstens zum Anschaffungs- bzw. Herstellungswert abzüglich der Abschreibungen anzusetzen. Nach dem *Niederstwertprinzip* ist bei niedrigerem Tageswert dieser Tageswert zu nehmen.

  Da ein Unternehmen den Höchstwert unterschreiten darf, können *stille Reserven* entstehen. Dies erfolgt hauptsächlich durch Unterbewertung von Aktiven (zum Beispiel überhöhte Wertberichtigungen bzw. Abschreibungen auf Vorräten und Anlagen), aber auch etwa durch Überbewertung von Passiven (zum Beispiel übersetzte Rückstellungen für Garantiearbeiten).

  Stille Reserven entstehen auch durch nicht ausgewiesene Vermögensteile oder durch Aufführen fiktiver Passiven. Letzteres widerspricht im Gegensatz zu bilanziellen Unter- bzw. Überbewertungen jedoch einem zweiten wichtigen Prinzip, dem *Prinzip der Bilanzwahrheit.* Stille Reserven können aber auch ohne Einflussnahme der Unternehmensführung entstehen, dann nämlich, wenn Vermögenswerte durch nicht beeinflussbare Gründe (Bodenpreis, Börsenkurs) stark steigen, zum Beispiel Immobilien, Grundstücke, börsenkotierte Beteiligungen usw. Solche stillen Reserven nennt man – im Gegensatz zu den absichtlich (willkürlich) gebildeten – unwillkürliche stille Reserven.

  Drittens sind nach dem *Prinzip der Bilanzklarheit* die verschiedenen Vermögensteile und Verbindlichkeiten sauber zu trennen (keine gegenseitigen Verrechnungen) und transparent zu gliedern.

  Der handelsrechtliche Abschluss ist damit vor allem auf den *Schutz wichtiger externer Anspruchsgruppen* des Unternehmens ausgerichtet. Das Handelsrecht *begrenzt* die Bewertung des Vermögens nach oben (Höchstbewertungsvorschriften)[16], was tendenziell eher zu einem (zu) tiefen Ausweis des Gewinnes führt.

16 Analog zu den Höchstbewertungsvorschriften von Vermögensteilen auf der Aktivseite einer Bilanz sind Tiefstbewertungsvorschriften von Verpflichtungen und Rückstellungen auf der Passivseite einer Bilanz einzuhalten.

- Das Interesse der *Steuerbehörde* liegt genau in der *umgekehrten* Richtung. Sie ist zugunsten der Öffentlichkeit um ein angemessenes Steueraufkommen bemüht. Dieses steigt natürlich mit der Höhe der ausgewiesenen Gewinne. Das Steuerrecht (Steuergesetz) begrenzt deshalb die Bewertung des Vermögens nach unten – beispielsweise durch eine Begrenzung der Abschreibungen – und die Bewertung von Schulden und Rückstellungen nach oben. Demzufolge wirken Handelsrecht und Steuerrecht bei Bewertungsfragen in entgegengesetzter Richtung.

  Kann ein Unternehmen auf ein ausserordentlich erfolgreiches Geschäftsjahr zurückblicken, wird es bei der Erstellung des *steuerrechtlich relevanten Abschlusses* (Steuerbilanz und Steuererfolgsrechnung) versuchen, bei der Bewertung von Vermögen und Schulden alle legalen Möglichkeiten auszunutzen, um Steuern zu sparen – also *strikt* konform mit dem Handelsrecht Vermögenswerte mithilfe von Abschreibungen und der Bildung von Rückstellungen möglichst *tief* auszuweisen, um dadurch den steuerbaren Gewinn zu mindern. Auf langfristige Sicht ist es zudem zweckmässig, in Fällen einer *progressiven* Ertragsbesteuerung möglichst ausgeglichene Gewinnausweise zu bilden.

  Die Steuerbehörde versucht ihrerseits, zu tief angesetzte Aktiven und überrissene gewinnmindernde Aufwendungen («verdeckte Gewinnentnahmen») über «Aufrechnungen» zu korrigieren, um damit zu einem angemessenen, das heisst steuerrechtlich konformen, Gewinnausweis zu gelangen.[17] Zudem verlangen die Steuerbehörden die Stetigkeit der angewandten Prinzipien bei der Bemessung der Abschreibungen.
- Zwischen Handelsrecht und Steuerrecht gilt das *Prinzip der Massgeblichkeit des handelsrechtlichen Abschlusses.* Dies bedeutet, dass steuerlich keine grösseren Beträge abgeschrieben werden dürfen, als handelsrechtlich tatsächlich abgeschrieben wurden. Das Gleiche gilt für die Besteuerung von Vermögenswerten, bei denen die handelsrechtliche Bewertung die Niederstgrenze markiert.

17 Im Hinblick auf ein planbares, langfristig ausgeglichenes Steuersubstrat ist selbstverständlich auch eine Steuerbehörde nicht daran interessiert, ein Unternehmen unnötig zu schikanieren. Dies betrifft vor allem kleinere und mittlere Unternehmen. Allerdings geht es dabei lediglich um die Gestaltung von Ermessensspielräumen, die von der Gesetzgebung absichtlich offengelassen wurden. Selbstverständlich darf eine Steuerbehörde dabei nicht den Grundsatz der Rechtsgleichheit verletzen.

Zusammenfassung

Der Bewertungsmassstab eines Geschäftsabschlusses ist abhängig von den Anspruchsgruppen und deren Informationsbedarf über den Geschäftsgang. Betriebswirtschaftliche (interne), handelsrechtliche (externe) und steuerrechtliche Gesichtspunkte führen somit zu unterschiedlichen Bewertungsmassstäben und demzufolge zu unterschiedlichen Abschlüssen. Die folgende Abbildung stellt diese verschiedenen Gesichtspunkte nochmals zusammenfassend dar:

Abschluss	**Anspruchsgruppen**	**Interesse**	**Prinzipien/ Grundsätze**
Betriebswirtschaftlicher Abschluss *Betriebswirtschaftlicher Gewinn* (Unternehmenserfolg)	*Intern* Unternehmensführung	Optimale Grundlagen für die Planung und Feinsteuerung der Unternehmensaktivitäten Schutz der Arbeitnehmenden	*«Objektivität»* Möglichst gute, realitätsgerechte zahlenmässige Abbildung der laufenden Geschäftsentwicklung
Handelsrechtlicher Abschluss *Buchgewinn*	*Extern* Kapitalgeber Gläubiger Öffentlichkeit	Gläubigerschutz	*Bilanzvorsicht* (Begrenzung der Bewertung des Vermögens nach oben) *Bilanzwahrheit* *Bilanzklarheit*
Steuerrechtlicher Abschluss *Steuerrechtlich relevanter Gewinn*	*Extern* Steuerbehörde	Optimierung des Steuersubstrats und damit Erhaltung der langfristigen Lebensfähigkeit eines Unternehmens	Massgeblichkeit des *handelsrechtlichen* Abschlusses, Bewertung des Vermögens *nach unten* begrenzt

Abb. 24 Perspektiven des Geschäftsabschlusses im Überblick

Beispiel

Die Firma Meier AG ist ein Familienunternehmen. Die Aktionäre stammen von verschiedenen «Stämmen» der Familie, deren Interessen teilweise recht weit auseinandergehen, was die Zukunft des Unternehmens anbelangt. Die einen sind interessiert an einem internen Wertzuwachs und einem langfristigen Gedeihen des Unternehmens. Andere wiederum sehen ihre Beteiligung am Unternehmen als reine Wertanlage, in ihren Augen soll das Unternehmen deshalb vor allem als kurzfristig profitable «Cash-Maschine» funktionieren.

Das Jahr 20XX war ein äusserst profitables Jahr. Ursache hierfür war ein sehr günstiges konjunkturelles Umfeld, die Akquisition eines neuen Grosskunden sowie die Markteinführung eines Produkts mit hohem Nachholbedarf. In diesem Jahr wurde aber auch die gesamte Hard- und Software-Architektur ersetzt und eine neue integrierte Geschäftssoftware eingeführt. Damit waren Kosten in der Höhe von 2 Millionen CHF/EUR verbunden.

1. *Betriebswirtschaftliche Perspektive*

Aus betriebswirtschaftlicher Perspektive ist die Informationstechnologie-Architektur auf einen Zeithorizont von mindestens zehn Jahren ausgelegt. Im Hinblick auf eine angemessene Produkte-Kalkulation sollen die vorgenommenen Investitionen in einem Zeitraum von zehn Jahren linear, das heisst jedes Jahr 10 Prozent vom Anschaffungswert, abgeschrieben werden. Eine solche Lösung soll insbesondere auch sicherstellen, dass ausreichend Mittel für eine zukünftige Wiederbeschaffung bereitgestellt werden können.

Daraus ergeben sich folgende *betriebswirtschaftliche* Bilanz und Erfolgsrechnung:

Betriebswirtschaftliche Bilanz per 31.12.20XX (in 1000)

Umlaufvermögen	5000	Fremdkapital	3600
IT-Architektur (Hard-/Software)	1800	Eigenkapital	9900
Übriges AV	9000	Reingewinn	2300
	15 800		15 800

Betriebswirtschaftliche Erfolgsrechnung vom 1.1. bis 31.12.20XX (in 1000)

Diverse Aufwandspositionen	17 500	Ertrag	20 000
Abschr. IT-Architektur	200		
Reingewinn	2300		
	20 000		20 000

2. Handelsrechtliche Perspektive

Der im Vergleich zu den Vorjahren massiv gestiegene betriebswirtschaftliche Gewinn weckt natürlich den Appetit bestimmter Aktionärsgruppen auf die Ausschüttung einer hohen Dividende. Um diesen Ansprüchen entgegenzuwirken und einen nur leicht überdurchschnittlichen Gewinnausweis zu präsentieren, entschliessen sich der Verwaltungsrat und die Geschäftsleitung dazu, die vorgenommenen IT-Investitionen *degressiv*, das heisst im vorliegenden Fall jeweils 60 Prozent vom Buchwert, abzuschreiben. Im ersten Jahr sollen somit 60 Prozent der ursprünglichen Anschaffungskosten abgeschrieben werden, was folgende handelsrechtliche Bilanz und Erfolgsrechnung ergibt:

Handelsrechtliche Bilanz per 31.12.20XX (in 1000)

Umlaufvermögen	5000	Fremdkapital	3600
IT-Architektur (Hard-/Software)	800	Eigenkapital	9900
Übriges AV	9000	Reingewinn	1300
	14 800		14 800

Handelsrechtliche Erfolgsrechnung vom 1.1. bis 31.12.20XX (in 1000)

Diverse Aufwandspositionen	17 500	Ertrag	20 000
Abschr. IT-Architektur	1200		
Reingewinn	1300		
	20 000		20 000

3. Steuerrechtliche Perspektive

Die erhöhten Abschreibungen senken den ausgewiesenen Jahresgewinn und schmälern damit das Steuersubstrat. Deshalb rechnen die Steuerbehörden aufgrund entsprechender rechtlicher Vorschriften einen Teil – im vorliegenden Fall seien dies 35 Prozent – der vorgenommenen Abschreibungen wieder auf, was folgende *steuerrechtlich massgebliche* Bilanz und Erfolgsrechnung ergibt.

Steuerrechtliche Bilanz per 31.12.20XX (in 1000)

Umlaufvermögen	5000	Fremdkapital	3600
IT-Architektur (Hard-/Software)	1500	Eigenkapital	9900
Übriges AV	9000	Reingewinn	2000
	15 500		15 800

Steuerrechtliche Erfolgsrechnung vom 1.1. bis 31.12.20XX (in 1000)

Diverse Aufwandspositionen	17 500	Ertrag	20 000
Abschr. IT-Architektur	500		
Reingewinn	2000		
	20 000		20 000

Zusammenfassung Modul 2, Kapitel 4

- Der Zweck der Bilanz und Erfolgsrechnung ist die Feststellung von Vermögen und Schulden sowie die Erfolgsermittlung.
- Die Vermögensgegenstände eines Unternehmens erfordern eine Bewertung. Bilanz und Erfolgsrechnung basieren daher auf *Bewertungen*.
- Der Bewertungsmassstab ist abhängig von den Anspruchsgruppen und deren Informationsbedarf über den Geschäftsgang. Betriebswirtschaftliche (interne), handelsrechtliche (externe) und steuerrechtliche Gesichtspunkte führen somit zu unterschiedlichen Bewertungsmassstäben und damit zu unterschiedlichen Abschlüssen.

Selbst-Controlling: Modul 2, Kapitel 4

	Frage	*Unsicher? Wenn ja: Seite*
1	Wer hat ein berechtigtes Interesse an der Erstellung eines Geschäftsabschlusses, und wie muss das Unternehmen diesem Interesse entsprechen?	83
2	Welche Probleme können sich aus der Notwendigkeit, Bewertungen vorzunehmen, jeweils ergeben (in welche Richtung wirken sich die Interessen der Anspruchsgruppen bei der Festlegung des Bewertungsansatzes jeweils aus)?	84–86
3	Wie lassen sich die Interessen der Anspruchsgruppen stichwortartig umschreiben?	87
4	Wie können sich die Anspruchsgruppen anhand weniger Zahlen einen guten Überblick über die aktuelle Situation des Unternehmens verschaffen?	Kapitel 5 und 6

5 Cashflow und Mittelflussrechnung

Ein weiteres immer wichtiger werdendes Instrument der Rechnungslegung ist die Mittelflussrechnung (auch Cash Flow Statement genannt), da diese wesentliche Aussagen nicht nur über die Ertragskraft, sondern auch über die Geldströme (Mittelfluss) eines Unternehmens aufzeigt. Grundlage hierfür ist die Berechnung des Cashflows als Ertrags- und Liquiditätsgrösse. Die Zunahme der Bedeutung des Cashflows kommt nicht zuletzt auch dadurch, dass der Gewinn über verschiedene nicht liquiditätswirksame Einflussgrössen (zum Beispiel Sonderabschreibungen/Bildung und Auflösung von Rückstellungen, Andersbewertungen usw.) «kreativ» beeinflusst werden kann. Aus diesem Grund nimmt der Cashflow eine immer zentralere Stellung im Rahmen der Analyse der finanziellen Situation bis hin zur Bewertung einer Unternehmung ein.

5.1 Cashflow

5.1.1 Aussagekraft und Berechnung des Cashflows

Die Erfolgsrechnung dient dazu, das Zustandekommen des Periodenerfolgs, ausgedrückt im Reingewinn/-verlust, transparent zu machen. In den Reingewinn fliessen auch Grössen ein, die nicht mit einem *geldwirksamen* Mittelfluss (Ausgaben oder Einnahmen) verbunden sind. Hierzu gehören beispielsweise die Abschreibungen und die Bildung von Rückstellungen. Bei diesen Grössen ist zudem ein bisweilen erheblicher *Ermessensspielraum* für deren Bewertung vorhanden. Das Konzept des Cashflows dient dazu, diese Nachteile zu umgehen.

Der Cashflow ist eine wichtige Ausgangsgrösse für die *Mittelflussrechnung*. Die Mittelflussrechnung ist ihrerseits das zentrale *Bindeglied* zwischen der *finanziellen* und der *erfolgswirtschaftlichen* Betrachtungsweise der Unternehmensaktivitäten. In der Mittelflussrechnung wird der Zusammenhang zwischen dem Gewinn bzw. dem Cashflow (d. h. dem erfolgswirtschaftlichen Wertzuwachs) eines Unternehmens und der Entwicklung der liquiden Mittel (d. h. der finanziellen Stabilität) transparent gemacht.

Unter Cashflow werden vereinfachend die von einem Unternehmen *selbst erarbeiteten Finanzmittel* (Zuwachs des Nettoumlaufvermögens) aus der betrieblichen Umsatztätigkeit verstanden.

Betrieblich bedeutet hier, dass neutrale, das heisst betriebsfremde Aufwendungen und Erträge, nicht in Cashflow-Betrachtungen einbezogen werden dürfen, sondern getrennt ausgewiesen werden sollten. Diese Forderung wird in der Praxis allerdings nicht immer erfüllt.

Die selbst erarbeiteten *Finanzmittel* (Cashflow) werden benötigt für:

- Investitionen ins Umlaufvermögen (Erhöhung der Debitoren und des Lagers),
- Ersatz- und Neuinvestitionen ins Anlagevermögen,
- Schuldentilgungen (Rückzahlung von Fremdkapital) und
- Dividendenzahlungen («Verzinsung» des Eigenkapitals).

Der Begriff Cashflow hat allerdings den Nachteil, dass er vortäuscht, es stünden hier reine *Finanzmittelflüsse* zur Diskussion. Das ist insofern falsch, als in der Praxis beim Cashflow nicht nur Zu- und Abflüsse der Bilanzpositionen Kasse, Post und Bank betrachtet werden, sondern alle erfolgswirksamen Wertverschiebungen des *gesamten Nettoumlaufvermögens.*

> Nettoumlaufvermögen = Umlaufvermögen[18]
> ./. kurzfristiges Fremdkapital

Bilanz der X-AG per 31.12.20XX

Aktiven	Passiven	
Umlaufvermögen (Liquide Mittel, Forderungen, Vorräte)	Kurzfristiges Fremdkapital	
	Langfristiges Fremdkapital	Nettoumlaufvermögen
Anlagevermögen	+ Eigenkapital	

Abb. 25 Schematische Darstellung des Nettoumlaufvermögens

---

18 Umlaufvermögen: liquide Mittel, Forderungen, Vorräte.

Aus dieser Definition geht klar der geldnahe Charakter des Nettoumlaufvermögens hervor. Das Nettoumlaufvermögen stellt denjenigen Teil des Umlaufvermögens dar, der potenziell für langfristige Investitionen zur Verfügung steht. Der Cashflow ist jedoch nicht derjenige Betrag, der nach Ablauf der Abrechnungsperiode als zusätzlich erarbeitete, *frei verfügbare liquide Mittel vorliegt*.

> Der Begriff *Cashflow* bezieht sich immer auf eine Zu- bzw. Abnahme des *Nettoumlaufvermögens* – und *nicht* der liquiden Mittel –, die sich aus der betrieblichen Umsatztätigkeit ergibt. Gerade in wachstumsstarken Unternehmen drückt sich der Cashflow deshalb oft nicht in einem hervorragenden Liquiditätswachstum aus, sondern er kann bereits während der Abrechnungsperiode laufend durch die Zunahme der Debitoren (infolge Umsatzwachstums) und durch den Aufbau von Lagern gebunden (absorbiert) werden. Umgekehrt bringt ein Wachstum der Kreditoren eine gewisse Entlastung der Liquiditätssituation mit sich.
> «*Einnahmenwirksam*» bzw. «*ausgabenwirksam*»[19] meint also im Folgenden: «Ist mit einem Zuwachs bzw. einer Abnahme des *Nettoumlaufvermögens* verbunden.»

Der Cashflow kann auf direkte und indirekte Art berechnet werden. Nach der *direkten* Berechnungsart ist der Cashflow der Überschuss an finanziellen Mitteln, der dem Unternehmen aus dem Umsatzprozess während einer Periode zufliesst:

> Cashflow =
> einnahmenwirksame Erträge ./. ausgabenwirksame Aufwände

19 Anstatt «*ausgaben*wirksam/nicht *ausgaben*wirksam» werden oft auch die Begriffspaare «bar/nicht bar» und «*liquiditäts*wirksam/*liquiditäts*unwirksam» verwendet. Bei diesen beiden Begriffspaaren besteht aber noch stärker die Gefahr, dass sie falsch interpretiert, d. h. unmittelbar auf die liquiden (flüssigen) Mittel (Kasse, Post, Bank) bezogen werden.

Der Cashflow erscheint hier als Differenz zwischen einnahmenwirksamem Ertrag und Aufwand. Der Cashflow bzw. dessen Zusammensetzung kann bildlich als Badewanne dargestellt werden, wobei die Höhe des Wasserstandes den Cashflow darstellt. Das vom Wasserhahn einfliessende Wasser stellt die einnahmenwirksamen Erträge dar, das durch den Abfluss abfliessende Wasser stellt die ausgabenwirksamen Aufwendungen dar. Dieser Zusammenhang wird in der folgenden Abbildung dargestellt:

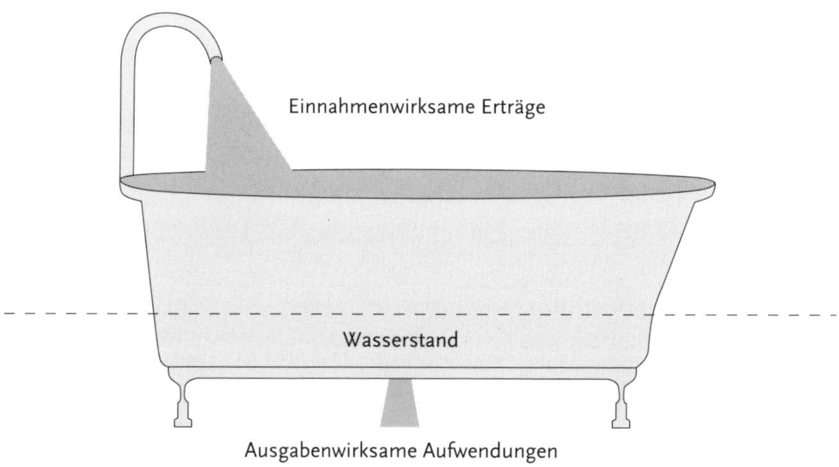

Abb. 26 Bildliche Darstellung des Cashflows als Wasserstand einer Badewanne

Grob gesprochen werden in der kreativen Buchhaltung jetzt Trennschieber zur Unterteilung dieses Wasservolumens in zum Beispiel Abschreibungen/ Rückstellungen/Gewinn benutzt. Das Wasservolumen bleibt aber gleich. Das Setzen der Trennschieber beinhaltet einen gewissen Ermessensspielraum, die zur Verfügung stehende Finanzierungskraft ist aber unabhängig davon. Die direkte Ermittlung des Cashflows ist die logisch richtige Variante, weil immer zuerst der Cashflow vorhanden ist und erst dann die Unterteilung (Trennschieber) stattfindet hin zur Punktlandung beim Gewinn.

Da diese Berechnung des Cashflows in einer retrograden Betrachtung schwer nachvollziehbar ist, basiert die Berechnung des Cashflows in einer Mittelflussrechnung eines Geschäftsberichtes auf der indirekten Methode.

Die *indirekte* Berechnung des Cashflows lautet:

Cashflow = Gewinn + nicht-ausgabenwirksame Aufwände
./. nicht einnahmenwirksame Erträge

Diese Formel wird oft reduziert auf die Kurzformel:

Cashflow = Gewinn + Abschreibungen

Die beiden letzten Cashflow-Formeln stimmen nur dann überein, wenn die Abschreibungen die einzige (erfolgswirksame) Aufwandsposition der Erfolgsrechnung sind, die nicht das Nettoumlaufvermögen berühren. In vielen Fällen gibt es jedoch noch weitere Posten (zum Beispiel die Bildung oder Auflösung langfristiger Rückstellungen) mit der gleichen Wirkung. Ferner können Ertragspositionen (zum Beispiel die Aktivierung von Eigenleistungen oder die Auflösung von langfristigen Rückstellungen) auftreten, die das Nettoumlaufvermögen nicht tangieren. Im Idealfall wird deshalb bei der Berechnung des Cashflows von einer bereinigten Bilanz und Erfolgsrechnung ausgegangen.

Sofern der Cashflow den Mittelzufluss aus betrieblicher Tätigkeit darstellen soll, müssen auch alle neutralen, das heisst betriebsfremden, Positionen eliminiert werden.

Ausgangspunkt für die Berechnung des Cashflows bildet somit der betriebswirtschaftliche Gewinn bzw. Verlust einer Abrechnungsperiode. Zu erinnern sei hier, dass «einnahmenwirksam» bzw. «ausgabenwirksam» bedeutet «ist mit einer Zu- bzw. Abnahme des Nettoumlaufvermögens verbunden».

Betriebswirtschaftlicher Gewinn
(gegebenenfalls Verlust als Minusposten)

\+ nicht ausgabenwirksame Aufwendungen
(Bildung stiller Reserven auf dem Umlaufvermögen, falls nicht bereits bereinigt)
Abschreibungen auf dem Anlagevermögen
(Sachanlagen, Beteiligungen, immaterielles Anlagevermögen)
Erhöhung von langfristigen Rückstellungen
Verluste aus der Desinvestition von *Anlage*vermögen
(*Sach*- und langfristige *Finanz*anlagen, direkt der Anlagenbuchhaltung zu entnehmen)

./. nicht einnahmenwirksame Erträge
(Auflösung stiller Reserven auf dem Umlaufvermögen, falls nicht bereits bereinigt)
Aktivierung von Eigenleistungen
Auflösung von langfristigen Rückstellungen
Ertrag aus Desinvestitionen des *Anlage*vermögens
(*Sach*- und langfristige *Finanz*anlagen, direkt der Anlagenbuchhaltung zu entnehmen)

= **Betriebswirtschaftlicher Cashflow A**
./. neutraler, ausgabenwirksamer Aufwand

\+ neutraler, einnahmenwirksamer Ertrag

= **Brutto-Cashflow**

Weil – wie gezeigt wurde – das Nettoumlaufvermögen einen *geldnahen* Charakter hat, wird die Beschaffung von finanziellen Mitteln über den Cashflow – nicht ganz korrekt – als *Selbstfinanzierung* bezeichnet.[20]

Nichtsdestotrotz ist der Cashflow die *wichtigste Kennzahl zur Beurteilung der Selbstfinanzierungskraft* eines Unternehmens.

20 Nicht ganz korrekt ist diese Bezeichnung deshalb, weil eine durch den Cashflow gespeiste «Selbstfinanzierung» aus dem erfolgswirksamen Umsatzprozess sich nicht auf die liquiden Mittel bezieht, sondern auf eine entsprechende Zunahme des Nettoumlaufvermögens.

In seiner Funktion als finanzwirtschaftliches Führungsinstrument hat der Cashflow vor allem auch als Element von Kennzahlen eine hohe Bedeutung erlangt (siehe hierzu auch Kapitel 6, Cashflow-Analyse).

Zur Beurteilung der *Verschuldungsgrenze* leistet beispielsweise die Kennzahl «Dynamischer Verschuldungsfaktor» gute Dienste: Der Verschuldungsfaktor gibt an, wievielmal der letzte Jahres-Cashflow erarbeitet werden müsste, bis das Unternehmen seine gesamten effektiven Schulden getilgt hätte. Zusammenfassend lassen sich folgende Aussagen über den Cashflow machen:

Der Cashflow:

- ist der Überschuss an «finanziellen Mitteln» aus der betrieblichen Umsatztätigkeit;
- bezieht sich aber nicht strikt auf die liquiden Mittel, sondern auf die Entwicklung des Nettoumlaufvermögens;
- stellt die selbst erarbeiteten finanziellen Mittel für Investitionen ins Umlauf- und Anlagevermögen, für die Schuldentilgung und Dividendenzahlungen dar;
- ist ein aussagekräftiger Massstab für die Selbstfinanzierungskraft eines Unternehmens;
- bildet das Bindeglied zwischen einer strikt erfolgswirtschaftlichen und einer finanziellen Betrachtungsweise der Geschäftsentwicklung.

Indirekte Berechnung:
Gewinn + nicht ausgabenwirksamer Aufwand
./. nicht einnahmenwirksamer Ertrag

Vereinfacht:
Gewinn + Abschreibungen
+/− Bildung/Auflösung von Rückstellungen

5.1.2 Der Cashflow als Kernelement der Finanzierung

Bevor in einem nächsten Schritt der Aufbau einer Mittelflussrechnung behandelt wird, ist es notwendig, kurz die wichtigsten Finanzierungsformen aufzuzeigen. Eine Mittelflussrechnung kann nicht verstanden werden, ohne dass gewisse Grundbegriffe der Finanzierung bekannt sind.

Finanzierung ist die *Bereitstellung von Kapital oder Finanzmitteln.* Das Gegenstück zur Finanzierung sind Investitionen von finanziellen Mitteln in kurz- und langfristige Vermögenswerte (Umlauf- und Anlagevermögen), die für die Wertschöpfungsaktivitäten des Unternehmens benötigt werden.

Geldmittel werden zur Erbringung der unternehmerischen Wertschöpfung in Vermögenswerten gebunden, woraus im Umsatzprozess wiederum Geldeinnahmen entstehen. Investitions- und Finanzierungsaktivitäten bilden daher einen ständigen Kreislauf. Die finanziellen Mittel können aus verschiedenen Quellen stammen. Man unterscheidet allgemein folgende Finanzierungsarten:

- *Eigenfinanzierung:* Bereitstellung von Eigenkapital durch die Eigentümer
- *Fremdfinanzierung:* Bereitstellung von kurz- und langfristigem Fremdkapital durch Drittpersonen

Die Eigen- und Fremdfinanzierung werden auch als *Aussenfinanzierung* bezeichnet, da die Kapitalien durch Kapitalgeber von aussen zugeführt werden. Weitere Finanzierungsarten sind:

- *Selbstfinanzierung:* Cashflow-Finanzierung oder Finanzierung aus dem Umsatzprozess
- *Verflüssigungsfinanzierung:* Veräusserung von Vermögenswerten ausserhalb des Umsatzprozesses, Umwandlung in finanzielle Mittel (Desinvestitionen, zum Beispiel Verkauf von Anlagen und Beteiligungen, Rückzahlung von gewährten Aktivdarlehen durch Drittpersonen)

Selbst- und Verflüssigungsfinanzierung werden auch als *Innenfinanzierung* bezeichnet.

Finanzierungsaktivitäten	Bereitstellung von finanziellen Mitteln
Investitionsaktivitäten	Anlage / Verwendung finanzieller Mittel

Finanzierungsarten	*Aussenfinanzierung* – Eigenfinanzierung Mittelbereitstellung durch Eigentümer – Fremdfinanzierung Mittelbereitstellung durch externe Kapitalgeber *Innenfinanzierung* – Selbstfinanzierung Cashflow (selbst erarbeitete Mittel) – Verflüssigungsfinanzierung Verkauf von Umlauf-/ Anlagevermögen

5.1.3 Der Cashflow im Finanzierungskreislauf

Die folgende Abbildung verdeutlicht die Bedeutung der Selbstfinanzierung, das heisst des Cashflows, im Rahmen der Finanzierung. Er stellt diejenige finanzwirtschaftliche Wachstumsquelle dar, die weder mit Verschiebungen in den Eigentumsverhältnissen (Finanzierung durch Eigenkapital) noch mit einer Verstärkung allenfalls unerwünschter Einflussmöglichkeiten durch Drittparteien (Fremdkapitalgeber) verbunden ist.

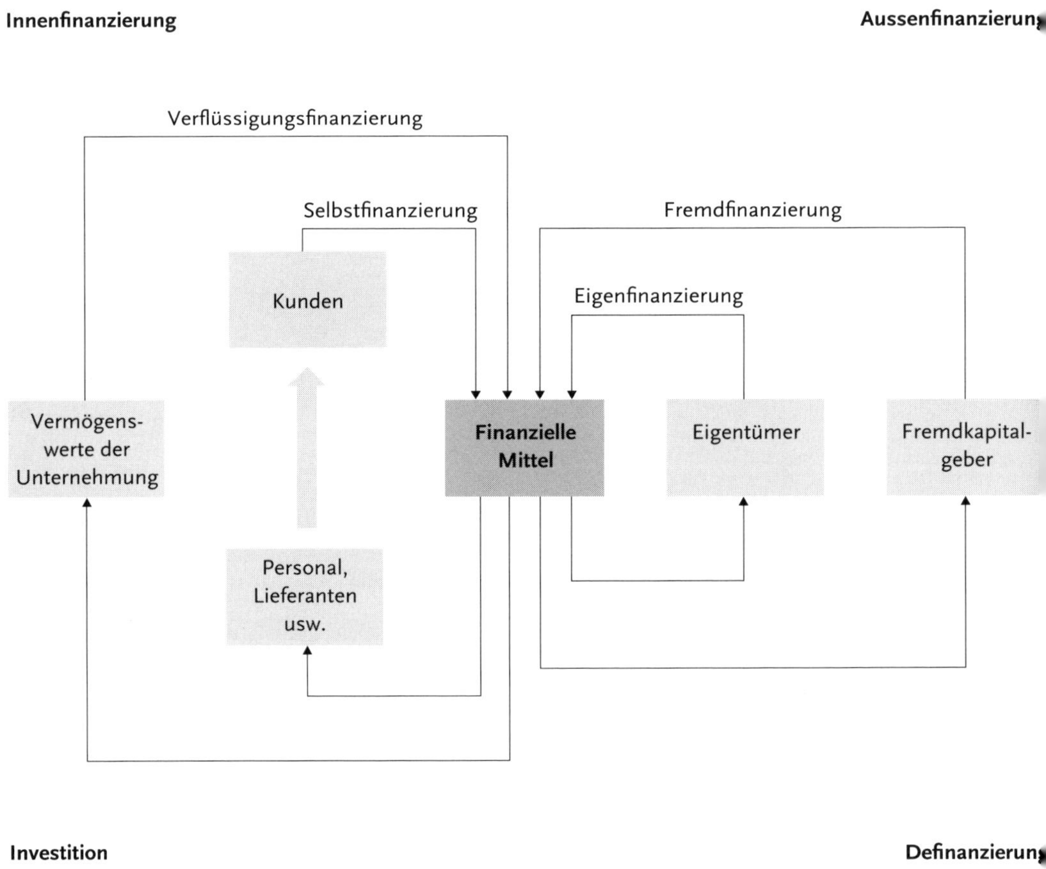

Abb. 27 Selbstfinanzierung (Cashflow) im Finanzierungskreislauf

5.2 Mittelflussrechnung (Kapitalflussrechnung)[21]

Eine Mittelflussrechnung ist – wie bereits erwähnt – das zentrale *Bindeglied* zwischen der finanziellen und der erfolgswirtschaftlichen Betrachtungsweise der Unternehmensaktivitäten. In der Mittelflussrechnung wird die Verbindung zwischen dem erfolgswirtschaftlichen Wertzuwachs, das heisst dem Gewinn, und den Auswirkungen der betrieblichen Tätigkeit auf die finanzielle Stabilität, das heisst insbesondere auf die Entwicklung der liquiden Mittel eines Unternehmens, aufgezeigt.

Die Mittelflussrechnung bezieht sich wie die Erfolgsrechnung auf eine bestimmte Abrechnungsperiode. Sie geht vom Unternehmensgewinn bzw. Cashflow der Periode aus und zeigt auf,

- wie diese Geldmittel während der Abrechnungs*periode* im Unternehmen investiert worden sind,
- welche Desinvestitionen stattgefunden haben,
- welche Mittel durch Finanzierungstätigkeiten dem Unternehmen zugeflossen sind und
- welche Mittel durch Definanzierungstätigkeiten dem Unternehmen entzogen worden sind.

Sie macht aus einer Gesamtperspektive heraus den *Zusammenhang zwischen Gewinn* bzw. *Cashflow* und der Entwicklung der *liquiden Mittel* transparent.

In den vergangenen Jahren haben Cashflow und «Mittelflussdenken» erheblich an Bedeutung gewonnen. Ein erfolgswirtschaftlicher Wertzuwachs ist nur unter Bedingungen erstrebenswert, die auch zu einer Stärkung der finanziellen Stabilität beitragen. Nur dann kann sich ein Unternehmen unerwarteten und unerwünschten Dritteinflüssen (zum Beispiel Banken) entziehen. Eine gesunde Liquiditätssituation erhöht zudem die strategische Handlungsfreiheit (Akquisitionen usw.).

Den folgenden Ausführungen liegt ein Konzept zugrunde, das auch im Rahmen der Rechnungslegung international tätiger Grosskonzerne Anwendung findet bzw. bei börsenkotierten Unternehmungen ein Pflichtinstrument darstellt.[22] Aber auch immer mehr Klein- und Mittelständische Unternehmungen (KMUs) erstellen freiwillig eine solche Mittelflussrechnung.

21 Die nachfolgenden Ausführungen sind eine Grundlage für das Verständnis einer zweckmässigen finanziellen Mehrjahresplanung (Kapitel 2.3, Modul 5).

22 Rechnungslegungsstandards des IFRS.

Die zunehmende Bedeutung einer einheitlich aufgebauten, aussagekräftigen Mittelflussrechnung ergibt sich auch aus dem wachsenden Druck, den die Kapitalanleger (vor allem institutionelle Investorinnen und Investoren) auf ihre Unternehmen ausüben, um mithilfe einer angemessen transparenten Rechnungslegung einen besseren Einblick in die finanziellen Auswirkungen einer komplex verflochtenen Geschäftstätigkeit zu erlangen.

Die Mittelflussrechnung bildet die Verbindung zwischen dem Gewinn und der Entwicklung der liquiden Mittel. Ein wichtiges «Etappenziel» stellt dabei der Cashflow dar. Der Cashflow wurde definiert als der Betrag, um den das Nettoumlaufvermögen (hauptsächlich aus betrieblicher Umsatztätigkeit) zunimmt.

Eine Mittelflussrechnung weist eine *Grundstruktur* mit den folgenden *drei* Elementen auf. Diese Struktur wird anschliessend anhand eines konkreten Beispiels erläutert.

1. Element:
laufende Geschäftstätigkeit
Brutto-Cashflow («Selbstfinanzierung»)
./. Investitionen ins Nettoumlaufvermögen, das heisst
./. Zunahme bzw. + Abnahme der *Kundenforderungen*
./. Zunahme bzw. + Abnahme der *Warenvorräte (Lager)*
./. Abnahme bzw. + Zunahme der *Lieferantenschulden*
= **Mittelfluss aus laufender Geschäftstätigkeit**

2. Element:
Investitionen/Desinvestitionen ins finanzielle Umlaufvermögen und ins Anlagevermögen
(Wertverschiebungen auf der Aktivseite der Bilanz)
./. Investitionen in kurz- und langfristige *Finanz*anlagen
\+ Desinvestitionen aus kurz- und langfristigen *Finanz*anlagen
./. Investitionen in *Sach*anlagen
\+ Desinvestitionen von *Sach*anlagen
./. Investitionen in *Beteiligungen*
\+ Desinvestitionen von *Beteiligungen*
./. Investitionen in *immaterielles* Anlagevermögen
\+ Desinvestitionen von *immateriellem* Anlagevermögen
= **Mittelfluss aus Investitionstätigkeiten**

3. Element:
Vorgänge der Finanzierung/Definanzierung
(Wertverschiebungen auf der Passivseite der Bilanz)

+	Erhöhungen des *kurzfristigen* Fremdkapitals
./.	Rückzahlungen von *kurzfristigem* Fremdkapital
+	Erhöhungen des *langfristigen* Fremdkapitals
./.	Rückzahlungen von *langfristigem* Fremdkapital
+	Mittelzufluss aus *Kapitalerhöhungen* (Aktienkapital)
./.	Mittelabfluss aus *Kapitalherabsetzungen* (Aktienkapital)
./.	Dividendenzahlungen
=	**Mittelfluss aus Finanzierungstätigkeiten**

Zusammenfassend ergibt dies folgende Grundstruktur einer modernen Mittelflussrechnung:

	Mittelfluss aus *laufender Geschäftstätigkeit* (Element 1)
+	Mittelzu- oder -abfluss aus *Investitions*tätigkeiten (Element 2)
+	Mittelzu- oder -abfluss aus *Finanzierungs*tätigkeiten (Element 3)
=	**Veränderung des Bestandes an liquiden Mitteln**

Bei der Erarbeitung einer derartig konzipierten Mittelflussrechnung, das heisst der Berechnung der einzelnen Elemente, ist Folgendes zu beachten:

Berechnung der Mittelzu- und -abflüsse

Mittelfluss aus laufender Geschäftstätigkeit
Mittelzu- und -abflüsse des Nettoumlaufvermögens können direkt durch Ermittlung der entsprechenden Differenzen der Bilanz entnommen werden.

Mittelfluss aus Investitions- und Finanzierungstätigkeiten
Die Mittelflüsse von Investitions- und Finanzierungsaktivitäten können nur durch Rückgriff auf die einzelnen Konten bzw. die darin festgehaltenen Geschäftsfälle (Werte der Einzeltransaktionen: Käufe, Verkäufe, Mittelaufnahme, Mittelrückzahlung) rekonstruiert werden.

Nachfolgend findet sich ein Beispiel für eine Mittelflussrechnung, die in leicht veränderter Form im Geschäftsbericht eines schweizerischen Konzerns veröffentlicht wurde.

Mittelflussrechnung eines schweizerischen Konzerns:	**20XY** (in Mio. CHF)	**20XX** (in Mio. CHF)
Jahresergebnis	13,5	23
Abschreibungen auf das Anlagevermögen	25,6	24,3
Veränderung langfristige Rückstellungen	3,9	−0,8
Gewinne aus Veräusserung von Anlagevermögen	−2,9	−8,4
Cashflow	**40,1**	**38,1**
(Zu-)Abnahme Kundenforderungen	−3,1	10,5
(Zu-)Abnahme Warenvorräte	10,2	29,9
(Zu-)Abnahme Lieferantenverbindlichkeiten	−12,1	−7,9
Mittelfluss (Cashflow) aus laufender Geschäftstätigkeit	**35,1**	**70,6**
Investitionen Sachanlagen	−27,1	−27,2
Investitionen Finanzanlagen	−6,1	−6,2
Investitionen immaterielle Anlagen	−1,4	−0,3
Desinvestitionen Sachanlagen brutto	12,3	20,6
Desinvestitionen übrige Finanzanlagen	0,1	2,1
Mittelfluss (Cashflow) aus Investitionstätigkeit	**−22,2**	**−11**
Freier Cashflow	12,9	59,6
Aufnahme (Rückzahlung) von Darlehen	13,2	37,5
Aufnahme (Rückzahlung) von Hypotheken	0,0	−30,2
Dividendenausschüttung	−7,0	−7,0
Mittelfluss (Cashflow) aus Finanzierungstätigkeit	**6,2**	**0,3**
Kurs- und Konsolidierungseinflüsse	−1,6	−3,9
Veränderung der flüssigen Mittel	**17,5**	**56**

Abb. 28 Beispiel einer Mittelflussrechnung

Man erkennt, dass der Konzern aus eigener Kraft seine Investitionen finanzieren und jedes Jahr seine Kapitalgeber bedienen kann. Zusätzlich stärkt er seine Liquidität durch den Aufbau der flüssigen Mittel. Dies verbessert die Aussagekraft über die finanzielle Situation und die Finanzierungsströme.

Zusammenfassung Modul 2, Kapitel 5

- Der Cashflow ist eine wichtige Ausgangsgrösse für die Mittelflussrechnung und wird verstanden als die von einem Unternehmen *selbst erarbeiteten Finanzmittel* (Zuwachs des Nettoumlaufvermögens) aus der betrieblichen Umsatztätigkeit.
- Beim Cashflow stehen nicht nur reine Finanzmittelzuflüsse zur Diskussion, sondern *alle erfolgswirksamen Wertverschiebungen* des *gesamten Nettoumlaufvermögens*. Damit bezieht sich der Begriff Cashflow *immer* auf eine Zu- oder Abnahme des Nettoumlaufvermögens.
- Der Cashflow kann verkürzt definiert werden als die Summe von Gewinn und Abschreibungen.
- Der Cashflow ist die *wichtigste Kennzahl* für die Beurteilung der *Selbstfinanzierungskraft* eines Unternehmens.
- Bei der Finanzierung, das heisst der Bereitstellung von Kapital und Finanzmitteln, wird unterschieden in *Aussenfinanzierung* (Eigen- und Fremdfinanzierung) und Innenfinanzierung (Selbst- und Verflüssigungsfinanzierung).
- Die Mittelflussrechnung ist das zentrale *Bindeglied* zwischen der rein *finanziellen* und der *erfolgswirtschaftlichen* Betrachtungsweise der Unternehmensaktivitäten.
- Die Mittelflussrechnung geht vom Unternehmensgewinn bzw. dem Cashflow der Periode aus und zeigt auf,
  - wie diese Geldmittel während der Abrechnungsperiode im Unternehmen investiert worden sind,
  - welche Desinvestitionen stattgefunden haben,
  - welche Mittel durch Finanzierungsaktivitäten dem Unternehmen zugeflossen sind und
  - welche Mittel durch Definanzierungsaktivitäten dem Unternehmen entzogen worden sind.

Selbst-Controlling: Modul 2, Kapitel 5

Frage		*Unsicher? Wenn ja: Seite*
1	Was wird unter dem Cashflow verstanden? Auf die Veränderung welcher Grösse bezieht sich der Cashflow normalerweise?	91
2	Warum kann eine Firma trotz prächtigen Cashflows illiquide werden?	93
3	Warum sind Abschreibungen nicht ausgabenwirksame Aufwände? Welche weiteren Beispiel gibt es?	95
4	Zu welcher Form der Finanzierung könnte man den Cashflow zählen? Warum stellt die Cashflow-Finanzierung die günstigste Finanzierungsart dar?	98
5	Worin besteht der Unterschied zwischen Innen- und Aussenfinanzierung?	99
6	Warum ist die Mittelflussrechnung die Brücke zwischen der finanziellen und der erfolgswirtschaftlichen Betrachtungsweise? Zwischen welchen Grössen schlägt sie eine Brücke?	101
7	Warum gewinnt die Mittelflussrechnung insbesondere für Kapitalanleger immer mehr an Bedeutung?	102
8	Wieso wird eine Zunahme der Kundenforderungen zur Ermittlung des Mittelflusses aus laufender Geschäftstätigkeit vom Brutto-Cashflow abgezogen? Warum wird eine Abnahme der Warenvorräte addiert?	102
9	Die Veränderung welcher Grösse erhält man am Ende einer Mittelflussrechnung?	103
10	Welche weiteren Möglichkeiten bestehen zur Beurteilung der finanziellen Situation eines Unternehmens?	Kapitel 6

6 Auswertungen aus der Finanzbuchhaltung: Kennzahlenanalyse

Die finanziellen Kennzahlen sind Informationszusammenfassungen aus den Instrumenten des Rechnungswesens: quasi ein sich ergebendes Produkt des finanziellen Rechnungswesens, aber gleichzeitig die entscheidenden finanziellen Steuerungsgrössen. Die Bestandteile des finanziellen Rechnungswesens stellen die Basis für die Kennzahlenanalyse dar. Diese Kennzahlen definieren die sogenannten Top-down-Vorgaben (zum Beispiel die risikoadäquate Verzinsung des eingesetzten Kapitals), die Vorgaben des Managements über die zu erreichenden Ziele. Diese Ziele sind gleichzeitig Grundlage für die Stellhebel des betrieblichen Rechnungswesens. Hier ist die Betriebsbuchhaltung entscheidend für die Wertschöpfungsanalyse – wo wird Geld verdient und wo nicht? Zusammen mit den Managementzielen sind sie somit entscheidend für die Planung sowie die daran anschliessende Produkt-/Auftrags- oder Sortimentsgestaltung. Die Kennzahlenanalyse lässt sich im Instrumentarium des Rechnungswesens also folgendermassen integrieren:

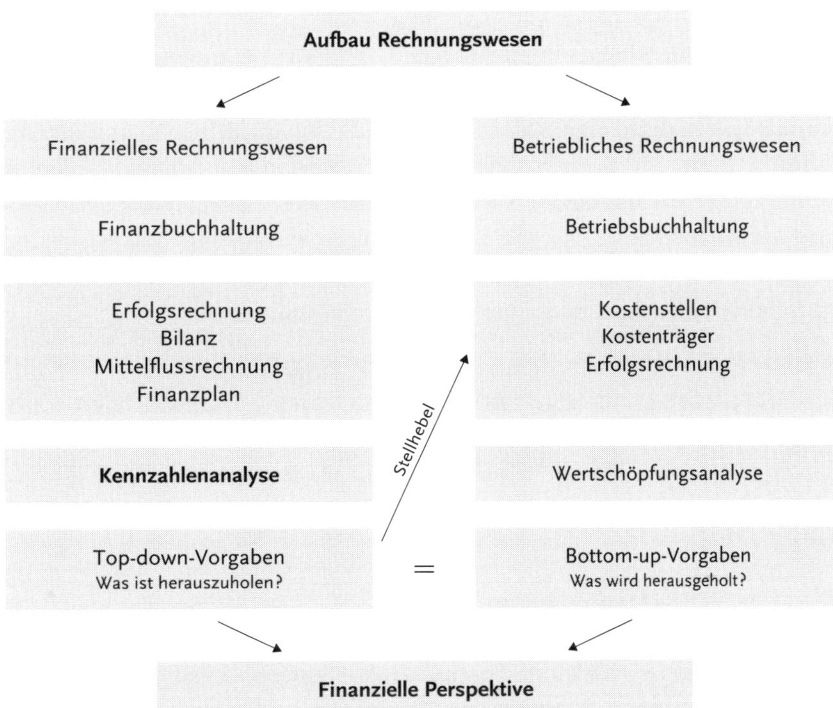

Abb. 29 Übersicht Rechnungswesen

6.1 Voraussetzungen

Bevor aus der Finanzbuchhaltung Auswertungen, zum Beispiel die Berechnung finanzwirtschaftlicher Kennzahlen, vorgenommen werden können, müssen ein paar wesentliche Vorbedingungen erfüllt sein, die allenfalls Zusatzarbeiten mit sich bringen können.

1. *Gute Gliederung von Bilanz und Erfolgsrechnung*
Zur Ermittlung aussagekräftiger Kennzahlen müssen Bilanz und Erfolgsrechnung übersichtlich und in einem solchen Detaillierungsgrad gegliedert sein, dass die gewünschten Kennzahlen auch tatsächlich ermittelt werden können.

2. *Hohe Aktualität*
Die Buchhaltung muss nachgeführt sein. Wenn beispielsweise halb- oder vierteljährlich ein *Zwischenabschluss* erarbeitet wird, müssen zur Ermittlung aussagefähiger Kennzahlen Aufwand und Ertrag zeitlich periodengerecht abgegrenzt sein. Beispiel: Versicherungsprämien und Abschreibungen, die normalerweise nur einmal jährlich gebucht werden, müssen auf die Quartale bzw. Semester verteilt werden.

3. *Eindeutige Definition von Kontenzusammenfassungen*
Kennzahlen arbeiten mit Aggregaten von zusammengezogenen Zahlen. Dies bedarf klarer Regeln, welche Kontensaldi in welche Aggregate einfliessen sollen. Ein Beispiel: Zur Bestimmung des Liquiditätsgrades I müssen die liquiden Mittel den kurzfristigen Verbindlichkeiten gegenübergestellt werden. Dabei muss klar definiert werden, welche Konten als liquide Mittel gelten. Wenn dazu Kasse, Post und Bank zählen, dann wäre weiter zu definieren, ob unter die Rubrik «Bank» nur das Kontokorrentkonto fällt oder auch kurzfristig angelegte, täglich liquidierbare Wertschriften.

4. *Klare und stabile Kontierungs- und Bewertungsregeln*
Beim Arbeiten mit Kennzahlen spielen oft weniger die absoluten Werte der ermittelten Kennzahlen als deren Entwicklung über verschiedene Perioden hinweg eine zentrale Rolle. Damit solche *Zeitvergleiche* aussagekräftig sind, bedarf es einer möglichst hohen Stabilität der Kontierungs- und Bewertungsregeln.

5. *Elimination der stillen Reserven*
Stabile Bewertungsregeln kommen insbesondere dort zum Tragen, wo aus steuerlichen oder bilanzpolitischen Überlegungen zum Beispiel über das betriebswirtschaftlich erforderliche Mass hinaus Abschreibungen getätigt oder Rückstellungen gebildet werden. Bevor Kennzahlen ermittelt werden,

müssen Bilanz und Erfolgsrechnung um alle diese nicht dem tatsächlichen Geschäftsverlauf entsprechenden Elemente, das heisst um die *stillen Reserven*, bereinigt werden.

> Ausgangspunkt aller Auswertungen bildet also der *betriebswirtschaftliche* Abschluss mit dem *betriebswirtschaftlichen* Gewinn.

Somit dürfen für eine sachgemässe betriebswirtschaftliche Beurteilung der Geschäftsentwicklung ausschliesslich «gläserne» Zahlen, das heisst eine korrekt bereinigte Bilanz und Erfolgsrechnung, verwendet werden. Eine Vernachlässigung dieser Forderung kann dazu führen, dass beispielsweise *Trendbrüche im Geschäftsverlauf* oder andere Entwicklungen, die im Sinne eines Frühwarnindikators eine wichtige Bedeutung aufweisen, nicht (rechtzeitig) erkannt werden.

6. *Klare Ausscheidung von betriebsfremden Aufwands- und Ertragspositionen und dementsprechend von nicht betriebsnotwendigem Vermögen*

Wenn in einem Unternehmen aus Traditionsgründen Aktivitäten abgewickelt werden, die nichts mit dem eigentlichen Kerngeschäft zu tun haben, sollten diese Aktivitäten nicht in die finanzielle Analyse der betrieblichen Tätigkeit einbezogen werden. Ein solches Beispiel wäre die Bewirtschaftung von Liegenschaften – sofern es sich dabei um *nicht betriebsnotwendiges Vermögen* handelt. Idealerweise werden solche Aktivitäten in einer *mehrstufigen Erfolgsrechnung* ohnehin gesondert als *neutraler* Aufwand und Ertrag ausgewiesen.

Diese Forderung ist insbesondere auch dann von hoher Bedeutung, wenn die Eigentümer eines Unternehmens gewisse private, das heisst betriebsfremde Aktivitäten über ihr Unternehmen abwickeln. Diese müssen zu einer klaren Beurteilung des Geschäftsverlaufs vom eigentlichen Geschäft getrennt ausgewiesen werden können.

Im Folgenden findet sich ein Überblick mit einer Auswahl finanzieller Kennzahlen als Indikatoren zur Unterstützung der finanziellen Planung und Feinsteuerung. Im konkreten Anwendungsfall kann es sinnvoll sein, die eine oder andere Definition sachgerecht anzupassen.[23] Obwohl nachfolgend die gebräuchlichsten Definitionen aufgeführt werden, sind diese Definitionen – auch was die wissenschaftliche Theorie betrifft – nicht unumstösslich festgelegt.

Jedes Unternehmen hat eine eigene Geschichte. Dabei wird es sich mehr oder weniger stark von vergleichbaren Unternehmen oder Konkurrenten unterscheiden. Diese Differenzierung kann sich auf die Technologie, die Ferti-

23 Im Hinblick auf die zeitliche Vergleichbarkeit sollten Definitionen aber möglichst selten geändert werden.

gungstiefe, die Logistik, den Innovationsprozess, die aufgebauten Kundenbeziehungen, die Präsenz in bestimmten Märkten, das Verhältnis zu den Kapitalgebern usw. beziehen. Das Arbeiten mit Kennzahlen erfordert dementsprechend eine Selektion sinnvoller und aussagekräftiger Kennzahlen. Bei der Auswahl bzw. der Definition von Kennzahlen für ein bestimmtes Unternehmen geht es deshalb darum, auf der Grundlage des unternehmensspezifischen Bedarfs an Controlling-Informationen (insbesondere für die Planung und Feinsteuerung) eine möglichst kleine, individuelle, das heisst auf die konkrete Unternehmenssituation zugeschnittene Auswahl solcher Kennzahlen vorzunehmen. Das ausgewählte Set an Kennzahlen weist im Idealfall eine hohe Informations- und Steuerungsrelevanz im betrieblichen Alltag auf. Ebenso wichtig ist (insbesondere im Berichtswesen) eine Fokussierung auf die tatsächlich geschäftsrelevanten Einflussgrössen, damit der Überblick über das Wesentliche gewahrt bleibt.

6.2 Basiszielgrössen der Kennzahlenanalyse

Es bestehen drei wesentliche Finanzziele (Basiszielgrössen), deren Situation und Vorgänge abzubilden sind und die benötigt werden, um ein Unternehmen finanziell zu analysieren, zu beurteilen und führen zu können:

- Liquidität
- Stabilität
- Rentabilität

Für diese Ziele muss einerseits eine Analyse der gegenwärtigen Ertragslage durchgeführt werden, um eine Prognose der künftigen Entwicklung zu erstellen, andererseits beurteilt man die finanzielle Stabilität, um die Fähigkeit des Unternehmens einzuschätzen, seinen gegenwärtigen und zukünftigen Zahlungsverpflichtungen nachzukommen und notwendiges Wachstum und Strukturanpassungen finanzieren zu können. Es gibt eine Unmenge von Kennzahlen und jedes Unternehmen definiert noch zusätzlich neue für sich. Aber warum muss mindestens eine Kennzahl zu jedem der drei Finanzziele in einem Cockpit enthalten sein? Da diese Finanzziele unterschiedlichen Fokus haben und in wechselseitiger Abhängigkeit sind, ist es nicht möglich, eine dieser Grössen zu maximieren, ohne mindestens eine andere negativ zu beeinflussen! Dieser Zusammenhang lässt sich anschaulich anhand von Bilanz sowie Erfolgsrechnung darstellen. Dies bedeutet, dass alle drei Ziele nur langfristig gegenseitig optimiert werden können und hierüber in einem finanzwirtschaftlichen Konzept einer Unternehmenspolitik unbedingt Leitplanken formuliert sein müssen.

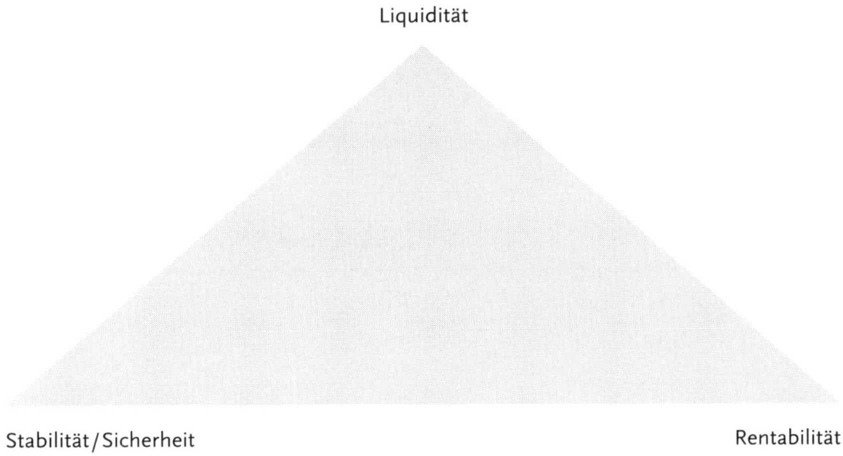

Abb. 30 Goldenes Dreieck

Zusätzlich zu diesen drei Finanzzielen gibt es eine weitere Kategorie von Kennzahlen: die Umschlagshäufigkeiten. Diese stehen nicht im selben wechselseitigen Zusammenhang wie die Finanzziele, sind für die Steuerung eines Unternehmens aber ebenfalls wichtig, da sie für eine vertiefte Analyse einzelner Positionen sorgen.

6.2.1 Liquidität

Die verschiedenen Liquiditäts-Kennzahlen berechnen sich zwischen den Konten des Umlaufvermögens und des kurzfristigen Fremdkapitals der Bilanz. Die Liquidität nimmt zu, wenn das Umlaufvermögen im Verhältnis zum kurzfristigen Fremdkapital grösser wird.

Bilanz

Umlaufvermögen	Kurzfristiges Fremdkapital
Anlagevermögen	Langfristiges Fremdkapital
	Eigenkapital
Gesamtkapital	Bilanzsumme

Erfolgsrechnung

Aufwand	Ertrag
Gewinn	
Ergebnis	Ergebnis

Abb. 31 Kennzahlen Zusammenhänge 1

Welchen Einfluss hat nun die Maximierung der Liquidität? Die Rentabilität sinkt, weil Kassabestände in der Regel zinslos sind, damit brachliegen und keine Erträge – beispielsweise Zinserträge – erwirtschaften. Wenn ein Unternehmen sich ein sehr hohes Liquiditätsziel gesetzt hat, kann dieses Geld nicht für Investitionen herangezogen werden, somit bedarf es dafür allenfalls zusätzlicher Kredite, für die wiederum Zinsen anfallen und die dadurch den Gewinn reduzieren. Natürlich ist als Gegenpol die Gefahr der Illiquidität nicht zu vernachlässigen. Denn die Liquidität ist der Sauerstoff, den ein Unternehmen zum Atmen braucht. Ohne Liquidität können laufende Zahlungsverpflichtungen nicht mehr erfüllt werden, es droht also der Konkurs, und Illiquidität ist einer der häufigsten Konkursgründe.

6.2.2 Stabilität

Die Stabilitäts-Kennzahlen berechnen das Verhältnis von Eigen- oder Fremdkapital zum Gesamtkapital, das der Bilanzsumme entspricht. Diese Kennzahlen addiert müssen also immer 1 bzw. 100 Prozent ergeben, da sich das Gesamtkapital ja aus dem Eigenkapital und dem Fremdkapital zusammensetzt. Die Stabilität nimmt zu, wenn der Eigenkapitalanteil erhöht wird. Denn so nehmen die Verpflichtungen (Zinsen, Rückzahlungsraten) gegenüber Fremdkapitalgebern ab.

Bilanz

Umlaufvermögen	Kurzfristiges Fremdkapital
Anlagevermögen	Langfristiges Fremdkapital
	Eigenkapital
Gesamtkapital	Bilanzsumme

Erfolgsrechnung

Aufwand	Ertrag
Gewinn	
Ergebnis	Ergebnis

Abb. 32 Kennzahlen Zusammenhänge 2

Je höher der Eigenkapital-Anteil also ist – das heisst, je stabiler ein Unternehmen finanziert ist –, umso geringer fällt aber die Rentabilität des Eigenkapitals (ROE = Return on Equity) aus, da der Gewinn im Verhältnis zum Eigenkapital kleiner ist. Zugleich ist zu berücksichtigen, dass Eigenkapital teurer ist als Fremdkapital. Denn einem Aktionär stehen weitere Investitionsmöglichkeiten offen, beispielsweise Bundesobligationen oder Aktien anderer Unternehmen, also muss die Dividende oder Aktienkurssteigerung mindestens die Renditen dieser Anlagen erreichen, um für eine Investorin interessant zu sein. Zusätzlich wären andere Anlagen wie beispielsweise Bundesobligationen sicherer, also weniger risikobehaftet (die Möglichkeit, dass diese Anlagen nicht mehr zurückbezahlt werden können, ist kleiner als diejenige, dass ein Unternehmen Konkurs gehen könnte), und dieses Risiko muss sich ebenfalls in den Renditen niederschlagen, sie müssen somit höher sein, als andere – sicherere – Anlagemöglichkeiten. Dieser Sachverhalt ist bei der Kapitalgestaltung zu berücksichtigen. Andererseits birgt ein zu hoher Fremdkapitalanteil demgegenüber aber die Gefahr der Fremdbestimmung. Das Management kann die Aktienmehrheit besitzen, doch bei zu geringem Eigenkapitalanteil bestimmen die externen Geldgeber über das Unternehmen (siehe z. B. Swissair).

6.2.3 Rentabilität

Die Rentabilitäts-Kennzahlen – beispielsweise Eigenkapitalrendite (ROE) oder Gesamtkapitalrendite (ROI = Return on Investment) – setzen den Gewinn ins Verhältnis zum entsprechenden Kapital. Die Rentabilität nimmt also zu, wenn der Gewinn grösser oder das Kapital kleiner wird.

Bilanz

Umlaufvermögen	Kurzfristiges Fremdkapital
Anlagevermögen	Langfristiges Fremdkapital
	Eigenkapital
Gesamtkapital	Bilanzsumme

Erfolgsrechnung

Aufwand	Ertrag
Gewinn	
Ergebnis	Ergebnis

Abb. 33 Kennzahlen Zusammenhänge 3

Eine Maximierung dieser Renditegrössen bedeutet, dass alles verfügbare Geld angelegt wird, um Erträge zu erwirtschaften. Diese flüssigen Mittel sind also nicht mehr sofort verfügbar und somit nimmt die Liquidität ab. Die positive Entwicklung des ROE kann aber auch über die Reduktion des Eigenkapitals gesteuert werden. Die daraus resultierenden Risiken sind bereits unter der Rubrik Stabilität beschrieben worden.

Aufgrund dieser Zusammenhänge zeigt sich klar, dass lediglich eine Optimierung der einzelnen Finanzziele möglich ist, aber keine Maximierung. Folglich muss in einem Cockpit mindestens je eine Kennzahl der Finanzziele abgebildet werden, damit man auf einen Blick die augenblickliche finanzielle Lage des Unternehmens erfassen kann. Auch Vergleiche mit den Soll-Werten und/oder mit Branchengrössen sind sehr hilfreich, um die eigene Situation besser einschätzen zu können.

Für diesen Zweck existieren diverse Kennzahlen-Cockpits. Damit lassen sich auf Basis von Bilanz und Erfolgsrechnung Kennzahlen berechnen und visualisieren. Untenstehend ein Beispiel eines solchen Cockpits.

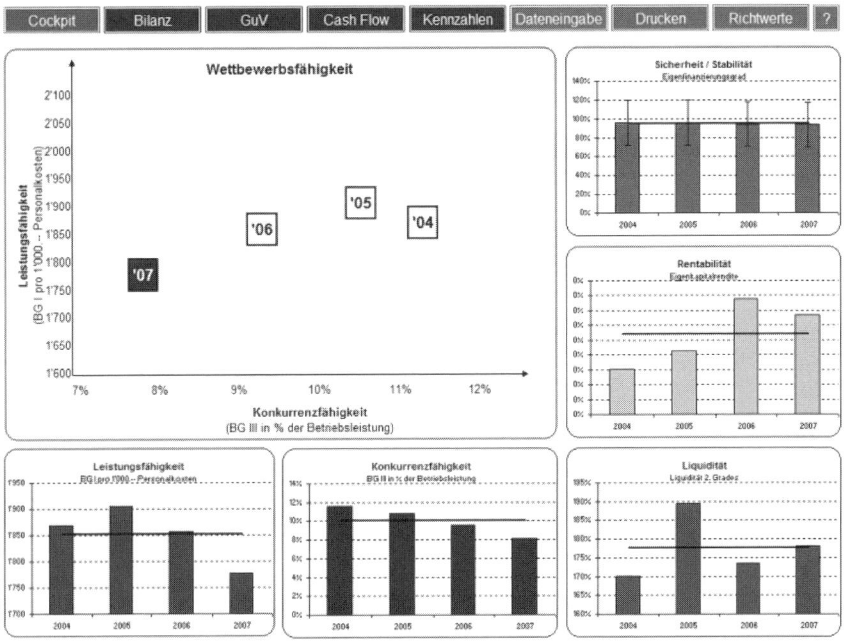

Abb. 34 Cockpit Controlling

6.2.4 Umschlagshäufigkeiten

Da die Aussagekraft der Kennzahlen immer auch von der Qualität der zugrunde liegenden Zahlen abhängt, ist es wichtig, dass diese Positionen – insbesondere solche, bei denen eine grosse Freiheit bei der Bewertung besteht – vertieft analysiert werden. Für diese Analyse sind die Umschlagshäufigkeiten hilfreich.

Es gibt verschiedene Umschlagshäufigkeiten, einerseits für Lagerbewirtschaftung (Lagerumschlagshäufigkeit), aber auch Debitoren- und Kreditorenumschlag sowie die Kapitalumschlagshäufigkeit. So gibt die Lagerumschlagshäufigkeit an, wie viele Male (pro Jahr) der Lagerbestand «ausgewechselt» wurde. Dasselbe gilt für die Kapitalumschlagshäufigkeit, sie gibt an, wie viele Male das Gesamtkapital umgesetzt wurde. Die Umschlagshäufigkeiten der Debitoren und Kreditoren werden insbesondere zur Berechnung der durchschnittlichen Debitoren- bzw. Kreditorenfrist benötigt. Das heisst, man errechnet so, wie lange die Kundinnen und Kunden benötigen, um ihre Rechnungen zu begleichen bzw. wie lange die Unternehmung selbst benötigt, um ihre Verpflichtungen zu bezahlen.

Weshalb sind diese Umschlagshäufigkeiten nun wichtig? Anhand der Lagerumschlagshäufigkeit kann man erkennen, wie effizient die Lagerbewirtschaftung ist, das heisst, ob eine Unternehmung beispielsweise sehr hohe Lagerbestände hat. Denn mit einem hohen Lagerbestand ist ein grösserer Betrag an Kapital im Produktionsprozess gebunden, was wiederum Kosten verursacht (bspw. Miete von Lagerhallen). Die Kapitalumschlagshäufigkeit ist ein Mass für die Kapitalintensität einer Unternehmung, also ob eine Unternehmung viel Kapital benötigt oder eher weniger (bspw. benötigen produzierende Unternehmen mehr Kapital, da sie Maschinen und eine entsprechende Infrastruktur haben).

Die Debitoren- und Kreditorenfristen tragen – in ihrem Zusammenhang – stark dazu bei, die Liquidität der Unternehmen zu verbessern. Dies geschieht über den Leitsatz:

«Collect early – pay late.»

Das bedeutet, dass man die Debitorenfrist möglichst kurz zu halten versucht (beispielsweise über die Regelung der Zahlungsbedingungen), das Geld von der Kundschaft also möglichst schnell erhält, selbst aber die Zahlungsfrist bei den Kreditoren möglichst in die Länge zieht. So wird einerseits die Liquidität verbessert, und andererseits hat man Fremdkapital zur Verfügung, für das man keine Zinsen bezahlen muss. Dies ist bei den andern Arten von Fremdkapital nicht möglich (bspw. Darlehen, Bankkredite, Bankkontokorrente).

6.2.5 Steuerung der Gesamtkapitalrendite (ROI = Return on Investment)

Die Gesamtkapitalrendite berechnet sich aus dem Verhältnis des Gewinns zum Gesamtkapital. Diese Formel kann auf beiden Seiten um den Umsatz erweitert werden und somit ergibt sich eine neue Formel:

Gesamtkapitalrendite (ROI)	=	
Umsatzrendite (Return on Sales = ROS)	×	Kapitalumschlagshäufigkeit
ROI = ROS	×	KUH
ROI = Gewinn / Umsatz	×	Umsatz / Gesamtkapital

Diese Unterteilung lässt eine vertieftere Analyse des Zustandekommens des ROI zu, man kann also je nach Unternehmung feststellen, woher der ROI kommt bzw. wo man ansetzen muss, um den ROI zu verbessern. Die folgende Abbildung soll einen Überblick über die Zusammensetzung des ROI vermitteln:

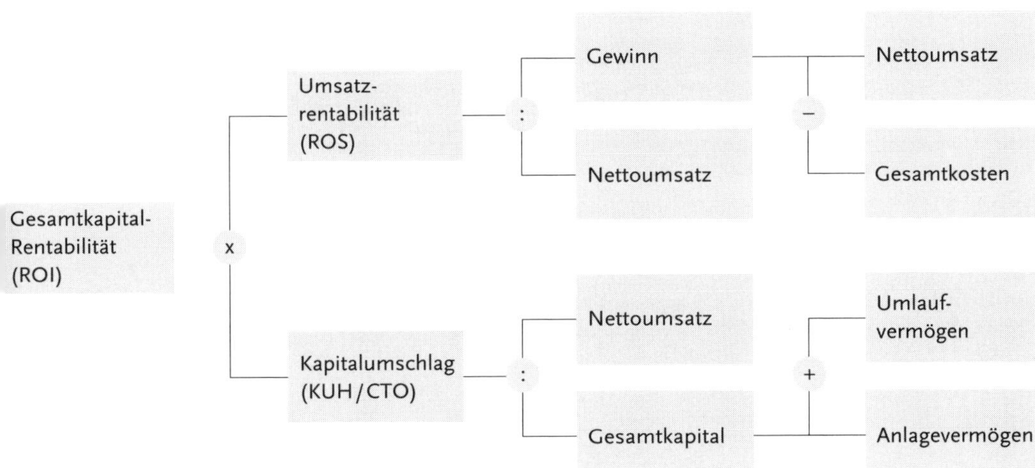

Abb. 35 ROI-Stammbaum

Grundsätzlich kann man zwei verschiedene Arten von Unternehmen identifizieren: Industriebetriebe und Handelsbetriebe. Da Produktionsunternehmen eher kapitalintensiv sind (zur Produktion benötigte Maschinen, Gebäude etc.), sind diese auf der Seite der Kapitalumschlagshäufigkeit eher schwach, denn gerade aufgrund dieser Kapitalintensität ist es für sie sehr schwierig, die Kapitalumschlagshäufigkeit zu verbessern. Deshalb müssen sie sich zur Steigerung des ROI auf den ROS konzentrieren, also die Wertschöpfung steigern (sei dies über höheren Umsatz mit vergleichbaren Kosten oder über geringere Kosten als die Konkurrenz). Im Gegenzug dazu sind die Handelsunternehmen weniger kapitalintensiv, jedoch steuern sie den Produkten, welche sie verkaufen, auch kaum eine Wertschöpfung bei, da sie die Produkte mehrheitlich so verkaufen, wie sie sie erhalten. Die Handelsunternehmen müssen somit auf der Seite der KUH ansetzen, um ihren ROI zu steigern. Dies geschieht über die Steigerung des Umsatzes, mit einer gleichzeitig effizienten Lagerbewirtschaftung, was zu kurzen Lagerzeiten, kleinen Lagerbeständen und somit einer kleineren Kapitalintensität und schlussendlich einer grösseren Umschlagshäufigkeit führt.

Natürlich gibt es auch Mischformen dieser Unternehmen, also solche Unternehmen, die gleichzeitig Produzenten und Händler sind (in der Schweiz beispielsweise die Migros). In diesen Unternehmen muss darauf geachtet werden, dass jeder Bereich in «seinem» Steuerungsbereich stark ist, was zu einem insgesamt hohen ROI führt.

Beispiele für Unternehmen

Unternehmen	ROS	KUH
EasyJet		×
Aldi		×
Toyota	×	
ABB	×	
Migros	×	×

Abb. 36 Fokus bei der Steigerung der Rentabilität – Beispiele

6.2.6 Leverage-Effekt

Der Leverage-Effekt ist eine Thematik, die ergänzend zur Stabilität betrachtet werden muss (Eigen-, Fremdfinanzierung). Grundsätzlich wirkt sich eine höhere Verschuldung, also ein grösserer Fremdfinanzierungsgrad, negativ auf die Liquidität aus, da man höhere Verpflichtungen gegenüber Fremdkapitalgebern hat. Unter bestimmten Voraussetzungen gibt es aber die Möglichkeit, dass durch einen höheren Fremdkapitalanteil die Eigenkapitalrentabilität (ROE) verbessert wird. Dies wird als Leverage-Effekt bezeichnet (Leverage = Hebelkraft/Hebelwirkung). Der Leverage-Effekt bezeichnet also die Hebelwirkung des Fremdkapitals auf die Eigenkapitalrentabilität. Die untenstehende Abbildung veranschaulicht diese Gegebenheit:

FK-Zinssatz 5.0%
GK-Rentabilität 12.0%

Gesamtkapital (GK)	Eigenkapital (EK)	Fremdkapital (FK)	Gewinn vor FK-Verzinsung	FK-Zins	Reingewinn	EK-Rentabilität	Fremdfinanzierungsgrad
150	150	0	18.0	0.0	18.0	12.0%	0.0%
150	120	30	18.0	1.5	16.5	13.8%	20.0%
150	90	60	18.0	3.0	15.0	16.7%	40.0%
150	60	90	18.0	4.5	13.5	22.5%	60.0%
150	30	120	18.0	6.0	12.0	40.0%	80.0%

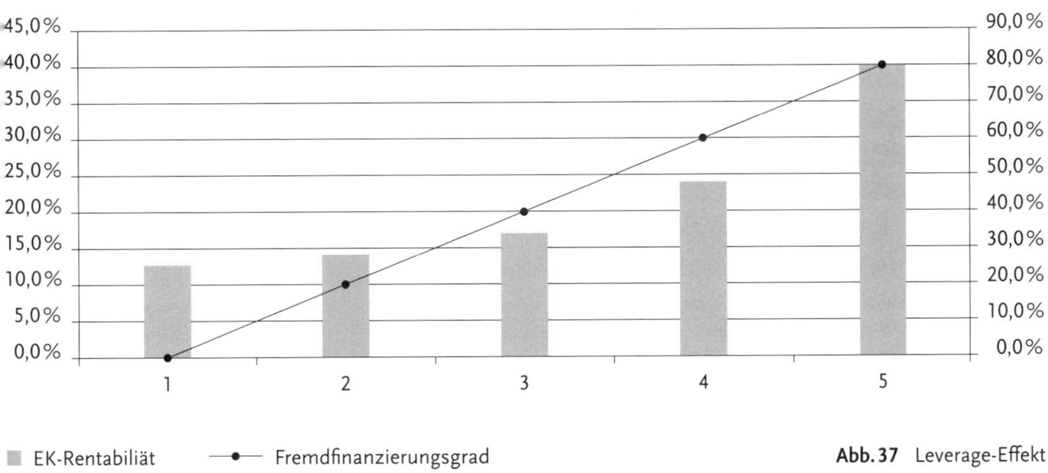

Abb. 37 Leverage-Effekt

Man kann in dieser Grafik gut erkennen, wie bei steigendem Fremdfinanzierungsgrad auch die Eigenkapitalrentabilität zunimmt. Eine solche Finanzierung bringt aber auch Gefahren mit sich. Denn durch den höheren Fremdfinanzierungsgrad steigen die Verpflichtungen (Zinskosten) und somit die Abhängigkeit gegenüber den Fremdkapitalgebern. Steigt beispielsweise der Fremdkapital-Zinssatz stark an, so nehmen die Zinskosten zu und beeinträchtigen den Reingewinn. Natürlich kann sich auch aus anderen Gründen ein tieferer Reingewinn bzw. ein Verlust ergeben. Dies hat negative Auswirkungen auf die Eigenkapitalrentabilität, das heisst, die positive Hebelwirkung des höheren Fremdfinanzierungsgrads wird zum negativen Einfluss. Dies veranschaulicht wiederum folgende Grafik:

FK-Zinssatz	8.0%
GK-Rentabilität	6.7%

Gesamtkapital (GK)	Eigenkapital (EK)	Fremdkapital (FK)	Gewinn vor FK-Verzinsung	FK-Zins	Reingewinn	EK-Rentabilität	Fremdfinanzierungsgrad
150	150	0	10.0	0.0	10.0	6.7%	0.0%
150	120	30	10.0	2.4	7.6	6.3%	20.0%
150	90	60	10.0	4.8	5.2	5.8%	40.0%
150	60	90	10.0	7.2	2.8	4.7%	60.0%
150	30	120	10.0	9.6	0.4	1.3%	80.0%

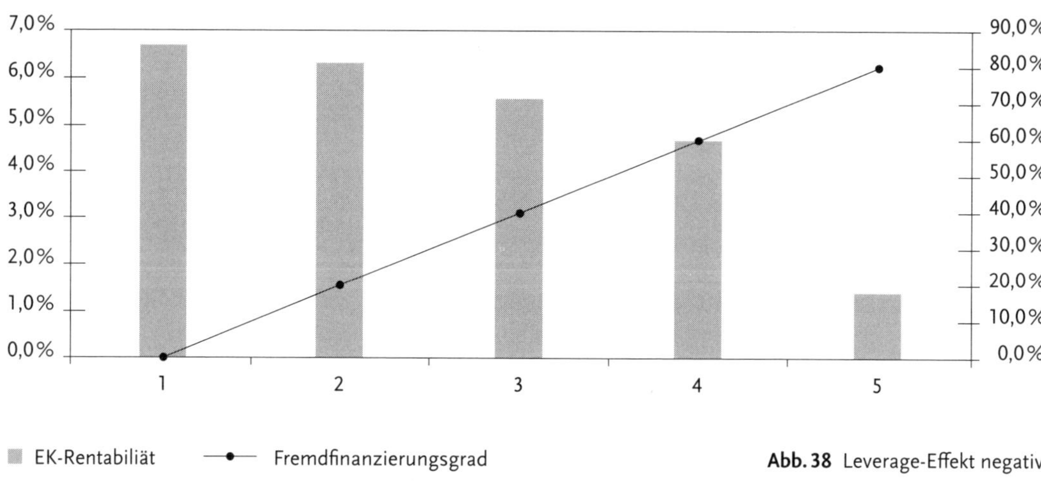

Abb. 38 Leverage-Effekt negativ

6.2.7 Kennzahlen und Interessengruppen

Bei der grossen Menge an Kennzahlen, die es gibt, ist es wichtig, sich darüber im Klaren zu sein, für welche Interessengruppen welche Kennzahlen wichtig sind. Wiederum werden die drei Finanzziele als Kategorien verwendet, in die die einzelnen Kennzahlen unterteilt werden. Die folgende Tabelle soll einen Überblick vermitteln, für welche Interessengruppen welche Kennzahlen wichtig sind sowie entsprechende Begründungen dazu liefern:

Priorität für	**Kennzahl**	**Begründung**
Lieferanten	Liquidität	Bezahlung der bestehenden Verpflichtungen
Banken	Liquidität Stabilität	Rückzahlung von: Kontokorrent Hypotheken Darlehen
Investoren	Rentabilität	Rendite, die sie für die Investition erhalten
Management Mitarbeitende Konkurrenz	Liquidität Stabilität Rentabilität	Entwicklung und Fortbestand des Unternehmens

Abb. 39 Kennzahlen und Interessengruppen

6.2.8 Quellen für Konkurrenz-/Brancheninformationen

Hat man als Unternehmung nun ein Cockpit mit Kennzahlen erstellt, so hilft dies wohl weiter, die eigene Situation zu beurteilen, jedoch ist es immer hilfreicher, wenn man sich auch mit seinen Konkurrenten vergleichen kann, um seine Position auf dem Markt besser einschätzen zu können. Nachfolgend wird eine kurze Übersicht gegeben, wo man solche Konkurrenz- oder Brancheninformationen finden kann:

- Geschäftsberichte (eventuell im Internet veröffentlicht, insbesondere bei börsenkotierten Unternehmen)
- Institute, jedoch sind diese kostenpflichtig
- Hausbank
- Verbände
- Bundesamt für Statistik
- Erfa-Gruppen → Erfahrungsaustausch-Gruppen ([Familien-]Unternehmen, die nicht börsenkotiert sind)
- PIMS (Profit Impact on Market Strategy)
- Rating-Agenturen

Bei grösseren Konkurrenzunternehmen bzw. wenn diese an der Börse kotiert sind, ist es häufig möglich, den Geschäftsbericht im Internet einzusehen oder zumindest zu bestellen. Aufgrund des dort veröffentlichten Abschlusses können die Kennzahlen für die Konkurrenz berechnet werden und man kann sich vergleichen. Die Problematik bei diesen Geschäftsberichten besteht aber darin, dass es externe Abschlüsse sind, somit also steuerliche Optimierungen oder andere kalkulatorische Werte enthalten sein können. Zusätzlich sind die Abschlüsse in den Geschäftsberichten häufig stark zusammengefasst, einzelne Positionen sind also nur schwer zu finden. Ergänzend können für grössere Unternehmen die Bewertungen von Rating-Agenturen oder Instituten hinzugezogen werden.

Gerade für kleinere und nicht börsenkotierte (Familien-)Unternehmen ist es jedoch schwierig, entsprechende Informationen über die Konkurrenten zu erhalten. Es gibt vielleicht die Möglichkeit, dass Verbände oder das Bundesamt für Statistik einige Branchenwerte berechnen und zur Verfügung stellen, jedoch dürfte es schwer werden, detailliertere Informationen zu erhalten. Dafür bieten sich sogenannte Erfahrungsaustausch-Gruppen an. In solchen Erfa-Gruppen treffen sich KMUs, um über allgemeine Branchentrends und -entwicklungen zu diskutieren, sich miteinander zu vergleichen und sich vielleicht auch gegenseitig Ratschläge geben zu können. Eine wichtige Möglichkeit ist also, sich mit den andern Gruppenmitgliedern vergleichen zu können. Dieser Vergleich beruht natürlich zu einem grossen Teil auf dem Vergleich der Abschlüsse bzw. insbesondere daraus errechneter Kennzahlen. So ist es sinnvoll, für die ganze Gruppe ein Cockpit aus wichtigen Kennzahlen zusammenzustellen, das neben den oben beschriebenen Kennzahlen auch branchenspezifische Zahlen beinhaltet. Danach werden diese Kennzahlen für jede Unternehmung berechnet. Optimal wäre, dies mit um kalkulatorische Grössen und steuerliche Optimierungen korrigierten Zahlen zu machen. Nun kann ein (anonymer) Vergleich erstellt werden, in dem jede beteiligte Unternehmung zumindest wissen sollte, welches die eigenen Zahlen sind, um sich so mit den andern Unternehmen wie auch den Durchschnittswerten vergleichen zu können. Zusätzlich kann man – bei einer regelmässigen Durchführung dieses Vergleichs – die eigene Entwicklung über die Jahre hinweg verfolgen.

6.2.9 Kennzahlenberechnungen sind nicht allgemeingültig

Liest man verschiedene Lehrbücher oder andere Beiträge zum Thema Kennzahlen, so kann man feststellen, dass diese nicht immer genau gleich berechnet werden. Beispielsweise wird die Rentabilität einmal auf Basis des Unternehmensgewinns berechnet, ein anderes Mal auf Basis des EBIT (Gewinn vor Zinsen und Steuern), wieder ein anderes Mal auf Basis des EBITDA (Gewinn vor Zinsen, Steuern und Abschreibungen). Dies sind nun nicht alles verschiedene Kennzahlen, sondern lediglich die Berechnung variiert. Das kann verschiedene Gründe haben, beispielsweise kann dies daran liegen, dass man nicht alle benötigten Informationen hat, oder man möchte Unternehmen aus verschiedenen Ländern vergleichen, ohne den Einfluss der Steuern berücksichtigen zu müssen usw. Deshalb stellen auch die hier angeführten Kennzahlen eine Art der Berechnung dar, es ist aber möglich, dass in einem andern Buch leicht veränderte Angaben zu den Formeln gemacht werden.

Beispiel

Bilanz

Umlaufvermögen	400	300	Kurzfristiges Fremdkapital
		300	Langfristiges Fremdkapital
Anlagevermögen	600	400	Eigenkapital
Bilanzsumme	1000	1000	Bilanzsumme

Erfolgsrechnung

Umsatz	2000
Materialaufwand	900
Personalaufwand	700
Übriger Betriebsaufwand	200
EBITDA	200
Abschreibungen	40
EBIT	160
Zinsaufwand	20
EBT	140
Steuern	40
Jahresgewinn	100

Legende

EBITDA	=	Gewinn vor Zinsen, Steuern und Abschreibungen
EBIT	=	Gewinn vor Zinsen und Steuern
EBT	=	Gewinn vor Steuern
GK	=	Gesamtkapital = Bilanzsumme

ROI (EBITDA)	=	EBITDA	/	GK					
ROI (EBITDA)	=	200	/	1000	=	0.2	=	20%	
ROI (EBIT)	=	EBIT	/	GK					
ROI (EBIT)	=	160	/	1000	=	0.16	=	16%	
ROI (EBT)	=	EBT	/	GK					
ROI (EBT)	=	140	/	1000	=	0.14	=	14%	
ROI (J-Gewinn)	=	J-Gewinn	/	GK					
ROI (J-Gewinn)	=	100	/	1000	=	0.1	=	10%	

Dieses Beispiel zeigt, dass, obwohl immer dieselbe Kennzahl berechnet wurde – nämlich die Gesamtkapitalrendite (ROI) –, sich die Resultate je nach Art der Berechnung doch markant verändert haben. So beträgt der erste ROI, der auf Basis des EBITDA berechnet wurde, 20 Prozent. Der letzte ROI, der auf Basis des Jahresgewinns berechnet wurde, beträgt jedoch nur noch 10 Prozent. So ist es wichtig, dass man sich bei der Analyse von Kennzahlen immer bewusst ist, wie diese berechnet wurden bzw. man sollte nur Kennzahlen vergleichen, die auf derselben Basis berechnet wurden.

6.3 Kennzahlenübersicht

Zusammenfassend lässt sich sagen, dass fünf Gruppen von Kennzahlen unterschieden werden können:

- Die Stabilitäts- oder *Finanzierungsanalyse* betrachtet zum einen die Struktur der Passivseite einer Bilanz und zum andern die Bindungsdauer von Vermögen in Relation zur Fristigkeit des Kapitals, mit dem das Vermögen finanziert ist. Die sogenannte Goldene Finanzierungsregel fordert eine Fristenkongruenz, das heisst eine Kongruenz zwischen der *Liquidierbarkeit* von Vermögenspositionen (Aktiven) auf der einen Seite und der *Fristigkeit* von Zahlungsverpflichtungen (Fremdkapital) auf der andern Seite. Die Einhaltung dieser Regel wird bei der Finanzierungsanalyse mithilfe von Kennzahlen überprüft.
- Die *Liquiditätsanalyse* untersucht die Fähigkeit eines Unternehmens, auf kurze und mittlere Frist seinen Zahlungsverpflichtungen nachkommen zu können.
- Die *Rentabilitätsanalyse* bezieht sich auf eine Beurteilung des Gewinnes – insbesondere was das Verhältnis von Gewinn zu gebundenem Kapital eines Unternehmens betrifft.
- Die *Cashflow-Analyse* dient dagegen einer Beurteilung des Zuflusses an finanziellen Mitteln aus betrieblicher Geschäftstätigkeit.
- Die Ermittlung *betrieblicher Kennzahlen* sprengt im Grunde genommen eine rein finanzielle Betrachtungsweise und bedarf deshalb zusätzlicher Informationen, die *nicht* der Bilanz und Erfolgsrechnung entnommen werden können, sondern teilweise eine sehr aufwendige *Betriebsdatenerfassung* erfordern (Produktivitätskennzahlen, Durchlaufzeit von Aufträgen usw.). Dennoch sind es gerade die betrieblichen Kennzahlen, deren Grunddaten gewissermassen am Ort des Geschehens erhoben werden müssen, die eine aktive Einflussnahme und Feinsteuerung ermöglichen. Im Unterschied zu den vier ersten Gruppen von Kennzahlen, deren Erhebung mehr oder weniger für jedes Unternehmen eine Mindestanforderung zur finanziellen Führung darstellt, lässt sich jedoch nicht generell festlegen, welche der betrieblichen Kennzahlen in jedem Unternehmen Anwendung finden müssen.

Nachfolgend werden in tabellarischer Form zunächst die *wichtigsten* finanziellen Kennzahlen und deren *Aussagekraft* nochmals in einer Übersicht dargestellt und erläutert.

Finanzierungsanalyse

Kennzahl	Berechnungsformel	Aussagegehalt
Verschuldungsgrad	$\frac{\text{Fremdkapital} \times 100}{\text{Gesamtkapital}}$ Beispiel: 40 %	Mit dem Fremdkapital sind im Allgemeinen bestimmte Zahlungsverpflichtungen verbunden, zum Beispiel die Zahlung von Zins oder generelle Rückzahlungsverpflichtungen (Tilgungsleistungen). Der Verschuldungsgrad weist deshalb auf das Konkursrisiko hin und bringt damit die finanzielle Risikobereitschaft der Unternehmensführung zum Ausdruck. Je grösser der Anteil des Fremdkapitals am Gesamtkapital ist, desto grösser ist die Gefahr, zum Beispiel bei konjunkturellen Einbrüchen oder in einer Phase tief greifender struktureller Veränderungen, als Folge von Zinszahlungen und allfälligen Rückzahlungsverpflichtungen illiquide zu werden.
Eigenfinanzierungsgrad	$\frac{\text{Eigenkapital} \times 100}{\text{Gesamtkapital}}$ Beispiel: 40 %	Der Eigenfinanzierungsgrad ist die komplementäre Grösse zum Verschuldungsgrad. Je grösser der Anteil des Eigenkapitals am Gesamtkapital ist, desto besser kann ein Unternehmen allfällige Geschäftsverluste auffangen, ohne die Rückzahlung des Fremdkapitals zu gefährden. Aufgrund seiner Funktion als Risikopuffer hat die Höhe des Eigenkapitals nicht nur einen Einfluss auf das (verbleibende) Fremdfinanzierungspotenzial (Belehnungshöhe), sondern auch auf die gewährten Zinssätze auf dem Fremdkapital.
Anlagedeckungsgrad A	$\frac{\text{Eigenkapital} \times 100}{\text{Anlagevermögen}}$ Beispiel: 95 %	Der Anlagedeckungsgrad A dient der Darstellung der Risikokongruenz, d.h. in welchem Ausmass das Anlagevermögen mit Risikovermögen (Eigenkapital) finanziert wurde.
Anlagedeckungsgrad B	$\frac{(\text{Eigenkapital} + \text{langfristiges Fremdkapital}) \times 100}{\text{Anlagevermögen}}$ Beispiel: 115 %	Der Anlagedeckungsgrad B dient der Darstellung der Fristenkongruenz, d.h. inwieweit das (langfristig notwendige) Vermögen durch Eigenkapital und langfristiges Fremdkapital gedeckt ist. Die *Goldene Bilanzregel*, eine Konkretisierung der «Goldenen Finanzierungsregel», fordert, dass der Deckungsgrad B jederzeit 100 % überschreiten muss.

Liquiditätsanalyse

Kennzahl	**Berechnungsformel**	**Aussagegehalt**
Liquidität 1. Stufe (Liquiditätsgrad I) «Bar-/Kassaliquidität» «Cash Ratio»	$\frac{\text{Zahlungsmittel} \times 100}{\text{kurzfristiges Fremdkapital}}$ Beispiel: 25 %	Die Bar-/Kassaliquidität zeigt an, in welchem Ausmass liquide Mittel zur Deckung kurzfristig fälliger Forderungen von Gläubigern herangezogen werden können. Verschiedene Unternehmen zählen dabei sowohl im Zähler als auch im Nenner die verbindlich zugesagten, aber noch nicht beanspruchten Bankkredite dazu, weil dies ein realistischeres Bild der tatsächlichen Liquiditätssituation vermittelt. Idealerweise wird ein Liquiditätsgrad I exklusive und inklusive der nicht beanspruchten Bankkredite ermittelt.
Liquidität 2. Stufe (Liquiditätsgrad II) «Acid Test» oder «Quick Ratio»	$\frac{(\text{Zahlungsmittel} + \text{Forderungen}) \times 100}{\text{kurzfristiges Fremdkapital}}$ Beispiel: 85 %	Der «Acid Test» zeigt an, in welchem Ausmass liquide Mittel und Forderungen gegenüber Schuldnern zur Rückzahlung des kurzfristigen Fremdkapitals verwendet werden können.
Liquidität 3. Stufe (Liquiditätsgrad III) «Current Ratio»	$\frac{\text{Umlaufvermögen} \times 100}{\text{kurzfristiges Fremdkapital}}$ Beispiel: 145 %	Die «Current Ratio» zeigt an, in welchem Ausmass kurzfristig liquidierbares Umlaufvermögen das kurzfristige Fremdkapital deckt. Unterschreitet die Current Ratio 100 % (Umlaufvermögen < kurzfristiges Fremdkapital), so liegt ein Verstoss gegen die «Goldene Bilanzregel» vor, da Teile des Anlagevermögens mit kurzfristigem Fremdkapital finanziert werden.
Nettoumlaufvermögen	Umlaufvermögen ./. kurzfristiges Fremdkapital Beispiel: 10 Mio. CHF/EUR	Die Entwicklung des NUV im Zeitverlauf zeigt an, inwieweit die Fristenkongruenz-Regel eingehalten wurde. Ein negatives NUV (Umlaufvermögen < kurzfristiges Fremdkapital) bedeutet einen Verstoss gegen die «Goldene Bilanzregel». Ein Ansteigen des NUV zeigt eine vermehrte Finanzierung des Umlaufvermögens mit langfristig fälligem Kapital an.
Verbindlich zugesagte, aber *nicht ausgenützte* Bankkredite	Nicht beanspruchter Betrag und wichtigste Konditionen der zugesagten Kredite Beispiel: 5 Mio. CHF/EUR	Die bisher dargestellten Liquiditätskennzahlen sind als Bilanzkennzahlen *statischer* Natur. Sie können zudem durch «window dressing»-Massnahmen manipuliert werden. Eine wichtige Zusatzinformation stellen deshalb zugesagte, aber zum Bilanzierungszeitpunkt noch nicht ausgenützte Bankkredite dar.

Liquiditätsanalyse

Kennzahl	Berechnungsformel	Aussagegehalt
Belehnungsgrad der Liegenschaften (Hypotheken)	in % des Anschaffungswertes (Ø Alter in Jahre) in % des aktuellen Verkehrswertes	In ähnlicher Weise zeigt der Belehnungsgrad der Liegenschaften an, inwieweit Hypotheken zur Aufnahme von Fremdkapital potenziell zur Verfügung stehen. Damit drückt diese Kennzahl ein Finanzierungs- oder Liquiditätspotenzial aus.
Debitorenziel	$\frac{\text{Ø Debitorenbestand} \times 360}{\text{Nettoumsatz}}$ Beispiel: 45 Tage	Das Debitorenziel zeigt an, wie schnell der Debitorenbestand «verflüssigbar» ist und inwieweit das auf den Rechnungen angegebene Zahlungsziel effektiv eingehalten wird. Damit stellt das Debitorenziel die wichtigste Grösse zur Bewirtschaftung des Debitorenbestands dar.
Fertiglagerreichweite (Wie viele Monate kann weiterverkauft werden, ohne dass produziert wird?)	$\frac{\text{Ø Fertiglagerbestand} \times 12}{\text{Herstellkosten der verkauften Produkte}}$ Beispiel: 3 Monate	Lagerbestände binden Kapital, das anderweitig eingesetzt werden könnte. Das im Lager «ruhende» und damit finanzwirtschaftlich unproduktive Kapital verursacht deshalb Opportunitätskosten. (Standardisierte) Fertigprodukte beinhalten die gesamte unternehmerische Wertschöpfung und binden deshalb am meisten Kapital. Deshalb bringt diese Kennzahl nicht nur die allgemeine Situation auf dem Absatzmarkt (konjunkturelle und saisonale Einflüsse, geforderte Lieferbereitschaft) zum Ausdruck, sondern lässt auch Rückschlüsse auf die Qualität der Logistik (Absatz- und Produktionsplanung, Lagerbewirtschaftung) zu. Allerdings ist damit nichts über die Qualität des Lagers ausgesagt (zum Beispiel Anteile No-movers, Slow-movers).
Lagerumschlag	$\frac{\text{Herstellkosten der verkauften Produkte}^{24}}{\text{Ø Lagerbestand}}$ Beispiel: 6-mal	Der Lagerumschlag dient der Beurteilung der gesamten Lagerbewirtschaftung (und Logistik). Je höher der Lagerumschlag, desto geringer ist der Betrag an Kapital, das im Leistungserstellungsprozess gebunden ist und dadurch Opportunitätskosten verursacht.

24 Falls die Herstellkosten der verkauften Produkte nicht ermittelt werden können, kann hier notfalls mit dem Nettoumsatz gerechnet werden.

Rentabilitätsanalyse

Kennzahl	Berechnungsformel	Aussagegehalt
Eigenkapitalrentabilität ROE (Return on Equity)	$\frac{\text{Reingewinn (nach Steuern und nach Zinsen)} \times 100}{\text{Eigenkapital}}$ Beispiel: 20 %	Der ROE zeigt die «Verzinsung» des Eigenkapitals an, das die Eigentümer einem Unternehmen zur Verfügung stellen.
Gesamtkapitalrentabilität ROI (Return on Investment)	$\frac{\text{(Reingewinn + Fremdkapitalzinsen)} \times 100}{\text{Ø Gesamtkapital[25]}}$ Beispiel: 15 %	Der ROI zeigt die «Verzinsung» des gesamten investierten Kapitals an. Die Grössen ROE und ROI erlauben Vergleiche mit alternativen Anlagemöglichkeiten – es besteht ja theoretisch die Möglichkeit, das Unternehmen zu liquidieren und das erhaltene Kapital zum Beispiel am Kapitalmarkt anzulegen. Oft werden zur Position «Gewinn + Fremdkapitalzinsen» auch die Steuern hinzugezählt. Dies ergibt den EBIT (Earnings Before Interest and Taxes). Der EBIT ist eine internationale Vergleichsgrösse und erlaubt einen Rentabilitätsvergleich, ohne dass die Resultate der einzelnen Unternehmen durch länderspezifisch unterschiedliche Zinsstrukturen und Steuergesetzgebungen verfälscht werden.
Kapitalumschlagshäufigkeit	$\frac{\text{Nettoumsatz}}{\text{Gesamtkapital}}$ Beispiel: 2 mal	Die Kapitalumschlagshäufigkeit ist ein Mass für die Kapitalintensität und die «Produktivität» des investierten Kapitals.
Umsatzrentabilität ROS (Return on Sales)	$\frac{\text{(Reingewinn + Fremdkapitalzinsen)} \times 100}{\text{Nettoumsatz}}$ Beispiel: 8 %	Der ROS gibt Aufschluss darüber, wie sich der Erfolg der unternehmerischen Tätigkeit am Markt im Zeitverlauf entwickelt. Auch hier wird bei internationalen Vergleichen (zum Beispiel zwischen Tochtergesellschaften) oft mit dem EBIT gearbeitet.

25 (Anfangskapital + Endkapital) / 2.

Cashflow-Analyse

Kennzahl	Berechnungsformel	Aussagegehalt
Cashflow-Rentabilität (Ertragskraft, Umsatzrendite)	$\frac{\text{Cashflow} \times 100}{\text{Nettoumsatz}}$ Beispiel: 13 %	Die Ertragskraft zeigt an, in welchem Ausmass durch den betrieblichen Umsatzprozess liquide Mittel zur weiteren Verwendung (Investitionen ins Umlauf-/Anlagevermögen, Rückzahlung von Fremdkapital usw.) generiert wurden.
Selbstfinanzierungskraft	$\frac{\text{Investitionen ins Anlagevermögen} \times 100}{\text{Cashflow}}$ Beispiel: 85 %	Die Selbstfinanzierungskraft zeigt an, in welchem Ausmass der Cashflow durch Investitionen ins Anlagevermögen in Anspruch genommen worden ist. Tauscht man Zähler und Nenner, so kann daraus entnommen werden, inwieweit die Investitionen ins Anlagevermögen aus selbst erarbeiteten Mitteln (Cashflow) finanziert werden konnten.
Funds Position	Cashflow ./. langfristige Investitionen Beispiel: 5 Mio. CHF/EUR	Die Selbstfinanzierungskraft kann auch als Differenzgrösse ausgedrückt werden und heisst dann Funds Position. Die Funds Position zeigt an, ob die getätigten Investitionen aus dem Cashflow finanziert werden konnten (positiver Betrag) oder ob darüber hinaus verfügbare liquide Mittel bzw. zusätzliches Kapital in Anspruch genommen werden mussten (negativer Betrag).
Dynamischer Verschuldungsfaktor	$\frac{\text{Gesamte langfristige Verbindlichkeiten}}{\text{Cashflow}}$ Beispiel: 3,5	Der dynamische Verschuldungsfaktor ist ein Mass für die Fähigkeit des Unternehmens, mithilfe von zukünftig selbst erarbeiteten Mitteln fällig werdende Verbindlichkeiten zu begleichen. Dabei wird von der Idealvorstellung bzw. Fiktion ausgegangen, dass der Cashflow gleich bleibt und weder weitere Investitionen getätigt werden noch Dividende bezahlt wird.
Nettoverschuldungsfaktor	$\frac{\text{Effektivverschuldung[26]}}{\text{Cashflow}}$ Beispiel: 2,5	Der Nettoverschuldungsfaktor besitzt einen ähnlichen Aussagegehalt wie der Dynamische Verschuldungsfaktor, er berücksichtigt aber zusätzlich die bereits vorhandenen liquiden Mittel und Kundenforderungen.

26 Gesamtschulden ./. Zahlungsmittel ./. Forderungen (Debitoren).

Zusammenfassung

Kennzahl	**Berechnungsformel**	**Richtwerte**
Verschuldungsgrad	$\frac{\text{Fremdkapital} \times 100}{\text{Gesamtkapital}}$	Industriebetriebe: < 50 % Handelsbetriebe: < 75 %
Eigenfinanzierungsgrad	$\frac{\text{Eigenkapital} \times 100}{\text{Gesamtkapital}}$	Industriebetriebe: > 50 % Handelsbetriebe: > 25 %
Anlagedeckungsgrad A	$\frac{\text{Eigenkapital} \times 100}{\text{Anlagevermögen}}$	
Anlagedeckungsgrad B	$\frac{(\text{Eigenkapital} + \text{langfristiges Fremdkapital}) \times 100}{\text{Anlagevermögen}}$	> 100 %: genügend > 120 %: gut
Umlaufvermögensintensität	$\frac{\text{Umlaufvermögen} \times 100}{\text{Gesamtvermögen}}$	Industriebetriebe: 30–40 % Handelsbetriebe: 60–70 %
Liquidität 1. Stufe (Liquiditätsgrad I)	$\frac{\text{Zahlungsmittel} \times 100}{\text{kurzfristiges Fremdkapital}}$	> 20 % oder mindestens 2 Monatslöhne
Liquidität 2. Stufe (Liquiditätsgrad II)	$\frac{(\text{Zahlungsmittel} + \text{Forderungen}) \times 100}{\text{kurzfristiges Fremdkapital}}$	> 80 %: genügend > 100 %: gut
Liquidität 3. Stufe (Liquiditätsgrad III)	$\frac{\text{Umlaufvermögen} \times 100}{\text{kurzfristiges Fremdkapital}}$	> 130 %: genügend > 150–200 %: gut
Nettoumlaufvermögen	Umlaufvermögen ./. kurzfristiges Fremdkapital	
Debitorenziel	$\frac{\varnothing\ \text{Debitorenbestand} \times 360}{\text{Nettoumsatz}}$	Als gut gilt ein Wert errechnet aus dem Zahlungsziel auf der Rechnung zuzüglich 50 % (zum Beispiel bei 10 Tagen Zahlungsziel sind Werte unter 15 Tagen gut). Eventuell feiner nach Kunden-/Produktgruppen differenzieren
Fertiglagerbestand	$\frac{\varnothing\ \text{Fertiglagerbestand} \times 12}{\text{Herstellkosten der verkauften Produkte}}$	
Lagerumschlag	$\frac{\text{Herstellkosten der verkauften Produkte}}{\varnothing\ \text{Lagerbestand}}$	Industriebetriebe: 2- bis 4-mal Handelsbetriebe: 4- bis 6-mal

Zusammenfassung

Kennzahl	Berechnungsformel	Richtwerte
Eigenkapitalrentabilität ROE (Return on Equity)	$\frac{\text{Reingewinn} \times 100}{\text{Eigenkapital}}$	Grundsätzlich 1,2- bis 1,5-mal über dem mittleren Zinssatz für langfristige Kredite
Gesamtkapitalrentabilität ROI (Return on Investment)	$\frac{(\text{Reingewinn + Fremdkapitalzinsen}) \times 100}{\text{Gesamtkapital}}$	Grundsätzlich 1,2-mal über dem mittleren Zinssatz für langfristige Kredite
Umsatzrentabilität ROS (Return on Sales)	$\frac{(\text{Reingewinn + Fremdkapitalzinsen}) \times 100}{\text{Nettoumsatz}}$	Branchenabhängig
Kapitalumschlagshäufigkeit	$\frac{\text{Nettoumsatz}}{\text{Gesamtkapital}}$	Industriebetriebe: 0,9 bis1,3-mal Handelsbetriebe: 1,7- bis 3,0-mal
Cashflow-Rentabilität (Ertragskraft, Umsatzrendite)	$\frac{\text{Cashflow} \times 100}{\text{Nettoumsatz}}$	Branchenabhängig: höher in Branchen mit hohem Anlagevermögen und hohem Abschreibungsbedarf
Selbstfinanzierungskraft	$\frac{\text{Investitionen ins Anlagevermögen} \times 100}{\text{Cashflow}}$	Ersatz- und Rationalisierungs-Investitionen (normale Investitionen): 1 Jahr Erweiterungs- und Wachstums-Investitionen (ausserordentliche Investitionen): 3 bis 5 Jahre
Funds Position	Cashflow ./. langfristige Investitionen	
Dynamischer Verschuldungsfaktor	$\frac{\text{Langfristige Verbindlichkeiten}}{\text{Cashflow}}$	Werte unter 4 tendenziell gut (Annahme: keine Investitionen, keine Dividende, keine Mittelbindung durch das Nettoumlaufvermögen). Je kürzer die Lebenszyklen einer Branche, desto tiefer der Wert.
Nettoverschuldungsfaktor	$\frac{\text{Effektivverschuldung}}{\text{Cashflow}}$	Werte unter 3 tendenziell gut

Beispiele für weitere *betriebliche* Kennzahlen

Kennzahl	**Berechnungsformel**
Frühwarn-Controlling	
Umsatz pro effektiv geleistete Arbeitsstunde	$\frac{\text{Nettoumsatz}}{\text{Anzahl effektiv geleistete Arbeitsstunden}}$[27]
Auftragseingang	Auftragseingang der Periode in CHF/EUR
Auftragsbestand	
Lagerumschlag	$\frac{\text{Herstellkosten der } \textit{verkauften} \text{ Marktleistungen der Periode} \times 12}{\text{Durchschnittlicher Lagerbestand der Periode } [\frac{1}{2} \times (\text{Anfangsbestand} + \text{Endbestand})]}$
Marketing-Controlling	
ABC-Kontrolle nach:	Umsatz, Mengen, Margen, Altersstruktur der Produkte
Nettoerlös pro Aussendienstmitarbeiter	
Erlösminderungen in % vom Bruttoumsatz	
Promotionskosten in % vom Nettoumsatz	
Marktanteil in %	
Relativer Marktanteil	$\frac{\text{Eigener Marktanteil} \times 100}{\text{Marktanteil des wichtigsten Konkurrenzunternehmens}}$
Qualitäts-Controlling	
Auslieferungsqualität	Anzahl Reklamationen/Schadensfälle Abgewickelte Aufträge
Retourmenge (Fertigungsmängel)	$\frac{\text{Retourmenge} \times 100 \text{ (in ME oder Warenwert in CHF/EUR)}}{\text{Gesamtfertigungsmenge (in ME oder Warenwert in CHF/EUR)}}$

Beispiele für weitere betriebliche Kennzahlen

Kennzahl	Berechnungsformel
Produktions-Controlling	
Fixkostenintensität	$\frac{\text{Anteilige Produktionsfixkosten} \times 100}{\text{Total Herstellkosten der Produktion (prod. ME)}}$
Auslastungsgrad	$\frac{\text{Ist-Stunden} \times 100}{\text{Mögliche Stunden}}$
Arbeitsproduktivität	$\frac{\text{DB 0 (Bruttomarge)}}{\text{effektiv geleistete Arbeitsstunden}}$
Maschinenproduktivität	$\frac{\text{DB 0 (Bruttomarge)}}{\text{effektiv geleistete Maschinenstunden}}$
Logistik-Controlling	
Lieferzuverlässigkeit	$\frac{\text{Anzahl termingerechte Lieferungen} \times 100}{\text{Gesamtanzahl Lieferungen}}$ [28]
Lieferbereitschaftsgrad	Durchschnittliche Zeit zwischen Bestellung und Auslieferung
Durchlaufzeit	Durchschnittliche Zeit zwischen Eingang Rohmaterial (Zwischenprodukt) und Ausgang Zwischenprodukt (Fertigprodukt)
Umschlag Rohmateriallager	$\frac{\text{Materialaufwand} \times 12}{\text{durchschnittlicher Rohmaterialbestand der Periode } [\frac{1}{2} \times (\text{Anfangsbestand} + \text{Endbestand})]}$
Einkaufskosten pro Materialaufwand	

27 Die Verwendung der Grösse «effektiv geleistete Mitarbeitendenstunden» – sofern aus technischer und wirtschaftlicher Sicht vernünftig ermittelbar – hat den Vorteil, dass damit Diskussionen, wer als Mitarbeitende zählt (zum Beispiel Lehrlinge, Temporärarbeitskräfte usw.), umgangen werden können.

28 Bezogen auf ein Zeitfenster (zum Beispiel 1 Tag, 5 Tage, 10 Tage, 1 Monat, 1 Quartal usw.).

6.4 Zusammenfassende Überlegungen zur Kennzahlenanalyse

Folgende Voraussetzungen sind beim Arbeiten mit Kennzahlen zu beachten.

Kennzahlen haben die Aufgabe, im Sinne von *hoch aggregierten* Indikatoren, die finanzielle Stabilität und den erfolgswirtschaftlichen Wertzuwachs eines Unternehmens zum Ausdruck zu bringen. Ein aussagekräftiges Bild über die tatsächliche finanzielle Situation eines Unternehmens kann allerdings nur dann gewonnen werden, wenn eine Reihe von Grundsätzen beachtet wird.

- Kennzahlen müssen von einer korrekten, das heisst bereinigten, betriebswirtschaftlichen Bilanz und Erfolgsrechnung und allenfalls von weiteren betrieblichen Datenquellen abgeleitet werden.
- Die Kennzahlen müssen in ihrem *Gesamtzusammenhang interpretiert* werden. Es gibt nicht «die richtige Kennzahl». Vielmehr muss sich jedes Unternehmen gut überlegen, welche (möglichst kleine) Auswahl an Kennzahlen es erlaubt, die wichtigsten Entwicklungen in den Bereichen Liquidität, Stabilität, Rentabilität, Mittelfluss aus betrieblicher Tätigkeit (Cashflow-Analyse) und Wirtschaftlichkeit gezielt zu erfassen. In einem ganzheitlichen Kennzahlensystem muss aber aus jedem Bereich mindestens eine Kennzahl integriert sein.
- Die Kennzahlen müssen vor dem Hintergrund wichtiger *interner Entwicklungen* (zum Beispiel Veränderungsprojekte) und *externer Trends* (Konjunktur, allgemeine Branchenentwicklung) interpretiert werden. Eine angemessene Interpretation von Kennzahlen setzt also stets die Berücksichtigung zusätzlicher «qualitativer» Informationen voraus.
- Als Benchmarks dürfen nicht blindlings allgemeine Orientierungswerte verwendet werden. Meistens spielen unternehmens- oder branchenspezifische Eigenheiten eine ganz wichtige Rolle. Solche Eigenheiten erfordern deshalb einen *Zeit-* bzw. *Branchenvergleich.*

Zudem sind bei der Beurteilung von Kennzahlen auch die Probleme und Grenzen (an Aussagekraft) im Auge zu behalten, die bereits anlässlich der Ausführungen über die Bilanz und die Erfolgsrechnung erörtert wurden.

- Bilanzkennzahlen stellen eine *Zeitpunktbetrachtung* dar. Sie können durch Zufälle, gezielte Massnahmen wie «window dressing» oder gar Manipulationen «verfälscht» sein.
- Kennzahlen orientieren sich oft an der *Vergangenheit.* In solchen Fällen finden zukünftige, zum Zeitpunkt des Geschäftsabschlusses vielleicht schon absehbare, positive oder negative Entwicklungen keine Berücksichtigung. Zudem sind Kennzahlen kaum – oder höchstens indirekt – in der Lage,

wichtige qualitative Grössen wie die Marktstellung oder das Zukunftspotenzial der eigenen Marktleistungen angemessen zum Ausdruck zu bringen.

- Demzufolge sollten Kennzahlen nicht nur zur Beurteilung der Vergangenheit verwendet werden, sondern auch als *Plan-Eckwerte* und *Zielgrössen*. Nur dies ermöglicht – im Sinne eines zukunftsorientierten Controllings – eine kritische Beurteilung der kurz- und längerfristigen finanziellen Wirkungen aktueller Trends sowie zukünftig geplanter Massnahmen und Projekte.

Wie bereits erwähnt, ist das Arbeiten mit Kennzahlen vor allem dann mit einem erkennbaren Nutzen verbunden, wenn dies im Rahmen von längerfristig angelegten Zeit- und Branchenvergleichen geschieht. Erst auf diese Weise wird es möglich, oder zumindest eher wahrscheinlich, grundlegende *Trendänderungen* und *Trendbrüche* (Marktentwicklung, Veränderungen in der eigenen Leistungsfähigkeit usw.) frühzeitig zu erkennen. Dies setzt allerdings voraus, dass ein konsistentes und langfristig möglichst stabiles Kennzahlensystem entwickelt und gepflegt wird. Dazu gehören sachbezogene, stabile Definitionen von Kennzahlen. Eine Auswahl möglicher Kennzahlen mit Definitionen wurde weiter vorne vorgestellt. Jedes Unternehmen muss selber eine entsprechende Auswahl von Kennzahlen vornehmen. Dabei kann es sinnvoll sein, die vorgestellten Definitionen allenfalls an die Eigenheiten des eigenen Unternehmens oder der eigenen Branche anzupassen. Wenn indessen die gewählten Definitionen in kürzeren Abständen immer wieder geändert werden – gute Gründe für eine Anpassung lassen sich immer finden –, verunmöglicht dies Zeit- und Branchenvergleiche. Dadurch wird es sehr schwierig, beispielsweise schleichende Trendänderungen von grundlegender Bedeutung in der Geschäftsentwicklung rechtzeitig zu erkennen, was existenzbedrohende Folgen nach sich ziehen kann. Zudem können solche Gewohnheiten in einem Unternehmen allmählich zu einer «Verpolitisierung» des Controllings führen. Die Gefahr einer Verpolitisierung ist besonders dann gross, wenn aufgrund von Kennzahlen individuelle Leistungsbeurteilungen vorgenommen werden. Die Verknüpfung von Kennzahlen und Anreizsystemen bedarf deshalb besonderer Aufmerksamkeit.

Schliesslich nützt das beste Kennzahlensystem nichts, wenn die Kennzahlen nicht für unternehmerische Entscheidungen herangezogen und damit zu einem Gegenstand der laufenden Führungstätigkeit werden. Was nicht oder nur selten zu einem Gesprächsthema wird, läuft längerfristig Gefahr, als bürokratische Schikane (miss)verstanden zu werden («Warum müssen wir eigentlich diesen Zahlenfriedhof produzieren?»).

Zusammenfassung Modul 2, Kapitel 6

- Aus der Finanzbuchhaltung lassen sich Auswertungen vornehmen, die für die Unternehmensführung als Grundlage zur Beurteilung der *finanziellen Stabilität* und des *erfolgswirtschaftlichen Wertzuwachses* dienen können.
- Die Voraussetzungen für die Ermittlung von Kennzahlen sind:
  - gute Gliederung von Bilanz und Erfolgsrechnung
  - hohe Aktualität
  - eindeutige Definition von Kontenzusammenfassungen
  - klare und stabile Kontierungs- und Bewertungsregeln
  - Elimination der stillen Reserven
  - klare Ausscheidung von betriebsfremden Aufwands- und Ertragspositionen und dementsprechend von nicht-betriebsnotwendigem Vermögen
- Finanzielle Kennzahlen dienen als Indikatoren zur *Unterstützung* der *finanziellen Planung und Feinsteuerung.*
- Bei der Auswahl der Kennzahlen sollte eine Fokussierung auf die tatsächlich geschäftsrelevanten Grössen erfolgen.
- Es können fünf Gruppen von Kennzahlen unterschieden werden:
  - Kennzahlen der Stabilitäts-/Finanzierungsanalyse
  - Kennzahlen der Liquiditätsanalyse
  - Kennzahlen der Rentabilitätsanalyse
  - Kennzahlen der Cashflow-Analyse
  - Kennzahlen aus der Betriebsdatenerfassung
- Die Aussagekraft von Kennzahlen ist vor allem im Rahmen von *Zeit-* und *Branchenvergleichen* von hoher Nützlichkeit.
- Folgende Grenzen der Aussagekraft von Kennzahlen sind immer zu beachten:
  - Bilanzkennzahlen stellen eine *Zeitpunktbetrachtung* dar. Sie können durch entsprechende Zufälle (oder Manipulationen) verfälscht sein.
  - Kennzahlen sind vergangenheitsorientiert. Zukünftige, zum Zeitpunkt des Geschäftsabschlusses vielleicht schon absehbare, positive oder negative Entwicklungen finden keine Berücksichtigung. Über wichtige qualitative Grössen wie die Marktstellung und die Akzeptanz der eigenen Marktleistungen wird höchstens indirekt etwas ausgesagt.

Selbst-Controlling: Modul 2, Kapitel 6

Frage		*Unsicher? Wenn ja: Seite*
1	Welche Beispiele gibt es für Aufwände oder Erträge, die bei unterjährigen Zwischenabschlüssen periodengerecht abgegrenzt werden müssen?	108
2	Welcher Abschluss sollte den Auswertungen zugrunde liegen?	109
3	Welche Bedeutung besitzen betriebsfremde Aufwände, Erträge und Vermögensteile im Rahmen einer finanziellen Analyse?	109
4	Im Rahmen der Finanzierungsanalyse kann eine Unterscheidung in Kennzahlen der vertikalen und der horizontalen Bilanzstruktur getroffen werden. Welche Kennzahlen gehören zur ersten, welche zur zweiten Art? (Hinweis: Betrachten Sie die zueinander in Beziehung gesetzten Grössen und deren Position in der Bilanz.)	127
5	Warum steigt mit dem Verschuldungsgrad das Konkursrisiko der Firma?	127
6	Welche Verbindungen bestehen zwischen dem Deckungsgrad B, der Liquidität 3. Stufe und dem Nettoumlaufvermögen? Was besagt die «Goldene Bilanzregel» in diesem Zusammenhang?	127/128
7	Warum sollte man mit einem Ein-Jahres-Kredit keine langfristigen Investitionen finanzieren (Problem der Fristenkongruenz)?	128
8	Was sagt die Selbstfinanzierungskraft aus?	131
9	Nehmen Sie an, Sie seien Controller einer Fussballmannschaft der Super League/1. Bundesliga. Welche Kennzahlen würden Sie betrachten, um den Erfolg der Mannschaft abschätzen zu können? (Hinweis: Diese Kennzahlen können Sie auch selbst erfinden. Wichtig ist nur deren Aussagekraft!)	Kapitel 6
10	Was ist hinsichtlich der Vergleichbarkeit von Kennzahlen zu beachten?	136
11	Welche Probleme und Grenzen sind bei der Kennzahlenanalyse immer im Auge zu behalten?	136/137
12	Wieso reicht das Messinstrumentarium des finanziellen Rechnungswesens nicht aus, um die Situation eines Unternehmens vollumfänglich beurteilen zu können?	Modul 4
13	Welche Kennzahlen braucht Ihre Unternehmung? Diskutieren Sie diese Fragen unter Berücksichtigung Ihrer persönlichen Informationsbedürfnisse mit Ihren Kolleginnen und Kollegen und Ihren Controllern!	

Modul 3
Zukunftsgerichtete finanzielle Führung und Analyse: Investitionsrechnung und Bewertungsverfahren

Im Rahmen des finanziellen Rechnungswesens wurde bisher die vergangenheitsbezogene Gesamtanalyse der finanziellen Situation einer Unternehmung besprochen. Im Rahmen der Finanzplanung sind aber Zukunftsbetrachtungen entscheidend. Diese können auf Projektebene (Investitionsrechnung) und auf Unternehmensebene (Unternehmensbewertung) angestellt werden.

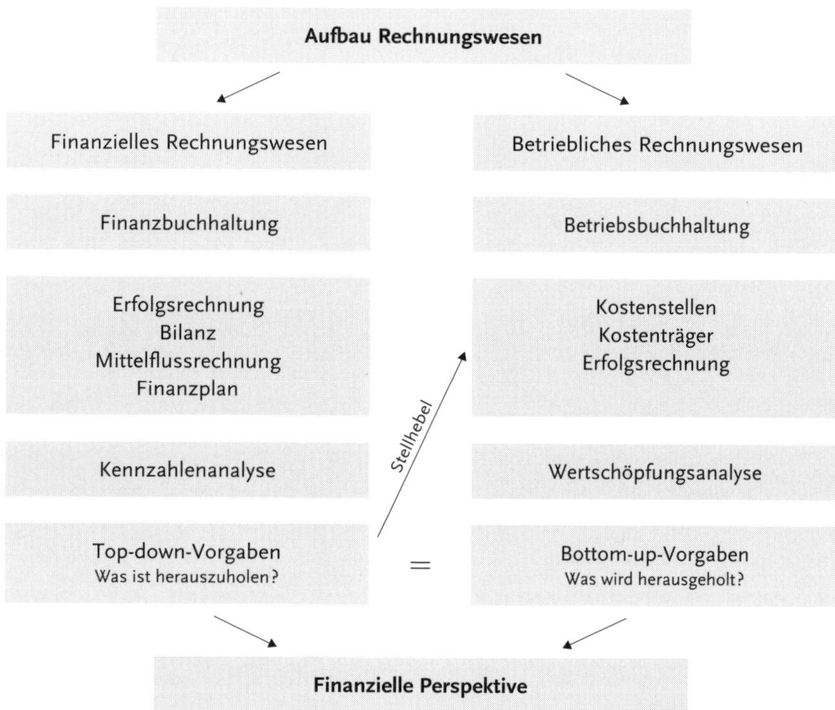

Abb. 40 Übersicht Rechnungswesen

Die Übersichtsabbildung zeigt, wo die Themen und Inhalte dieses Moduls innerhalb des Rechnungswesens anzusiedeln sind.

Folgende Inhalte zeigen die einzelnen Module:

- *Modul 1*
  erklärt die Grundlage für die Instrumente (Controlling-Philosophie).
- *Modul 2*
  zeigt innerhalb des Rechnungswesensinstrumentariums auf, wie sich das finanzielle Rechnungswesen (Finanzbuchhaltung) aufbaut, welches seine

Kerninstrumente (Erfolgsrechnung, Bilanz, Mittelflussrechnung) sind und welche Analysemöglichkeiten sich ergeben (Kennzahlenanalyse und Top-down-Vorgaben).

- **Modul 3**
  zeigt die Finanzplanung im Sinne der Zukunftsorientierung mithilfe der Investitionsrechnung und der Unternehmensbewertung auf.
- *Modul 4*
  stellt die Zusammenhänge im betrieblichen Rechnungswesen dar, von der Betriebsbuchhaltung bis hin zur Wertschöpfungsanalyse von Produkten, Dienstleistungen und Kundenaufträgen.
- *Modul 5*
  schlussendlich fasst alles im Sinne des Reportings/Managementinformationssystems zusammen und zeigt den Zusammenhang der Finanziellen Perspektive hin zu einer Balanced Scorecard auf.

1 Investitionsrechnung

Die bisher (in Modul 2) behandelten Instrumente des finanziellen Rechnungswesens weisen folgende Merkmale auf: Zum einen beziehen sie sich auf das Gesamtunternehmen oder auf wichtige Teilbereiche wie zum Beispiel SGE usw., und zum andern in aller Regel auf einen Zeitraum, der ein Jahr oder unterjährige Perioden (Monat, Quartal, Halbjahr) umfasst.

Im Hinblick auf die erforderliche Führungs- und Entscheidungsorientierung von Controlling-Instrumenten vermögen diese Einschränkungen der tatsächlichen betrieblichen Realität nicht zu genügen. In jedem Unternehmen müssen bisweilen Entscheidungen getroffen werden, die sich auf einen ganz konkreten, abgrenzbaren Sachverhalt beziehen und auf Jahre hinaus (stets knappes) Kapital binden. Die sachgemässe Bearbeitung solcher Entscheidungen bedarf aus finanzwirtschaftlicher Sicht eines zusätzlichen Instrumentariums, der Investitionsrechnung.

Unter der Investitionsrechnung wird im Folgenden eine Auswahl (Angebot) verschiedener Rechnungsverfahren zur Ermittlung der finanziellen Wirkungen von Investitionsentscheiden verstanden. Der Fokus richtet sich dabei einerseits auf einzelne *Investitionsobjekte* und andererseits auf deren finanzielle Wirkungen während der *gesamten Nutzungsdauer.*

2 Investition und Investitionsarten

Unter Investitionen werden alle Massnahmen verstanden, die mit Geldausgaben für die Bereitstellung eines Leistungspotenzials verbunden sind, woraus zu einem späteren Zeitpunkt grössere Geldeinnahmen oder kleinere Geldausgaben resultieren sollen.

Bei einer Investition werden also flüssige Mittel in «produktives» Unternehmensvermögen umgewandelt. Desinvestitionen stellen den umgekehrten Vorgang dar. Beispiele:

- Kauf einer Maschine
- Kauf eines Computers
- Kauf eines Lieferwagens
- Kauf eines Grundstücks
- Bau eines Büro- oder Fabrikationsgebäudes
- Kauf einer Beteiligung
- Kauf eines Patentes
- Kauf eines Unternehmens (Akquisition)

Oft werden solche Geschäftsfälle nicht (ausschliesslich) mit den vorhandenen liquiden Mitteln (Kasse, Post, Bank) finanziert. Gerade grössere Investitionen bedürfen einer zusätzlichen Bereitstellung liquider Mittel. Dies kann durch einen Finanzierungsvorgang geschehen, beispielsweise durch Aufnahme eines Bank- oder Hypothekarkredits oder durch eine Aktienkapitalerhöhung.

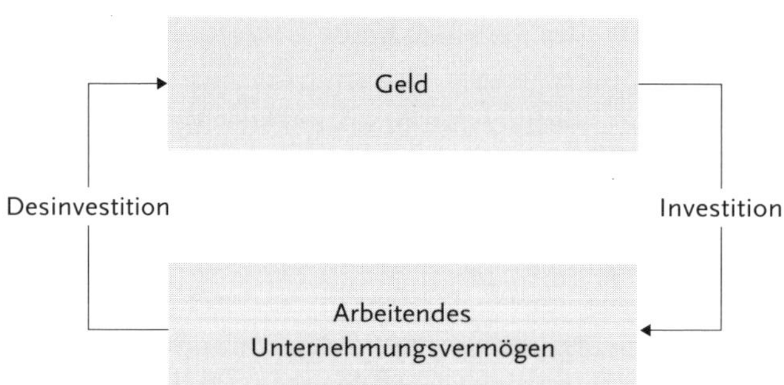

Abb. 41 Investitionen und Desinvestitionen

Alle erwähnten Geschäftsfälle zeichnen sich durch folgende drei Merkmale aus:

- Die Nutzung des beschafften bzw. erstellten Objekts ist über einen *längeren Zeitraum* vorgesehen. Insbesondere übersteigt dieser Zeitraum die Periodenlänge der Abrechnungsperioden des finanziellen (und betrieblichen) Rechnungswesens.
- Diese Objekte werden mit Blick auf die *Zukunft* beschafft (Zukunftsbezug). Eine Investition muss für das Unternehmen mit einem klar identifizierbaren zukünftigen Nutzen verbunden sein.
- Der entsprechende Investitionsbetrag übersteigt eine gewisse *Höhe.*

Unterschieden wird (in Anlehnung an die Struktur des Anlagevermögens) zwischen:

- *Sachinvestitionen* (Kauf von Maschinen, Fahrzeugen, Erstellung von Immobilien usw.),
- *Finanzinvestitionen* (Kauf von Beteiligungen usw.) und
- *immateriellen Investitionen* (Kauf von Patenten, Lizenzen usw.).

Solche Investitionen können weiter unterteilt werden in:

- Ersatzinvestitionen
- Erweiterungsinvestitionen
- Rationalisierungsinvestitionen
- Neuinvestitionen

3 Investitionsrechnung und finanzielles Rechnungswesen

Das finanzielle Rechnungswesen dient im Wesentlichen der Ermittlung des *Periodenerfolgs.* Die finanziellen Wirkungen von Investitionen, das heisst Ausgaben, die periodenübergreifend flüssige Mittel binden, werden über die Abschreibungen und allenfalls kalkulatorische Zinsen («ROI-Ziel») erfasst und auf die einzelnen Abrechnungsperioden periodengerecht verteilt.

> Genau deshalb ist aber die Finanzbuchhaltung nicht in der Lage, die finanziellen Wirkungen einer Investition im *gesamten Zeitablauf*, das heisst während der Nutzungsdauer einer Investition, in ihrem Gesamteffekt darzustellen.

Die Investitionsrechnung geht daher nicht von der Periodenlänge des finanziellen Rechnungswesens aus, sondern orientiert sich an der *Nutzungsdauer der einzelnen Investition* und den damit verbundenen finanziellen Wirkungen.

> Die Investitionsrechnung soll transparent machen, welchen Beitrag ein Investitionsobjekt bezogen auf seine gesamte Nutzungsdauer zum zukünftigen Unternehmenserfolg liefern wird.

4 Investitionsplanung und Investitionsrechnung

Investitionen binden auf *lange Frist knappes Vermögen* eines Unternehmens. Investitionsentscheidungen gehören somit zu den wichtigsten und kritischsten, weil folgenreichsten, Entscheidungen eines Unternehmens. Sie müssen stets der Stärkung der zukünftigen Wettbewerbsfähigkeit dienen. Damit können die Erschliessung neuer Absatzmärkte und die Entwicklung neuer Leistungsprogramme verbunden sein, was den Einsatz neuer Fertigungstechnologien und Werkstoffe sowie die Bereitstellung neuer Produktionskapazitäten nach sich ziehen mag.

Investitionsentscheidungen müssen deshalb stets in einem Gesamtrahmen behandelt werden. Dieser Gesamtrahmen stellt die Investitionsplanung dar. Die Investitionsplanung hat die Aufgabe, aus der Fülle der Investitionsmöglichkeiten diejenigen Alternativen auszuwählen, die auf lange Sicht der Stärkung der Wettbewerbsfähigkeit des Unternehmens am besten dienen.

Die Investitionsplanung muss ihrerseits in die strategische Planung eines Unternehmens eingegliedert sein. In der strategischen Planung erfolgt idealerweise eine langfristige Ressourcenzuordnung.[29] Die strategische Planung legt die Rahmenbedingungen fest, unter denen Investitionen getätigt werden sollen. Dazu gehören auch Zielgrössen, an denen verschiedene Alternativen bestimmter Investitionsprojekte gemessen werden müssen.

29 In der strategischen Planung müssen Grundsatzentscheide bspw. im Bereich Zielmärkte, Produktions-/Leistungsprogramme, Fertigungstechnologien, Distributionssysteme, Standortpolitik usw. getroffen werden. Solche Entscheidungen orientieren sich an den eigenen Fähigkeiten und den damit verbundenen Stärken und Schwächen, an der Marktentwicklung, am Konkurrenzverhalten und nicht zuletzt an den zur Verfügung stehenden eigenen finanziellen Ressourcen.

Folgende *Teilaufgaben* müssen im Rahmen der Investitionsplanung bearbeitet werden:

- Ermittlung des Investitionsbedarfs: In welchen Bereichen stehen welche Investitionsvorhaben an? Wo liegen Investitionsanregungen vor?
- Ermittlung des Investitionsangebots (aus technischer Sicht): Welche Möglichkeiten sind denkbar, um die entsprechenden Probleme zu lösen? Mit welchen konkreten Investitionsprojekten lassen sich die anstehenden Probleme erfolgreich lösen?
- Beurteilung der Investitionsmöglichkeiten (Investitionsalternativen):
  - aus strategischer Sicht (Auswirkungen auf die Wettbewerbsfähigkeit)
  - aus technischer Sicht (jetziger Stand/Zukunft)
  - aus wirtschaftlicher Sicht (Auswirkungen auf die langfristige Ertragskraft)
- Abstimmung des Investitionsbedarfs (Geldbedarfs) mit den Finanzierungsmöglichkeiten (Eigen- oder Fremdfinanzierung, Leasing)
- Abklären der Dringlichkeit

> Die *Investitionsrechnung* ist ein wichtiges Hilfsmittel zur Beurteilung *der Investitionsmöglichkeiten* aus wirtschaftlicher Sicht. Sie bildet somit einen zentralen Teil der Investitionsplanung.

5 Methoden der Investitionsrechnung

Bei der Investitionsrechnung handelt es sich um ein Instrument der Planungs- und Entscheidungsvorbereitung mit dem Zweck, auf transparente Weise die Ausgaben und Einnahmen einer Investition einander gegenüberzustellen (exkl. Abschreibungen und Zinsen) und damit den wirtschaftlichen Erfolg sichtbar zu machen. Dabei wird zwischen *statischen* und *dynamischen* Methoden der Investitionsrechnung unterschieden.

5.1 Der Zeitwert von Geld

Der Unterschied zwischen statischen und dynamischen Methoden liegt in der Berücksichtigung des *Zeitwertes* von Geld. Der Zeitwert von Geld hat folgende Bewandtnis. Investitionsrechnungen haben den Zweck, die finanziellen Wirkungen von Investitionsausgaben und den damit verbundenen Nutzen (Mehreinnahmen/Minderausgaben) über die gesamte Nutzungsdauer hinweg transparent zu machen. Im Normalfall bedeutet dies, dass zu Beginn eine grosse Ausgabe (Investition) getätigt werden muss, während der Nutzen erst über die Nutzungsdauer hinweg anfällt – ein Teil im ersten Jahr, ein Teil im zweiten Jahr, ... und schliesslich der letzte Teil im n-ten Jahr.

Nun sind – und das wird unter dem Zeitwert des Geldes verstanden – CHF/EUR 1000 beispielsweise im zehnten Jahr nicht gleichviel wert wie CHF/EUR 1000 im ersten Jahr der Nutzungsdauer. CHF/EUR 1000, die im ersten Jahr dem Unternehmen zufliessen, können sofort zinsbringend angelegt werden und sind zum Beispiel bei 5 Prozent Zins pro Jahr im zehnten Jahr mit Zinseszins bereits auf rund CHF/EUR 1629 gewachsen.

Oder umgekehrt ausgedrückt: Gemessen an den CHF/EUR 1000 Nutzen im ersten Jahr wären die CHF/EUR 1000 Nutzen im zehnten Jahr heute lediglich rund CHF/EUR 614 wert. Wenn also jemand heute für eine Zeitdauer von zehn Jahren CHF/EUR 1000 ausleiht und auf die Zahlung eines angemessenen Zinses verzichtet, dann erhält er, wenn der entgangene Zins vom Rückzahlungsbetrag von CHF/EUR 1000 abgezogen würde, im Grunde genommen lediglich CHF/EUR 614 zurück.

In *dynamischen* Methoden der Investitionsrechnung wird nun der Zeitwert von Geld ausdrücklich berücksichtigt, indem alle Beträge so umgerechnet («abgezinst» oder «abdiskontiert») werden, als ob sie *genau zum gleichen Zeitpunkt* ausgegeben bzw. dem Unternehmen zufliessen würden. In *statischen* Methoden der Investitionsrechnung wird der Zeitwert von Geld dagegen *nicht* berücksichtigt.

Bei sehr heiklen Investitionsentscheidungen empfiehlt es sich, ergänzend zur eigentlichen Investitionsrechnung auch folgende *Wirtschaftlichkeitsrechnungen* durchzuführen:

- Kostenvergleichsrechnung (Plan-Kalkulationen [Auftrags-/Stückkalkulation] der zu erbringenden Leistungen mit/ohne Investition)
- Gewinnvergleichsrechnung (Plan-Erfolgsrechnung mit/ohne Investition)
- Plan-Mittelflussrechnung (mit/ohne Investition)

Im Gegensatz zur Investitionsrechnung muss – was die Berechnungsgrundlagen (Ausgangsdaten) betrifft – in einer Kostenvergleichsrechnung allerdings mit kalkulatorischen Abschreibungen und Zinsen (auf der Hälfte der durchschnittlich gebundenen Investitionssumme) gerechnet werden; in einer Gewinnvergleichsrechnung müssen (kalkulatorische) Abschreibungen berücksichtigt werden, während in der Plan-Mittelflussrechnung von den gleichen Berechnungsgrundlagen ausgegangen werden kann wie in der Investitionsrechnung.

5.2 Vergleich statischer und dynamischer Methoden der Investitionsrechnung

Merkmale	***Statische*** **Methoden der Investitionsrechnung**	***Dynamische*** **Methoden der Investitionsrechnung**
Grundprinzip	Alle gegenwärtigen und zukünftigen Ausgaben und Einnahmen werden genau gleich behandelt.	Die zukünftigen Beträge werden auf den Gegenwartswert, d. h. auf den Zeitpunkt, an dem eine Investitionsentscheidung ansteht, umgerechnet. Dies geschieht mithilfe von Abzinsungsfaktoren. Je ferner in der Zukunft ein Nutzen anfällt, umso geringer ist sein Gegenwartswert.
Wichtigste Arten	Amortisations-/ Rückzahlungsrechnung (Payback-Methode, Kapitel 7.2)	– Gegenwartswertmethode (Kapitalwertmethode, Kapitel 7.3) – Methode des internen Ertragssatzes (Kapitel 7.4) – Annuitätsrechnung (Kapitel 7.5)
Zu beachten:	– Ausschliessliche Berücksichtigung einnahmen- und ausgabenwirksamer Grössen – Kein Einbezug von Abschreibungen – Kein Einbezug kalkulatorischer Grössen (Zinsen, Risikokosten) – Je nach Finanzierung muss ein steuerlicher Effekt in den Nutzen eingerechnet werden (steuerliche Abzugsfähigkeit von Fremdkapitalzinsen).	

Abb. 42 Vergleich statischer und dynamischer Methoden der Investitionsrechnung

6 Die wichtigsten Rechnungselemente der Investitionsrechnung

In diesem Kapitel werden kurz die Rechnungselemente (Ausgangsdaten) beschrieben, die im Rahmen der Investitionsrechnung normalerweise Berücksichtigung finden müssen.

Die Auswahl der in einer Investitionsrechnung zu berücksichtigenden Ausgangsdaten bemisst sich daran, ob:

- sich diese Daten als Folge des Investitionsentscheids *ändern* und
- es sich dabei um *zukunftsgerichtete* Daten handelt.

Bei Investitionsrechnungen sind normalerweise folgende *fünf* Grössen (Rechnungselemente) von ausschlaggebender Bedeutung:

- Investitionsbetrag (abgekürzt I)
- Nutzen (abgekürzt G)
- Nutzungsdauer (abgekürzt n)
- Liquidationserlös (abgekürzt L)
- Kalkulationszinssatz (abgekürzt i)

Investitionsbetrag I

Der Ausgangspunkt und die am genauesten zu bestimmende Grösse einer Investitionsrechnung ist der Investitionsbetrag. Der Investitionsbetrag beispielsweise einer Produktionsanlage kann sich wie folgt zusammensetzen:

	Nettoeinstandspreis der Produktionsanlage
+	Fracht
+	Installationskosten
+	allfällige Kosten von Vorfinanzierungen, das heisst Zinsen für Vorauszahlungen
+	allfällige Kosten für Sekundärinvestitionen, die untrennbar mit der Primärinvestition verbunden sind (zum Beispiel EDV, Gebäudeänderungen usw.)
+	allfällige Erhöhung des Umlaufvermögens
=	Investitionsbetrag

Nutzen G

Unter dem Nutzen versteht man sämtliche über die Nutzungsdauer zu erwartenden *Mehreinnahmen* und/oder *Minderausgaben*. Diese können sich bereichsspezifisch als Summe von

- Mehrumsatz,
- Mehrausgaben in einem Bereich und
- Minderausgaben in andern Bereichen ergeben.

Fällt der Nutzen nicht gleichmässig über die gesamte Nutzungsdauer an, so muss er in der dynamischen Investitionsrechnung gesondert pro Zwischenperiode (Jahr, Halbjahr, Quartal) erhoben werden.

Nutzungsdauer n

Die Nutzungsdauer einer Investition bringt zum Ausdruck, wie lange ein Investitionsobjekt voraussichtlich genutzt werden kann. Sie hängt von verschiedenen Faktoren ab, die zur Entwertung einer Investition beitragen können, beispielsweise:

- vom physischen Verschleiss einer Anlage
- von Markttrends (insbesondere bei modischen Produkten)
- vom technologischen Fortschritt

Liquidationserlös bzw. Liquidationskosten L

Darunter wird der am Ende der Nutzungsdauer allenfalls noch zu erwartende Liquidationserlös, abzüglich der Demontage- und Entsorgungskosten, verstanden. Sofern die erwarteten Demontage- und Entsorgungskosten den Schrottwert übersteigen, ist mit einem (abdiskontierten) negativen Betrag weiterzurechnen.

Kalkulationszinssatz i

Der Kalkulationszinssatz erfüllt zwei Aufgaben:

- Durch Abzinsung («Abdiskontierung») auf den *Gegenwartswert*[30] werden zu unterschiedlichen Zeitpunkten anfallende Ausgaben und Einnahmen vergleichbar gemacht.
- Er widerspiegelt die Kapitalkosten einer Investition. In diesem Falle kann der Zinssatz auf zwei Arten berechnet werden: Zum einen können hierzu die effektiven durchschnittlichen Kapitalkosten eines Unternehmens herangezogen werden. Zum andern kann das Konzept der Opportunitätskosten Anwendung finden. Grundüberlegung ist dabei die Orientierung an

30 Oft wird der Gegenwartswert auch Barwert genannt. Der Gegenwartswert einer Einnahme oder Ausgabe stellt stets deren Geldwert zum Zeitpunkt der Investitionsentscheidung dar.

der Rendite einer alternativen Finanzanlage zum Investitionsprojekt. Der so ermittelte Zinssatz mag durch einen Risikozuschlag weiter erhöht werden, der die – zumindest bis zu einem gewissen Mass unvermeidliche – Unbestimmtheit des Nutzens und der Nutzungsdauer einer Investition (Investitionsrisiko) berücksichtigen soll.

7 Fallbeispiel Investitionsrechnung

7.1 Ausgangsdaten

Ein Unternehmen muss eine Maschine A infolge eines irreparablen Schadens ersetzen. Zur engeren Auswahl stehen zwei Maschinen mit folgenden Ausgangsdaten:

	Maschine B Halbautomat	**Maschine C Vollautomat**
Anschaffungskosten	1 040 000	1 600 000
Restwert	0	0
Nutzungsdauer	8 Jahre	10 Jahre
Kapazität	20 000 Stück	25 000 Stück
Mögliche Jahresabsatzmenge		
bis und mit 6. Jahr	20 000 Stück	20 000 Stück
ab Beginn 7. Jahr	25 000 Stück	25 000 Stück
Nettoerlös je Stück	48.–	48.–
Nettoerlös je Jahr	960 000	960 000 [31] 1 200 000 [32]
∅ Nettoerlös im Jahr	960 000	1 056 000
Einzelkosten je Stück	22.50.–	15.–
Einzelkosten je Jahr	450 000	300 000 [31] 375 000 [32]

	Maschine B Halbautomat	Maschine C Vollautomat
∅ Einzelkosten im Jahr	450 000	330 000
Gemeinkosten pro Jahr (exkl. kalkulatorische Zinsen und Abschreibungen)	240 000	300 000
Kalkulatorische Zinsen	6 %	6 %
Gewünschte Minimalverzinsung (Kalkulationszinssatz i)	12 %	12 %

Anhand dieses Fallbeispiels werden im Folgenden die gebräuchlichsten Rechnungsverfahren der Investitionsrechnung vorgestellt und kurz erörtert.

31 Jahr 1 bis 6.

32 Jahr 7 bis 10.

7.2 Amortisationsrechnung (Payback-Methode)

Die Amortisationsrechnung ist eine *statische* Methode der Investitionsrechnung und zeigt die Wiedergewinnungszeit einer Investitionsausgabe (= Payback-Dauer). Diese Kennziffer gibt also an, wie lange (wie viele Jahre) es dauert, bis die Investitionssumme wiedergewonnen ist.

$$\text{Wiedergewinnungszeit} = \frac{\text{Investitionssumme I}}{\text{Nutzen G pro Jahr}}$$

	Maschine B	Maschine C
I =	1 040 000	1 600 000
G =	270 000	426 000
Payback-Periode	$\frac{1\,040\,000}{270\,000}$ = 3,85 Jahre	$\frac{1\,600\,000}{426\,000}$ = 3,76 Jahre

Den gleichen Aussagewert hat auch der Prozentsatz der in einem Jahr zurückfliessenden Investitionssumme.

$$\text{Prozentsatz der in einem Jahr zurückfliessenden Investitionssumme} = \frac{\text{Nutzen G pro Jahr}}{\text{Investitionssumme I} \times 100}$$

Im Beispiel ergibt dies:	Maschine B	Maschine C
	$\frac{270\,000}{1\,040\,000}$ = 26,0%	$\frac{1\,600\,000}{426\,000}$ = 26,6%

Die Amortisationsdauer ist sehr einfach zu handhaben und wird deshalb relativ häufig angewandt, vor allem für ein erstes Plausibilisieren eines Investitionsvorhabens.

Vorteile

- Die Wiedergewinnungszeit ist ein relativ zuverlässiger Gradmesser, um das Risiko eines Investitionsprojektes zu beurteilen. Je kürzer die Wiedergewinnungszeit, desto schneller stehen die investierten Mittel wieder zur Verfügung (kurze Bindungsdauer des Kapitals).
- Eine kurze Wiedergewinnungszeit ist auch deshalb mit einem geringeren Risiko verbunden, weil die Annahmen einer Investitionsrechnung (Berechnungsgrundlagen) in der unmittelbaren Zukunft, das heisst in den ersten Jahren der Nutzungsdauer, meistens mit wesentlich weniger Unsicherheit behaftet sind als am Ende der Nutzungsdauer.

Nachteile

- Die Amortisationsrechnung vermittelt nur sehr beschränkt Angaben über die tatsächliche Wirtschaftlichkeit (Rentabilität) verschiedener Investitionsprojekte – insbesondere auf längere Frist.
- Dies wird im Beispiel leicht erkennbar an der geplanten *unterschiedlichen Nutzungsdauer* der beiden Maschinen. Beim Vergleich von Investitionen mit unterschiedlicher Nutzungsdauer darf nicht einfach auf die Amortisationsdauer abgestellt werden, sondern es kommt auch auf die Anzahl Rückflüsse an, das heisst, wie oft während der angenommenen Nutzungsdauer der Maschine die Investitionssumme zurückfliesst.

$$\text{Anzahl Rückflüsse} = \frac{\text{Nutzungsdauer}}{\text{Wiedergewinnungszeit}}$$

	Maschine B	**Maschine C**
Nutzungsdauer	8 Jahre	10 Jahre
Wiedergewinnungszeit	3,85 Jahre	3,76 Jahre
Anzahl Rückflüsse	$\frac{8}{3{,}85} = 2{,}08 \times$	$\frac{10}{3{,}76} = 2{,}65 \times$

7.3 Gegenwartswertmethode (Kapitalwertmethode)

Die Gegenwartswertmethode ist eine *dynamische* Methode der Investitionsrechnung und zeigt, ob die zukünftigen Nutzen abgezinst zum Kalkulationszinssatz i (im Beispiel liegt die gewünschte Verzinsung bei 12 Prozent) die Investitionssumme zu decken vermögen.

	Barwert[33] der zukünftigen Nutzen
+	Barwert eines allfälligen Restwertes
+	Barwert des Rückflusses einer allfälligen Sekundärinvestition (zum Beispiel Umlaufvermögen)
=	Total Rückflüsse zum Barwert (= Gegenwartswert) zu i %
./.	Investitionssumme I
=	Überschuss/Fehlbetrag über i %

Das Ergebnis ist umso besser, je grösser der Überschuss ausfällt, wobei das Verhältnis des Überschusses zur Investitionssumme berücksichtigt werden muss.

7.3.1 Beispiel bei jährlich gleichbleibendem Nutzen

Im Beispiel bleibt bei Maschine B der Nutzen über die Nutzungsdauer hinweg gleich. Die folgenden Hinweise auf Abzinsungstabellen beziehen sich auf die entsprechenden Hilfstabellen in Anhang I am Ende des Buches.

	Maschine B
Nutzungsdauer	8 Jahre
(Unveränderter) Nutzen pro Jahr	270 000
Kumulierter Abzinsungsfaktor laut Abzinsungstabelle B bei 12 % Zins und 8 Jahren	4.968
Barwert des Rohgewinnes (= Rückflüsse zum Barwert bei 12 % Zins)	270 000 x 4.968 = 1 341 360
./. Investitionssumme	1 040 000
= Überschuss	301 360

7.3.2 Beispiel bei jährlich unterschiedlichem Nutzen

Im Beispiel trifft dies bei Maschine C zu.

Maschine C

Jahre	Nutzen (Cashflow)	Abzinsungsfaktor bei i = 12 % (Tabelle A)	Gegenwartswert	Investition I	Überschuss
1	360000	0.893	321480		
2	360000	0.797	286920		
3	360000	0.712	256320		
4	360000	0.636	228960		
5	360000	0.567	204120		
6	360000	0.507	182520		
7	525000	0.452	237300		
8	525000	0.404	212100		
9	525000	0.361	189525		
10	525000	0.322	169050		
Total	4260000		2288295	./. 1600000 =	688295

Die Ergebnisse besagen, dass beide Investitionsvarianten neben einer Verzinsung von 12 Prozent noch einen Überschuss erarbeiten.

Um die Aussagekraft der Gegenwartswertmethode noch zu erhöhen, müssen die Überschüsse ins Verhältnis zur Investitionssumme gesetzt werden.

33 Gegenwartswert und Barwert werden im Folgenden synonym verwendet. Gemeint ist damit immer eine in der Zukunft anfallende Einnahme oder Ausgabe (Geldbetrag), die auf den Geldwert der Gegenwart abgezinst wird.

$$\text{Überschuss in \% der Investitionssumme} = \frac{\text{Überschuss} \times 100}{\text{Investitionssumme}}$$

	Maschine B	Maschine C
Investitionssumme	1 040 000	1 600 000
Überschüsse	301 360	688 295
Überschuss in % der Investitionssumme	$\frac{301\,360 \times 100}{1\,040\,000} = 29{,}0\,\%$	$\frac{688\,295 \times 100}{1\,600\,000} = 43{,}0\,\%$

Die Gegenwartswertmethode ist leicht verständlich. Sie hat lediglich den Nachteil, dass für die Beurteilung der Wirtschaftlichkeit in Form einer Verhältniszahl (im Sinne einer «Rendite») eine zusätzliche Rechnung notwendig ist. Dies leistet die – ebenfalls dynamische – *Methode des internen Ertragssatzes.*

7.4 Methode des internen Ertragssatzes

Der interne Ertragssatz entspricht jenem Prozentsatz, bei dem die Summe der abgezinsten Nutzen genau der Investitionssumme entspricht.

7.4.1 Berechnung des internen Ertragssatzes bei jährlich gleichbleibendem Nutzen (Maschine B)

1. Schritt

Barwertfaktor = Payback-Periode berechnen	$\frac{\text{Total Investitionssumme}}{\text{Jahresnutzen}}$

2. Schritt

Aus Abzinsungstabelle B bei 8 Jahren den entsprechenden Zinssatz entnehmen.

	Maschine B
Nutzungsdauer	8 Jahre
Investitionssumme	1 040 000
Jahresnutzen	270 000
Barwertfaktor = Payback-Periode	$\frac{1\,040\,000}{270\,000} = 3.85$
Abzinsungstabelle B: i ablesen	8 Jahre 3.85 Barwert
Interner Ertragssatz	ca. 20 %

7.4.2 Berechnung des internen Ertragssatzes bei jährlich unterschiedlichem Nutzen (Maschine C)

Bei jährlich unterschiedlichem Nutzen ist die Berechnung aufwendiger. In diesem Fall ist man gezwungen, sich stufenweise der Lösung zu nähern, das heisst, man muss mithilfe der Gegenwartswertmethode den internen Ertragssatz durch «Ausprobieren» (iteratives Vorgehen und Interpolation) ermitteln.

Aufgrund der vorhandenen Daten wird zunächst ein möglichst realistischer Zinssatz genommen. Ergibt sich dabei ein Überschuss (Fehlbetrag), wird die Rechnung mit einem höheren (tieferen) Zinssatz so lange durchgerechnet, bis sich gegenüber der Investitionssumme ein möglichst kleiner Überschuss oder Fehlbetrag ergibt.

		Maschine C
Investitionssumme		1 600 000
Nutzungsdauer		10 Jahre
Jährlicher Nutzen:	1.– 6. Jahr 7.–10. Jahr	360 000 525 000
– Überschuss/Fehlbetrag bei (zunächst angenommenen) 22 %		
Abzinsungstabelle B:		
1.– 6. Jahr	3.167 × 360 000	= 1 140 120
7.–10. Jahr	3.923 – 3.167 = 0.7560 × 525 000	= 396 900
Kapitalwert bei 22 %		1 537 020
./. Investitionssumme		./. 1 600 000
Fehlbetrag		= 62 980
– Überschuss/Fehlbetrag bei (in einem nächsten Schritt angenommenen) 20 %		
1.– 6. Jahr	3.326 × 360 000	= 1 197 360
7.–10. Jahr	4.192 – 3.326 = 0.866 × 525 000	= 454 650
Kapitalwert bei 20 %		1 652 010
./. Investitionssumme		./. 1 600 000
Überschuss		= 52 010

Aufgrund der beiden Ergebnisse bei 20 Prozent und 22 Prozent liegt der Zinssatz ziemlich genau in der Mitte bei rund 21 Prozent.

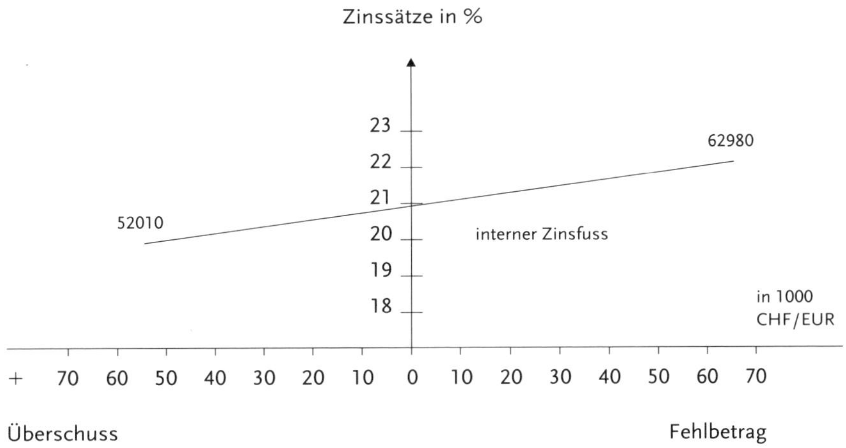

Abb. 43 Grafische Ermittlung des internen Ertragssatzes

Für die Beurteilung der Wirtschaftlichkeit ist der interne Ertragssatz die Kennziffer mit dem konzentriertesten Aussagewert. Auf diese Weise können einzelne Investitionsvorhaben gut miteinander verglichen werden.

7.5 Annuitätsrechnung

Die Annuitätsrechnung ist wiederum eine dynamische Methode der Investitionsrechnung. Mit dem Begriff Annuität ist der *jährliche Plan-Nutzen* gemeint, der notwendig ist, um die Investitionssumme zu amortisieren und zu i Prozent zu verzinsen.

$$\text{Annuität} = \frac{\text{Investitionssumme}}{\text{Barwertfaktor bei i \% und n Jahren}}$$

Ob das Ziel erreicht wird, zeigt der Vergleich:

Aufkumulierter Ist-Nutzen pro Jahr
./. Plan-Nutzen (Annuität)
= Überschuss/Fehlbetrag pro Jahr

	Maschine B	Maschine C
Investitionssumme	1 040 000	1 600 000
Nutzungsdauer	8 Jahre	10 Jahre
Barwertfaktor laut Abzinsungstabelle bei 12 % in n Jahren	4.968	5.650
Annuität (= Plan-Nutzen	$\frac{1\,040\,000}{4.968}$ = 209 000	$\frac{1\,600\,000}{5.650}$ = 283 000
./. Ist-Nutzen pro Jahr	270 000	ø 426 000
Überschuss pro Jahr	61 000	143 000

Diese Überschüsse sagen aus, dass neben der Deckung sämtlicher Kosten, einschliesslich eines Zinses und Zinseszinses von 12 Prozent, ein jährlicher Gewinn entsteht.

Diese Methode kann als Ergänzung zu den beiden andern dynamischen Methoden helfen, die Wirtschaftlichkeit einer Investition zutreffend zu beurteilen.

7.6 Welche der beiden Investitionen soll nun aufgrund der Investitionsrechnungen getätigt werden?

Methode	Ergebnis Maschine B	Ergebnis Maschine C
Amortisationsrechnung (Payback-Methode)	3,85 Jahre	3,76 Jahre
Gegenwartswertmethode (Kapitalwertmethode)	301 360	688 295
Überschuss in % von I	29,0 %	43,0 %
Methode des internen Ertragssatzes	ca. 20 %	ca. 21 %
Annuitätsrechnung	61 000	143 000

Abb. 44 Vergleich der Ergebnisse je Investitionsrechnungsmethode

Abschliessende Beurteilung der beiden Investitionsalternativen anhand der angewandten Methoden der Investitionsrechnung

- Die Payback-Methode vermag keine klare Differenzierung zu schaffen. Generell dürfte je nach Technologie und Marktentwicklung eine Amortisationszeit von weniger als vier Jahren eher auf ein vergleichsweise geringes Risiko hindeuten.
- Die Gegenwartswertmethode begünstigt die Maschine C, bei deren Beschaffung vor allem in den Jahren 7 bis 10 mit hohen Rückflüssen gerechnet wird, die «nur» mit 12 Prozent abgezinst werden.
- Demgegenüber ergibt sich bei der Methode des internen Ertragssatzes in beiden Fällen ein hoher interner Ertragssatz in der Grössenordnung von 20 und mehr Prozent. Dadurch werden die hohen Rückflüsse der Maschine C in den Jahren 7 bis 10 (durch Abzinsung) sehr stark belastet, woraus sich aus den Nutzen dieser Jahre sehr niedrige Gegenwartswerte ergeben, die den Vorsprung der Maschine C zusammenschmelzen lassen.
- Da die Maschine C doch beinahe 60 Prozent mehr Kapital bindet, dürften verschiedene weitere Faktoren wie die Finanzierung (Aufnahme von Fremd-/Eigenkapital?) sowie die Beurteilung der Priorität und Wirtschaftlichkeit weiterer Investitionsprojekte eine wichtige Rolle beim Investitionsentscheid spielen.

7.7 Nutzwertanalyse

Die Nutzwertanalyse ist eine Methode der Alternativenbewertung, wenn bei einer Entscheidung gleichzeitig verschiedene Ziele miteinander in Konkurrenz stehen (Mehrzielentscheidungen). Sie ermöglicht es, im Falle der Investitionsplanung neben den wirtschaftlichen Konsequenzen von alternativen Vorhaben – so wie sie durch die Investitionsrechnung ermittelt werden – zusätzlich beliebig viele Faktoren zu berücksichtigen. Mithilfe von Gewichtungen und Punktbewertungen wird für jede Alternative ein sogenannter «Nutzwert» ermittelt; das Vorhaben mit dem höchsten Nutzwert erfüllt die vorgegebene Zielsetzung am besten und wird damit unter den Alternativen in die nähere Auswahl genommen.

Folgende Schritte sind bei der Nutzwertanalyse durchzuführen:

- Bestimmung der *Entscheidungskriterien/Ziele* eines Projektes
  - Quantitative (rechenbare) Ziele
  - Qualitative Ziele
  - Differenzierung der Ziele in Mussziele und Wunschziele
- Festlegung der *Gewichtung* der einzelnen Ziele
  Es können beispielsweise 100 Punkte auf die einzelnen Ziele nach deren Wichtigkeit im Gesamtrahmen verteilt werden.
- Beurteilung der *Entscheidungsalternativen* im Hinblick auf ihren Beitrag zur Erreichung der einzelnen Ziele (Punktbewertung)
  Die einzelnen Ziele werden mit den Noten 1–5 beurteilt, wobei die Note 5 die höchste Gewichtung beinhaltet (am wichtigsten).[34]
- Ermittlung des *Nutzwerts* der einzelnen Entscheidungsalternativen
  Multiplikation von Gewichtung und Punktbewertung pro Ziel. Die Summe dieser Multiplikationen ergibt den Nutzwert.

34 Zu diesem Zwecke muss allerdings eine Operationalisierungstabelle erstellt werden, d. h. für jedes einzelne Ziel muss möglichst genau umschrieben werden, in welchem Falle einer Entscheidungsalternative die Note 1, 2, 3, 4 oder 5 erteilt wird. Nutzwertanalysen machen eine Entscheidung nur in dem Sinne objektiver, als die Bewertung einzelner Ziele (Gewichtungen) und die Beurteilung der Erfüllung dieser Ziele durch die Entscheidungsalternativen (Punktbewertung) transparent und damit auch für unbeteiligte Personen nachvollziehbar gemacht werden.

Beispiel Maschine B

Ziele des Projektes	**Gewichtung**	**Note (1–5)**	**= Punkte**
Rechenbare Ziele			
Interner Ertragssatz	30	4.5	135
Payback-Periode	10	4	40
Investitionssumme	10	3	30
Rechenbare Ziele	50		205
Qualitative Ziele			
Technische Alterung	15	2	30
Flexibilität der Anlage	5	2	10
Immissionen	15	3	45
Gesetzliche Auflagen	5	1	5
Unfallsicherheit	10	3	30
Qualitative Ziele	50		120
Total	100		325

Abb. 45 Nutzwertanalyse am Beispiel der Maschine B (ohne Operationalisierungstabelle)

Dieses Projekt (Maschine B) erreicht 325 von 500 möglichen Punkten. Eine ähnliche Analyse wäre auch für das Investitionsprojekt der Maschine C vorzunehmen. Je näher die Gesamtpunktzahlen der Projekte B und C schliesslich beieinander liegen, desto eher müssen weitere Überlegungen und Berechnungen angestellt werden. Besonders interessant ist es, wenn *verschiedene Akteure* mithilfe einer Nutzwertanalyse zu verschiedenen Resultaten und Schlussfolgerungen gelangen. In diesem Sinne ist eine Nutzwertanalyse vor allem auch ein Instrument, das dazu beitragen kann, unterschiedliche Einschätzungen und Präferenzen in eine offene, kontroverse und konstruktive Diskussion einzubringen.

8 Abschliessende Überlegungen zur Investitionsrechnung

Investitionsrechnungen eignen sich dazu, die finanziellen Wirkungen von Investitionen transparent zu machen. Die Qualität einer Investitionsrechnung hängt vor allem von den getroffenen *Annahmen* über *Nutzen* und *Nutzungsdauer* eines Investitionsprojekts ab. Diese können falsch sein, so wie jede Planung mit Unsicherheit behaftet ist.

Der grösste Nutzen der Investitionsrechnung ergibt sich dann, wenn sie als Instrument der *Risiko- und Sensitivitätsanalyse* eingesetzt wird. In solchen Analysen können pro Investitionsprojekt jeweils verschiedene Alternativen durchgerechnet werden, die aufzeigen, welche finanziellen Wirkungen sich ergeben, wenn mit *unterschiedlichen Ausgangsdaten* (Berechnungsgrundlagen) gerechnet wird.

Daraus ergeben sich *Bandbreiten* des Erfolgs bzw. Misserfolgs, die in einem weiteren Schritt – idealerweise im Gesamtrahmen der zur Diskussion stehenden Strategie – kritisch beleuchtet und den Risikopräferenzen der Entscheidungsträger und Entscheidungsträgerinnen gegenübergestellt werden müssen.

Eine Investitionsrechnung stellt somit lediglich einen quantitativen Baustein dar, mit dessen Hilfe die Folgen der Ungewissheit der Zukunft transparent gemacht werden können. Jede Investitionsrechnung bedarf aber der zwingenden Ergänzung durch qualitative strategische Überlegungen.

9 Unternehmensbewertung

Die Methodik der Investitionsrechnung wird auch in der Unternehmensbewertung verwendet. Es geht auch hier darum, zukünftige Werte auf einen heutigen Zeitpunkt abzudiskontieren, nur dass man sie dann nicht einem Investitionsbetrag gegenüberstellt, sondern als Wert einer Unternehmung aufaddiert. Dieser Unternehmenswert kann dann als Basis für die Beurteilung von geschaffener Unternehmenswertsteigerung und als Grundlage für Verkaufsverhandlungen verwendet werden. Grundsätzlich ist von Interesse, Wertsteigerungspotenziale von Strategien und ihre Auswirkungen auf den Unternehmenswert zu messen.

Für die Unternehmensbewertung werden heute verschiedenste Methoden angewandt. Hier sei lediglich auf die Substanzwert-Berechnung, die Ertragswert-Methode, das Prinzip des Economic Value Added (= EVA) und die Discounted-Cashflow-Methode (= DCF) verwiesen.

9.1 Substanzwertmethode

Der *Substanzwert* ist der Kapitalbetrag, der in den Vermögensteilen eines Unternehmens gebunden ist und er entspricht somit dem Reproduktionswert des Unternehmens. Die Basis des Reproduktionswerts bilden die Kosten, die entstehen würden, wenn man eine neue Unternehmung mit derselben Leistungsfähigkeit wie das zu bewertende Unternehmen erstellen würde. Diese Reproduktionskosten sind dem Bewertungszeitpunkt entsprechend abzuschreiben[35]. Die Bewertung der einzelnen Bilanzpositionen erfolgt nach betriebswirtschaftlichen Kriterien, das heisst, die Marktwerte werden bestimmt und somit die gebildeten stillen Reserven aufgelöst. Bei der Substanzwertmethode unterscheidet man zusätzlich zwischen dem Bruttosubstanzwert und dem Nettosubstanzwert. Der Bruttosubstanzwert entspricht dem effektiven Wert des Vermögens, der Nettosubstanzwert hingegen dem Wert des Vermögens abzüglich des Fremdkapitals. Die Problematik dieser Bewertungsart besteht darin, dass lediglich die Vergangenheit des Unternehmens betrachtet wird, aber nicht, was in der Zukunft erarbeitet werden kann.

9.2 Ertragswertmethode

Im Gegensatz zur Vergangenheitsbetrachtung der Substanzwertmethode beruht die *Ertragswertmethode* auf den zukünftig anfallenden Gewinnen. Als Grundlage der Schätzung dienen einerseits bereinigte Erfolgsrechnungen der Vergangenheit und andererseits die Analyse (meist in Form eines Businessplans) der künftigen Entwicklungsmöglichkeiten (der allgemeinen Volkswirtschaft, der Branche, der eigenen Unternehmung). Der für die Bewertung verwendete Zukunftsgewinn soll ein Durchschnittswert sein, der über mehrere Jahre erzielbar ist. Demzufolge handelt es sich hier um eine dynamische Methode.

35 Vgl. Helbling, 1998.

Zusätzlich muss ein Kapitalisierungszinsfuss festgelegt werden. Dieser soll auch der Ungewissheit bei der Bestimmung der Zukunftsgewinne Rechnung tragen. Die zukünftigen Gewinne des Unternehmens werden nun auf den Gegenwartswert abgezinst und ergeben so den (Ertrags-)Wert des Unternehmens.

Anders als bei der Substanzwertmethode handelt es sich damit also um eine in die Zukunft gerichtete Sichtweise. Es ist heute weitgehend unbestritten, dass sich ein Unternehmenswert in erster Linie aus Erwartungen über die zukünftige Entwicklung ergibt.

Grundsätzlich problematisch sind jedoch die weitläufigen Möglichkeiten der Ergebnisbeeinflussung oder -manipulation. Rückschlüsse auf den wirklichen Zustand des Unternehmens werden durch die zahlreichen Bewertungsfragen des Umlauf- (beispielsweise Lagerbewertung) und Anlagevermögens erschwert.

9.3 Economic Value Added (EVA)

Eine weitere, weit verbreitete Berechnungsart stellt der *EVA-Ansatz* dar. Er wurde von der Unternehmensberatung Stern Stewart & Co entwickelt, die auch die Markenrechte am Kürzel EVA besitzt. EVA bedeutet Economic Value Added und stellt einen Übergewinn dar, der sich aus dem Unternehmensgewinn abzüglich der gewichteten Kapitalkosten ergibt. Dies bedeutet, eine Unternehmung hat nur dann Unternehmenswertsteigerung geschaffen, wenn sie über ihre Kapitalkosten (Mindestverzinsung) hinweg einen Überschuss (EVA) erarbeitet. Dieser Überschuss kann dann als Komponente für zusätzliche Investitionen, aber auch für Bonuszahlungen an alle Mitarbeitenden herangezogen werden.

Konkret bedeutet dies, dass als Gewinngrösse der NOPAT (= Net Operating Profit After Taxes) verwendet wird. Dieser wird berechnet, indem vom EBIT (Betriebsgewinn vor Zinsen und Steuern) die Steuern abgezogen werden; die Finanzierungskosten (Zinsen) bleiben vorerst unberücksichtigt.

Danach werden die gewichteten Kapitalkosten (WACC = Weighted Average Cost of Capital, genauere Beschreibung siehe unten, DCF-Methode) berechnet und vom NOPAT abgezogen. Für die Berechnung der Kapitalkosten wird als Gesamtkapital nicht einfach die Bilanzsumme verwendet, sondern es wird die Grösse NOA (= Net Operating Assets) berechnet, die das betrieblich gebundene Gesamtkapital darstellt.

Als Formel sieht die Berechnung des EVA folgendermassen aus:[36]

$$EVA = NOPAT - (NOA \times WACC)$$

oder als Zahlenbeispiel

$$100\,000 = 200\,000 - (1\,000\,000 \times 10\,\%)$$

Das würde bedeuten, dass der EVA bei einer Mindestverzinsung von 10 Prozent (=WACC) 100 000 wäre und dass diese Summe jetzt für weitere zum Beispiel Investitionen/Bonuszahlungen zur Verfügung stehen würde.

Der Unternehmenswert berechnet nach dem EVA-Ansatz ergibt sich nun aus der Summe von MVA (= Market Value Added), welcher dem Barwert aller künftigen abdiskontierten EVAs entspricht und den NOA (= Net Operating Assets = betrieblich gebundenes Gesamtkapital, siehe oben).

Um den Barwert aller künftigen EVA berechnen zu können, werden diese mit dem gewichteten Kapitalkostensatz abgezinst (siehe Gegenwartswertmethode bei der Investitionsrechnung bzw. Ertragswertmethode).

Die Berechnung des Unternehmenswerts lässt sich nun mit folgender Formel darstellen:

$$\text{Unternehmenswert} = NOA + MVA$$

$$\text{Unternehmenswert} = NOA + (EVA/WACC)$$

Wie die Ertragswertmethode beruht aber auch der EVA-Ansatz auf einer Gewinngrösse, deshalb gelten für diese Berechnungsmethode dieselben Einschränkungen wie für den Ertragswert.

Daraus lässt sich schliessen, dass der Ertragswert wie auch der EVA-Ansatz keine ausreichenden Massstäbe für die Unternehmenswertberechnung sein können, selbst wenn der Gewinn ohne Bilanzmanipulation ermittelt wurde, denn die Bewertungsproblematiken des Vermögens stellen sich trotzdem. Weiter ist festzuhalten, dass ein rationaler Investor nicht nur an Gewinnen, sondern insbesondere auch an Liquidität (= Kaufkraft) interessiert ist. Die folgende Abbildung zeigt, weshalb der Gewinn auch ohne Manipulation keine ausreichende Basis für die Unternehmensbewertung darstellt.

36 Vgl. Hostettler, 2002.

	Wach AG	Schlaf AG	
Ertrag	360	360	
Materialaufwand	180	180	
Personalaufwand	90	90	
EBIT	*90*	*90*	
Zinsen	10	10	
EBT	*80*	*80*	
Steuern 25 %	20	20	
Gewinn	**60**	**60**	Identischer Gewinn
Kassabestand Jahresbeginn	40	40	**Zahlungsziel:** Schlaf AG 90 Tage netto Wach AG Barzahlung
Kassabestand Jahresende	120	30	→ **Liquiditätseffekte (Cash is king!)**

Abb. 46 Relevanz der Liquiditätsbetrachtung

Es gilt daher eine Grösse zu finden, die auch die operativen Liquiditätseffekte des Unternehmens abbildet.

9.4 Discounted-Cashflow-Methode

Eine Grösse, die Ertrags- und Finanzierungskraft (Liquiditätseffekte) zusammen abbildet, stellt der Free Cashflow dar, das heisst der frei verfügbare Cashflow. Grundlage für seine Berechnung stellt die Mittelflussrechnung (= Cash Flow Statement) dar (vgl. Modul 2, Kap. 5).

Er ergibt sich aus der Addition des Mittelflusses (= Cashflow) aus laufender Geschäftstätigkeit mit dem Mittelfluss (= Cashflow) aus Investitionstätigkeit. Durch die Abzinsung der künftigen Free Cashflows mit den WACC (= Weighted Average Cost of Capital) wird der Gegenwartswert bestimmt. In den folgenden Abschnitten soll diese Methodik genauer beschrieben werden.

9.4.1 Free Cashflow

> Unternehmenswert = Abzinsung künftiger Free Cashflows
> mit gewichtetem Kapitalkosten-Satz WACC

Der Free Cashflow stellt den Cash-Überschuss aus dem operativen Geschäft sowie den notwendigen Investitionen bzw. Desinvestitionen dar. Dies ist das Geld, das den Geldgebern zur Verfügung steht. Die Liquiditätseffekte aus Finanzierungsentscheidungen werden bei der Berechnung des Free Cashflows nicht berücksichtigt, da diese nicht auf dem operativen Geschäft des Unternehmens beruhen. Die folgende Darstellung gibt einen Überblick über die Berechnung des Free Cashflows.

Free Cashflow (CF aus operativer Tätigkeit + CF aus Investitionstätigkeit)
Gewinn
+ nicht liquiditätsw. Aufwand (Bsp. Abschreibungen, Rückstellungen)
– nicht liquiditätsw. Ertrag (Bsp. Auflösung Rückstellungen, Gewinn aus AV-Verk.)
= Cashflow aus Kerngeschäft
– Zunahme / + Abnahme Debitoren/Vorräte + Zunahme / – Abnahme Kreditoren
= Cashflow aus operativer Tätigkeit
– Investitionen in Anlagevermögen
+ Desinvestitionen im Anlagevermögen
= Cashflow aus Investitionstätigkeit

Abb. 47 Berechnung des Free Cashflows

9.4.2 Gewichtete Kapitalkosten

Die gewichteten Kapitalkosten (=WACC, Weighted Average Cost of Capital) beinhalten Kapitalkosten für das Fremd- wie auch für das Eigenkapital. Gewichtet werden sie nach dem Anteil des Fremd- bzw. Eigenkapitals am Gesamtkapital. Für die Berechnung der gewichteten Kapitalkosten muss man somit zwischen der Berechnung für die Eigenkapital- und Fremdkapitalkosten unterscheiden, wobei insbesondere die Berechnung der Eigenkapitalkosten etwas komplex ist, da einige Faktoren berücksichtigt werden müssen.

1. *Eigenkapitalkostenermittlung*

Das Ziel der Eigenkapitalkostenermittlung ist die risikogerechte Verzinsung des Eigenkapitals. Dieses Ziel wird über vier Teilschritte erreicht:

- durchschnittliche Verzinsung einer risikofreien Geldanlage (zum Beispiel Staatsanleihe);
- durchschnittliche Verzinsung des Aktienmarktes (zum Beispiel Dow Jones, SMI);
- als Differenz daraus die Risikoprämie für Investitionen auf dem Aktienmarkt;
- das Risiko des Unternehmens im Vergleich zum Gesamtmarkt.

2. *Risiko in der Finanzmarkttheorie*

In der Finanzmarkttheorie wird beim Begriff des Risikos zwischen unsystematischem und systematischem Risiko unterschieden. Das systematische Risiko bezeichnet das Risiko, das den Gesamtmarkt (oder eine andere Benchmark, zum Beispiel Branche) betrifft. Dies bedeutet, dass sich die Renditeschwankungen einer Einzelanlage durch die Renditeschwankungen des Marktes erklären lassen. Auslöser für solche Schwankungen können beispielsweise Inflationstendenzen oder wichtige politische Ereignisse sein. Gemessen wird das systematische Risiko am Beta-Faktor einer Anlage. Das Beta bezeichnet das Unternehmensrisiko im Vergleich zum Gesamtmarktrisiko. Ein Beta von 1 bedeutet also, dass die Renditeschwankungen der Einzelanlage gleich denjenigen des Gesamtmarktes sind. Ist das Beta grösser als 1, so ist das Risiko der Einzelanlage grösser als dasjenige des Gesamtmarktes, ist es kleiner als 1, so ist das Risiko der Einzelanlage kleiner als dasjenige des Gesamtmarktes. Dies bedeutet, dass die Einzelanlage sich weniger stark verändert als der Gesamtmarkt.

Die folgende Tabelle zeigt einige Beispiele von Unternehmen und deren Betas (gegenüber von einem oder verschiedenen Indices).

Branche	Unternehmen	β (DAX)	β (SMI)	β (andere)
Banken	UBS		1.35	
	Credit Suisse		1.35	
	Deutsche Bank	1.04	1.30	
	Bank of NY			1.29 (S&P 50)
Telekommunikation	AT&T			0.98 (S&P 500)
	Vodafone	0.83		1.07 (FTSE 100)
Versicherung	Allianz	1.02		
	Axa			1.43 (S&P Global 1200)
	Zurich		1.14	
Chemie	BASF	0.91	0.94	
Biotechnologie	Monsanto	0.92		
	Serono		0.41	
Pharma	Novartis	0.55	0.76	
	Pfizer	0.75	0.99	
Elektronik	Nokia	0.92	1.08	
	Motorola	0.77	0.95	
	HP	0.64		
Ölindustrie	Shell			0.93 (FTSE 100)
Fluglinien	Lufthansa	0.90		
	British Airways	0.94		1.15 (FTSE 100)
	Air France/KLM	0.94		1.04 (CAC)
Autokonzerne	DaimlerChrysler	1.06	1.32	
	Fiat	1.01		1.27 (SPMIB)
	BMW	0.92	1.16	
Industriekonzerne	Siemens	1.23	1.17	
	ABB		1.55	1.51 (S&P Global 1200)

DAX = Deutscher Aktienindex, SMI = Swiss Market Index, S&P = Standard & Poors, FTSE = Britischer Aktienindex (Financial Times Stock Exchange Index), CAC = Französischer Aktienindex, SPMIB = Italienischer Aktienindex

Abb. 48 Beispiele für Beta-Faktoren – Stand 10.12.2007
(Quellen: www.bloomberg.com, www.onvista.de)

Das unsystematische Risiko bezeichnet das unternehmensspezifische Risiko. Wenn ein Anleger nur in eine einzige Unternehmung investiert, so unterliegt er dem unsystematischen Risiko, dass dieses Unternehmen Konkurs geht oder sich der Anlagewert verringert, und zwar aufgrund von Ereignissen, die lediglich dieses Unternehmen betreffen (bspw. ein Erdbeben am Produktionsort, Flugzeugabsturz der Geschäftsleitung, Investitionen in Technologien, die sich im Nachhinein nicht durchsetzen). Das unsystematische Risiko kann durch Diversifikation des Portfolios eliminiert werden. Wenn man in verschiedene Märkte und Branchen investiert, zusätzlich das Alter der Unternehmen oder die Phasen des Unternehmenslebenszyklus beachtet, können viele dieser Risiken verringert werden. So kann also durch ein ausreichend diversifiziertes Portfolio das unsystematische Risiko der Einzelanlagen ausgeglichen werden.

3. Capital Asset Pricing Model (CAPM)

Konkret werden die Eigenkapitalkosten mithilfe des CAPM berechnet. Die entsprechende Formel sieht folgendermassen aus:

EK-Kosten	=	Risikofreier Zins + (Beta × Marktrisikoprämie)
Risikofreier Zins	=	Verzinsung einer risikofreien Anlage (Staatsanleihe)
Marktrisikoprämie	=	Über der risikofreien Anlage liegende durchschnittliche Verzinsung einer Investition im Aktienmarkt (Ø Verzinsung Aktienmarkt ./. Ø Verzinsung risikofreie Anlage)

4. Fremdkapitalkosten

Die Fremdkapitalkosten (= die Fremdkapitalzinsen) werden entweder direkt aus den vorhandenen Verträgen entnommen (Obligationen, Hypothekar-, Darlehens-, Bankkontokorrentvertrag) oder es werden analoge marktübliche Zinssätze für Industrienanleihen verwendet.

Bei den Fremdkapitalkosten muss zusätzlich noch die Korrektur über den Steuereffekt (Tax shield) erfolgen, da diese ja voll abzugsfähig sind und damit die Kosten für das Fremdkapital effektiv tiefer sind. Folgendes Beispiel bei einem Steuersatz von 40 Prozent soll dies illustrieren:

Formel:
Verzinsung vor Steuern × (1-Steuersatz) = Verzinsung nach Steuern

Rechenbeispiel: 8 % × (1–0.4) = 4.8 %

5. *Eigen- und Fremdkapitalanteil*
Um die Gewichtung der Kapitalkosten zu ermitteln, müssen die jeweiligen Eigen- und Fremdkapitalanteile berücksichtigt werden. Hierzu gibt es drei Möglichkeiten. Man kann:
- die anteiligen Buchwerte aus der Bilanz nehmen (die sogenannte Eigen- und Fremdkapitalquote, siehe Modul 2 Kennzahlen) oder
- eigenkapitalseitig den Börsenwert (Anzahl Aktien mal Börsenkurs) und fremdkapitalseitig den Buchwert verwenden und dann jeweils den Anteil ausrechnen oder
- eigenkapitalseitig den Börsenwert und fremdkapitalseitig den Börsenwert der Obligationen und die Marktwerte für das übrige Fremdkapital verwenden und wieder anteilmässig in die Formel eintragen.

Idealerweise wird der letzte Ansatz gewählt, da er die Realität am besten abbildet.

6. *Berechnung der gewichteten Kapitalkosten (WACC)*
Die Berechnung erfolgt nach folgender Formel:
WACC = (EK-Anteil × EK-Kostensatz) + (FK-Anteil × FK-Kostensatz)

Dabei muss berücksichtigt werden, dass sich je nach Zeitraum und Entscheidungssituation unterschiedliche Kapitalkosten ergeben können. Klassischerweise werden die derzeitigen Kapitalkosten angesetzt, auch wenn es sich um zukünftige Erträge handelt. Natürlich können für unterschiedliche in sich abgrenzbare Unternehmenseinheiten auch unterschiedliche Kapitalkosten anfallen.

9.4.3 Berechnung eines Unternehmenswertes nach der Discounted-Cashflow-Methode (DCF-Ansatz)

Folgendes Beispiel soll die Zusammenhänge nochmals illustrieren:

Jahr		**1**	**2**	**3**	**4**	**5**	**6**
Free Cashflow (aus Businessplan)		1000	1100	1050	1150	1200	1200
							+
Restwert im Jahr 6 (es wird angenommen, dass der Free Cashflow des Jahres 6 von 1200 bis in die Ewigkeit weiterfliesst [Prinzip der ewigen Rente]) Berechnung: Restwert = FCF 6 / WACC		×	×	×	×	×	10 000 ×
Abzinsungsfaktor	12 %	0.893	0.797	0.712	0.636	0.567	0.507
Formel: $1/(1+i)^n$							
		=	=	=	=	=	=
Barwerte		893	877	747	731	681	5674
Unternehmenswert (Summe der Barwerte)		9603					

Abbildung 49 Unternehmensbewertung nach DCF-Methode

Der Free Cashflow wird im Finanzplan des Businessplans für die betreffende Unternehmung ermittelt und mit den Abdiskontierungsfaktoren des entsprechenden gewichteten Kapitalkostensatzes (=WACC) multipliziert. Dies ergibt den jeweiligen Barwert des Jahres. Da eine Unternehmung als ein Ziel eine endlose Existenz haben sollte, man aber nicht endlos Businesspläne für die Zukunft machen kann, wird ab dem Zeitpunkt, bei dem man alle Rahmenbedingungen als zukünftig konstant annimmt, der Free Cashflow aufkapitalisiert (der ab dann auch konstant angenommene Cashflow wird durch den Kapitalsatz dividiert). Dieses Prinzip nennt man die ewige Rente und es entspricht einer Aufkumulierung aller zukünftigen Free Cashflows, also aller zukünftigen Unternehmenswertsteigerungen. Der Barwert aller abdiskontierten Free Cashflows ergibt dann den Unternehmenswert dieser Unternehmung.

Diese Methode ist die sinnvollste (und wird heutzutage am meisten eingesetzt), da sie neben der zukünftigen Ertragskraft auch die zukünftige Liquiditätssituation der Unternehmung am besten berücksichtigt.

Zusammenfassung Modul 3

- Die Instrumente des finanziellen Rechnungswesens beziehen sich üblicherweise auf das Gesamtunternehmen und umfassen Perioden, die ein Jahr nicht überschreiten. Viele Entscheidungen betreffen demgegenüber einen konkreten, abgrenzbaren Sachverhalt, der eine *mehrjährige Kapitalbindung* nach sich zieht. Die sachgemässe Bearbeitung dieser Entscheidungen bedarf daher eines zusätzlichen Instrumentariums, der Investitionsrechnung.
- Unter *Investitionsrechnung* werden eine Auswahl verschiedener Rechnungsverfahren verstanden, die *der Ermittlung der finanziellen Wirkungen von Investitionsentscheidungen* dienen.
- Unter Investitionen werden alle Massnahmen verstanden, die mit Geldausgaben für die Bereitstellung eines Leistungspotenzials verbunden sind, woraus zu einem späteren Zeitpunkt grössere Geldeinnahmen oder kleinere Geldausgaben resultieren sollen.
- Die für die *Investitionsrechnung* relevanten Geschäftsfälle betreffen einen längeren Zeitraum, erfolgen mit Blick auf die Zukunft, und der Investitionsbetrag übersteigt eine gewisse Höhe.
- Die Investitionsrechnung soll transparent machen, welchen Beitrag ein Investitionsobjekt bezogen auf seine gesamte Nutzungsdauer zum zukünftigen Unternehmenserfolg liefern wird.
- Die Investitionsrechnung ist ein wichtiges Hilfsmittel zur Beurteilung der Investitionsmöglichkeiten aus wirtschaftlicher Sicht. Sie bildet somit einen zentralen Teil der Investitionsplanung.
- Die Methoden der Investitionsrechnung werden in statische und dynamische unterteilt. Der Unterschied zwischen statischen und dynamischen Methoden liegt in der Berücksichtigung des *Zeitwertes* von Geld.
- In *dynamischen* Methoden der Investitionsrechnung wird der Zeitwert des Geldes ausdrücklich berücksichtigt, indem alle Beträge so umgerechnet («abgezinst» oder «abdiskontiert») werden, als ob sie zum gleichen Zeitpunkt ausgegeben bzw. ins Unternehmen fliessen würden. In *statischen* Methoden der Investitionsrechnung wird der Zeitwert des Geldes dagegen nicht berücksichtigt.
- Zu den gebräuchlichsten statischen Methoden zählt die *Payback-Methode* und zu den gebräuchlichsten dynamischen die *Gegenwartswertmethode*, die *Methode des internen Ertragssatzes* sowie die *Annuitätsrechnung*.

- Die wichtigsten *Rechnungselemente* bei der Investitionsrechnung sind der Investitionsbetrag, der Nutzen, die Nutzungsdauer, der Liquidationserlös und der Kalkulationszinssatz.
- Zur abschliessenden Beurteilung von Investitionsentscheidungen muss oft eine Nutzwertanalyse durchgeführt werden. Die Nutzwertanalyse ist eine Methode der Alternativenbewertung, wenn bei einer Entscheidung gleichzeitig verschiedene Ziele miteinander in Konkurrenz stehen (Mehrzielentscheidungen).
- Bei der Nutzwertanalyse werden zunächst die Entscheidungskriterien bestimmt, dann die Gewichtung der einzelnen Ziele festgelegt, die Entscheidungsalternativen im Hinblick auf ihren Beitrag zur Erreichung der einzelnen Ziele beurteilt und schliesslich der Nutzwert der jeweiligen Alternativen ermittelt.
- Der grösste Nutzen der Investitionsrechnung ergibt sich dann, wenn sie als Instrument der Risiko- und Sensitivitätsanalyse eingesetzt wird. In solchen Analysen können pro Investitionsprojekt jeweils verschiedene Alternativen durchgerechnet werden, die aufzeigen, welche finanziellen Wirkungen sich ergeben, wenn mit unterschiedlichen Ausgangsdaten (Berechnungsgrundlagen) gerechnet wird.
- Die Methodik der Investitionsrechnung wird auch bei *Unternehmensbewertungen* angewendet.
- Die zentrale Unternehmensbewertungsmethode ist heute die Discounted-Cashflow-Methode (DCF-Methode)
- Der Free Cashflow und die gewichteten Kapitalkosten (WACC) sind die entscheidenden neuen Einflussgrössen bei dieser Methode.
- Bei der DCF Methode werden mit dem Free Cashflow die zukünftige Ertragskraft und die zukünftige Liquiditätssituation einer Unternehmung am besten berücksichtigt.

Selbst-Controlling: Modul 3

Frage		*Unsicher? Wenn ja: Seite*
1	Wieso stellt der Kauf von dringend benötigtem Rohmaterial keine Investition dar?	145
2	Wie hängen Investitionen und Abschreibungen miteinander zusammen?	145
3	Welche Besonderheiten von Investitionen machen die Einbindung einer Investitionsentscheidung in die Investitionsplanung und die strategische Planung notwendig?	146
4	Was versteht man unter dem Zeitwert von Geld?	147/148
5	Welchen heutigen Wert haben CHF/EUR 1000, die ich in drei Jahren ausgezahlt bekomme, bei einem Zinssatz von 10%?	148
6	Welchen Wert haben CHF/EUR 751, die ich heute bei einem Zinssatz von 10% anlege, in drei Jahren?	148
7	Worin liegt der Unterschied zwischen statischen und dynamischen Methoden der Investitionsrechnung?	149
8	Warum werden bei beiden Methoden die Abschreibungen nicht berücksichtigt?	149
9	Warum wird die durch eine Investition notwendig gewordene Erhöhung der Lagerbestände in die Investitionsrechnung einbezogen?	150
10	Würde die durch eine Investition möglich gewordene Einsparung einer Arbeitskraft in die Investitionsrechnung einfliessen? Wenn ja, wie?	151
11	Wie kann man den Kalkulationszinssatz bestimmen?	151/152
12	Beurteilen Sie folgende Aussage: Wenn der interne Ertragssatz unter dem Kalkulationszinssatz liegt, lohnt sich eine Investition nicht!	159
13	Wieso kann oft auf der Grundlage einer Investitionsrechnung allein kein endgültiger Investitionsentscheid getroffen werden? Welche weiteren Informationsgrundlagen sind zu berücksichtigen?	166
14	Welche Art der Unternehmensbewertung ist eher vergangenheitsorientiert, welche Arten sind dynamisch?	Kapitel 9
15	Welches ist der grösste Vorteil der DCF-Methode gegenüber den anderen Unternehmensbewertungsmethoden?	177

Modul 4
Betriebliches Rechnungswesen

Nach der finanziellen Beurteilung der Gesamtunternehmung wird im betrieblichen Rechnungswesen vor allem der Frage nachgegangen, wo die Kosten im Detail entstehen und womit Wertschöpfung generiert wird.

Abb. 50 Übersicht Rechnungswesen

Die Übersichtsabbildung zeigt, wo die Themen und Inhalte dieses Moduls innerhalb des Rechnungswesens anzusiedeln sind.

Folgende Inhalte zeigen die einzelnen Module:

- *Modul 1*
  erklärt die Grundlage für die Instrumente (Controlling-Philosophie).
- *Modul 2*
  zeigt innerhalb des Rechnungswesensinstrumentariums auf, wie sich das finanzielle Rechnungswesen (Finanzbuchhaltung) aufbaut, welches seine Kerninstrumente (Erfolgsrechnung, Bilanz, Mittelflussrechnung) sind und welche Analysemöglichkeiten sich ergeben (Kennzahlenanalyse und Top-down-Vorgaben).

- *Modul 3*
  zeigt die Finanzplanung im Sinne der Zukunftsorientierung mithilfe der Investitionsrechnung und der Unternehmensbewertung auf.

- **Modul 4**
  stellt die Zusammenhänge im betrieblichen Rechnungswesen dar, von der Betriebsbuchhaltung bis hin zur Wertschöpfungsanalyse von Produkten, Dienstleistungen und Kundenaufträgen.

- *Modul 5*
  schlussendlich fasst alles im Sinne des Reportings/Managementinformationssystems zusammen und zeigt den Zusammenhang der Finanziellen Perspektive hin zu einer Balanced Scorecard auf.

1 Grenzen des finanziellen Rechnungswesens aus der Sicht der Unternehmensführung

Das finanzielle Rechnungswesen mit Buchhaltung, Bilanz und Erfolgsrechnung vermittelt einen guten Überblick über die finanzielle Gesamtlage eines Unternehmens – vor allem hinsichtlich der Informationsbedürfnisse der Umwelt, das heisst der Aktionäre, Fremdkapitalgeber, Steuerbehörden usw. Tritt nun zum Beispiel ein Verlust auf, erhalten die Betroffenen aus dem Bereich des finanziellen Rechnungswesens wenig Anhaltspunkte über die grundlegenden Ursachen eines solchen Verlustes. Sie wissen lediglich, dass die Aufwendungen nicht mehr durch Erträge gedeckt sind. Ein derartiger «Informationsnotstand» hat insbesondere dann fatale Wirkungen, wenn ein Unternehmen in mehreren Geschäftsgebieten mit einer grossen Anzahl unterschiedlicher Marktleistungen tätig ist.

Denn weder der Bilanz noch der Erfolgsrechnung lassen sich Angaben entnehmen, die Klarheit darüber schaffen, welche Marktleistungen besonders förderungswürdig sind, in welchen Bereichen allenfalls Kostensenkungspotenziale genutzt werden könnten, welche Aufträge / Marktleistungen ihre Kosten nicht decken usw. Womit hängt das zusammen?

- In der Finanzbuchhaltung werden lediglich *Wert*grössen und *Wert*flüsse (Ein-/Auszahlungen, Aufwand und Ertrag) festgehalten, aber *keine* (physischen) *Mengen*grössen wie Stückzahlen, Beanspruchungszeiten, Beanspruchungsmengen usw.[37]

37 Auch eine Betriebsbuchhaltung (im Sinne einer Hilfsbuchhaltung) enthält – wenn sie nach den Regeln der doppelten Buchhaltung geführt wird – keine Mengengrössen.

- In der Finanzbuchhaltung werden nur Wertflüsse zwischen Unternehmen und externer Umwelt, aber keine innerbetrieblichen Wertflüsse (bewertete Einsatzmengen/Leistungsbeanspruchungen) festgehalten, die je nach Marktleistung erheblich schwanken können.
- Eine Buchhaltung ist ein *vergangenheitsorientiertes* Abrechnungsinstrument mit einem jährlichen, allenfalls halbjährlichen oder sogar monatlichen Abschluss. Eine Unternehmensführung braucht aber kontinuierliche Standortbestimmungen von hoher Aktualität und *zukunftsorientierte* Informationen für weiterführende Massnahmen. Solchen Forderungen vermag eine Buchhaltung ohne ergänzende Unterstützung durch ein zweckmässiges betriebliches Rechnungswesen nicht zu genügen.

Das finanzielle Rechnungswesen ist nicht in der Lage, die für eine zweckmässige Planung und Feinsteuerung notwendigen Informationen zu liefern. Demzufolge bedarf Controlling der zwingenden Ergänzung durch ein führungs-, ziel- und entscheidungsorientiertes betriebliches Rechnungswesen.

Nur mithilfe eines zweckmässig konzipierten betrieblichen Rechnungswesens können die folgenden, bereits im Modul 1 aufgeführten Fragestellungen beantwortet werden:

- *Wo*, in welchen Bereichen, Abteilungen, Kostenstellen dürfen in der Planungsperiode welche Kosten entstehen?
  Diese Frage beantwortet eine Kostenarten- und Kostenstellenrechnung.
- *Wofür*, für welche Produkte, Dienstleistungen und Aufträge dürfen welche Kosten entstehen?
  Diese Frage beantwortet eine Kalkulation (Kostenträgerstückrechnung).
- *Womit*, mit welchen Marktleistungen auf der Grundlage welcher Infrastruktur will unsere Unternehmung in der Planungsperiode in einzelnen Teilmärkten ihren Erfolg erzielen?
  Diese Frage beantwortet eine Managementerfolgsrechnung als Verkaufserfolgsrechnung[38]. Die Erfolgsrechnung ist ein Instrument des finanziellen Rechnungswesens, während die Managementerfolgsrechnung der Darstellung des betrieblichen Erfolges (Markterfolges) dient.

38 Vielfach wird (insbesondere in der Kostenrechnungstheorie) anstelle von Managementerfolgsrechnung von kurzfristiger Erfolgsrechnung gesprochen. Dies birgt allerdings stets die Gefahr einer Verwechslung mit der Erfolgsrechnung der Finanzbuchhaltung.

2 Merkmale und Aufgaben des betrieblichen Rechnungswesens

Das finanzielle Rechnungswesen bzw. die Finanzbuchhaltung rechnet *retrospektiv* und *sehr genau*. Die Finanzbuchhaltung *muss* «stimmen».

Im betrieblichen Rechnungswesen und im alltäglichen Controlling geht es somit um:

- «genügend» genaues Rechnen,
- sehr rasch erstellte,
- zukunftsorientierte und
- problembezogene, flexible Analysen.

Folglich müssen die Instrumente des betrieblichen Rechnungswesens:
- stets als Planungs- und als Ergebnisrechnungen geführt werden können;
- ohne grossen Aufwand die zeitgerechte Durchführung von Abweichungsanalysen erlauben;
- dazu geeignet sein, auch für Sonderprobleme rasch einigermassen (!) genaue Angaben zu den entsprechenden finanziellen Konsequenzen liefern zu können (zum Beispiel Auftragskalkulationen, Verkürzung von Lieferfristen, Erweiterung des Sortiments, Erhöhung des Werbebudgets usw.);
- Entscheidungshilfen bieten, die aufzeigen, welche Kosten und Erlöse sich bei bestimmten Entscheidungen verändern (What-if-Analysen);
- so aufgebaut sein, dass die finanziellen Wirkungen von Massnahmen denjenigen Personen zugeordnet werden können, die auch tatsächlich dafür verantwortlich sind.

Diese Forderung setzt voraus, dass durch die Organisation des Unternehmens zum Voraus klar definiert ist, welche Personen in welcher Hinsicht für den finanziellen Erfolg des Unternehmens verantwortlich sind. Hierzu gehört eine klare Aufteilung der Umsatz- und der Kostenverantwortung auf die einzelnen Bereiche. Wer ist für den Umsatz welcher Verkaufsprodukte verantwortlich? Wer ist für die Kosten welcher Bereiche verantwortlich (Grundlage hierfür kann das Organigramm sein)?

In den *Planungsrechnungen*, zum Beispiel dem Absatzbudget und der Kostenplanung, werden die finanziellen Ziele der Periode festgelegt. Planungsrechnungen sind zentrale Elemente des periodischen Zielsetzungsprozesses eines Unternehmens.

Der *Beitrag der Führungskräfte* zum finanziellen Erfolg besteht im Wesentlichen in der zielorientierten, systematischen und nicht zuletzt hartnäckigen Beeinflussung von

- Umsatz,
- Kosten und
- betriebsnotwendigem Vermögen.

Damit soll weder einer «reinen Umsatzwachstumsideologie» noch einer «Kosteneinsparungsideologie» das Wort geredet werden, indem beispielsweise zukünftig nur noch in der 2. Klasse Eisenbahn gefahren werden darf. Hebelwirkungen sind viel eher im Innovationsprozess und in der Konfiguration der betrieblichen Leistungserstellung zu suchen. So werden schon im Innovationsprozess oft mehr als 90 Prozent aller Kosten determiniert, die während des gesamten Lebenszyklus eines Produkts anfallen. Auch durch eine zweckmässige Wahl der Fertigungstiefe und durch eine geschickte Organisation der betrieblichen *Kernprozesse* (zum Beispiel niedrige Durchlaufzeiten) kann viel zum Unternehmenserfolg beigetragen werden.

Im Planungsprozess müssen *für alle* Akteure idealerweise im *gemeinsamen Dialog* massgeschneiderte und unmissverständliche, langfristige und kurzfristige finanzielle *Ziele* erarbeitet werden (das sogenannte Gegenstromverfahren der Planung). Diese bilden letztlich die *verbindlichen Eckpfeiler* der Planungsrechnung(en). Dabei haben sich alle beteiligten Akteure unerbittlich mit der Frage auseinanderzusetzen:

> Welchen *Beitrag* verpflichte ich mich im Rahmen meiner Tätigkeit und Verantwortung zu leisten, damit das Unternehmen als Ganzes und mein Bereich auch tatsächlich die gesetzten Ziele erreichen?

Zu beachten ist dabei,

- dass sich die *Planung* auf die beeinflussbaren Faktoren einer Führungskraft bezieht und eine *Selbstverpflichtung* darstellt und
- dass Ziele so geplant und formuliert werden, dass sie realistisch, aber nur mit Anstrengung zu erreichen sind.

3 Grundbegriffe des betrieblichen Rechnungswesens

3.1 Kosten, Erlöse und Erlösträger

Im finanziellen Rechnungswesen wird von Aufwendungen und Erträgen gesprochen, im betrieblichen Rechnungswesen von *Kosten* und *Erlösen.* Das betriebliche Rechnungswesen ist strikt auf den betrieblichen Produktions- und Wertschöpfungsprozess ausgerichtet, das heisst auf die Erstellung von Marktleistungen mit allen physischen Aktivitäten und Abläufen, die dazu notwendig sind. Kosten und Erlöse sind immer im Zusammenhang mit *Leistungen* zu sehen, die mithilfe von *Mengeneinheiten* (kg, h, m, Stück usw.) gemessen und mittels einer zweckmässigen Betriebsdatenerfassung erfasst werden müssen.

Unter Erlös wird der Gegenwert (Geldwert) verstanden, den Kunden für gekaufte und bewertete Leistungen entrichten.[39]

Unter Kosten werden bewertete Einsatz- und Ausstossmengen der betrieblichen Leistung nach Massgabe der tatsächlichen Leistungsbeanspruchung und Abnutzung verstanden. Kosten sind also bewertete Leistungsbeanspruchungen.[40]

Weder Erlöse noch Kosten stellen einfach Geldbeträge dar wie Erträge und Aufwendungen, sondern sind immer *als Multiplikationen von Mengen und Preisen* zu betrachten.

Erlös = Absatzmenge × erzielter Verkaufspreis pro Mengeneinheit
Kosten = Leistungsmenge × Preis pro Leistungseinheit[41]

Im Rahmen des betrieblichen Wertschöpfungsprozesses eines Unternehmens werden verschiedene Leistungen, das heisst verschiedene Mehrwerte erbracht, bis das Verkaufsprodukt (als physischer Gegenstand oder als Dienstleistung) bei der Kundschaft seinen Nutzen erbringt.

Selbstverständlich führen nicht alle diese Leistungen zu einem Erlös, der dem Unternehmen von aussen zufliesst. Insbesondere die Abrechnung innerbetrieblicher Leistungen im Rahmen der innerbetrieblichen Verrechnung ist aus der Sicht des Gesamtunternehmens ein Nullsummenspiel.

---

39 Rieder/Siegwart 1993, S. 107.

40 Rieder/Siegwart 1993, S. 108.

41 Zum Beispiel Materialeinsatzmenge × Materialpreis, geleistete Arbeitsstunden × Lohnsatz, beanspruchte Maschinenzeit × Kostensatz (Verrechnungspreis) pro Maschinenstunde usw.

Als *Erlösträger* werden deshalb im Folgenden ausschliesslich diejenigen Leistungen (Marktleistungen) bezeichnet, die zu einem Erlös führen, der dem Unternehmen von aussen zufliesst.

3.2 Sachliche und zeitliche Abgrenzungen

Die Periodenlänge des *betrieblichen Rechnungswesens* (Managementerfolgsrechnung) muss zum Zweck der Feinsteuerung kürzer sein als diejenige der *Finanzbuchhaltung*. Sie beträgt in der Regel einen Monat oder ein Quartal. Deshalb müssen die Aufwendungen aus der Finanzbuchhaltung für Controlling-Zwecke *zeitlich* und *sachlich abgegrenzt* werden.

- *Zeitliche Abgrenzungen* dienen dazu, die Aufwendungen korrekt auf die Perioden des betrieblichen Rechnungswesens (Monat, Quartal) aufzuteilen.
- Kosten sind bewertete Leistungsbeanspruchungen. Bereits die Ausführungen zur Problematik des Geschäftsabschlusses (Kapitel 4.2, Modul 2) haben gezeigt, dass bei der Bewertung von Leistungen und Vermögen je nach externer bzw. interner Anspruchsgruppe unterschiedliche Bewertungsmassstäbe zur Anwendung kommen können. *Sachliche Abgrenzungen* dienen dazu, Bewertungen zu korrigieren (zum Beispiel aus steuerlichen Überlegungen überhöht angesetzte Abschreibungen und Rückstellungen) oder kostenrelevante Positionen, die in der Finanzbuchhaltung gar nicht enthalten sind, in die Managementerfolgsrechnung einzubringen (zum Beispiel kalkulatorischer Unternehmerlohn, «Gratisarbeit» von Familienangehörigen im Betrieb usw.).

  Die entsprechenden Angaben mögen in der Finanzbuchhaltung durchaus zweckmässig sein, im Hinblick auf den tatsächlichen betriebswirtschaftlichen Leistungsausweis können sie aber verfälschend wirken, weshalb sie hier korrigiert werden müssen. Ebenso sind neutrale (betriebsfremde) und ausserordentliche Aufwendungen, die normalerweise nicht im laufenden Produktionsprozess anfallen, kein Bestandteil der Managementerfolgsrechnung und werden demzufolge im Rahmen der sachlichen Abgrenzungen ausgeschieden.

Belegnr. Geschäftsfall der Finanzbuchhaltung	*Kostenart* (Text)	*Aufwand* (in CHF/EUR)	*Abgrenzung*		*Kosten* (in CHF/EUR)
			zeitlich	sachlich	

Abb. 51 Schematische Darstellung der Abgrenzungen zwischen Finanzbuchhaltung und Kostenartenrechnung

In der Praxis kann es – wie das folgende Schema zeigt – im Weiteren sinnvoll sein, die Aufwandspositionen der Finanzbuchhaltung – sofern sie für die Managementerfolgsrechnung relevant sind – direkt auf dem ursprünglichen Buchungsbeleg zusätzlich auf bestimmte Kostenstellen oder Erlösträger, zum Beispiel Aufträge oder Projekte, zu kontieren.

Buchungsbeleg

Belegdatum	Buchungssatz Finanzbuchhaltung		Kontierung Kostenstellen-/ Managementerfolgsrechnung			Buchungstext (Beschreibung)	Betrag
	Soll	Haben	Abgrenzungen		Kostenstelle oder Erlösträger		
			zeitlich	sachlich			

Abb. 52 Buchungsbeleg

3.3 Grundlagen zum Aufbau einer Deckungsbeitragsrechnung

Die bisherigen Überlegungen zur Managementerfolgsrechnung sind aus einer Innenperspektive, das heisst vom eigenen Wertschöpfungs- oder Produktionsprozess – genauer: von den *Kosten der Wertschöpfung* – ausgegangen. Die *Deckungsbeitragsrechnung* wechselt nun die Perspektive.

Ausgangspunkt einer Deckungsbeitragsrechnung sind nicht die anfallenden Kosten, sondern der am Markt realisierte Umsatz. Eine Deckungsbeitragsrechnung ist ein strikt *marktorientiertes* Instrument zur Ermittlung des Beitrags, den die einzelnen Erlösträger, aber auch Produktgruppen, Abteilungen, Geschäftsbereiche und Sparten zur Deckung bestimmter Kosten und damit zum Unternehmensergebnis beisteuern.

3.3.1 Fixe und proportionale Kosten («Kostenspaltung»)

Eine Grundvoraussetzung für die Ermittlung von Deckungsbeiträgen besteht in einer Aufspaltung der Kosten in *fixe* und *proportionale* Bestandteile. Eine solche Aufspaltung kann *ausschliesslich* in der Planung vorgenommen werden, bei der (zum Beispiel ausgehend von einem bestimmten Produktionsprogramm) analytisch die leistungsabhängigen (proportionalen) und leistungsunabhängigen (fixen) Kosten ermittelt werden.

Die Kostenspaltung in der Planung dient der besseren analytischen Durchdringung des Betriebsgeschehens unter dem Aspekt der Kostenverursachung in Abhängigkeit von zentralen Einflussgrössen. Durch bessere Kenntnis und Berücksichtigung der grundlegenden Kostenursachen sollen auch bessere Entscheidungen zustande kommen.

Obwohl *Ist*-Kosten *nicht* in fixe und proportionale Teile aufgespaltet werden können, dient die Kostenspaltung in der Planung später als Grundlage für eine zweckmässige Abrechnung der anfallenden Ist-Kosten.

- *Proportionale Kosten*[42] sind solche Kosten, die nur dann entstehen, wenn eine (einzelne) Leistungseinheit (zum Beispiel ein Endprodukt) *produziert*

42 Mit Deyhle/Steigmeier 1993 und Rieder/Siegwart 1993 wird im vorliegenden Buch der Begriff proportional dem geläufigen Begriff variabel aus folgendem Grund vorgezogen: Die Unterscheidung von proportional und fix möchte (analog zum Activity Based Costing) auf die Frage aufmerksam machen, welche Kosten (infra-)strukturbedingt sind und welche Kosten leistungsabhängig, d. h. (mehr oder weniger) proportional zur Beanspruchung der Infrastruktur schwanken. Der Begriff variabel wird dagegen oft mit der Vorstellung der Beeinflussbarkeit von Kosten in Verbindung gebracht, nach der Vorstellung: «Die variablen Kosten sind diejenigen Kosten, die veränderbar, d. h. variabel sind. Die Fixkosten kann man dagegen – zumindest kurzfristig – nicht ändern, deshalb sind sie fix.» Vor dem Hintergrund der obigen Überlegungen ist dies natürlich falsch, denn sowohl die fixen Kosten (zum Beispiel mittels der Wahl

wird.[43] Proportionale Kosten «schlüpfen»[44] gewissermassen direkt in die erbrachte Leistungseinheit hinein. Proportionale Kosten werden durch all diejenigen Aktivitäten verursacht, die einen direkten und unmittelbaren Beitrag an die Entstehung und damit Existenz einer Marktleistung erbringen.

> *Proportionale Kosten* sind solche Kosten, die sich proportional zur erbrachten Leistung entwickeln; sie sind proportional bezogen auf die Menge der erbrachten Leistungen. Proportionale Kosten hängen also von ihrer Verursachung her *direkt* mit der eigentlichen Erbringung einer bestimmten Leistung(smenge) zusammen. Unter Leistung werden dabei zum einen die *Marktleistungen* verstanden, zum Beispiel Anzahl verkaufter Produkte (erbrachter Dienstleistungen), usw. Zum andern sind darunter auch die internen Leistungen zu verstehen, zum Beispiel Anzahl Auftragsabwicklungen, Anzahl inner- oder zwischenbetrieblicher Transporte, Anzahl verarbeiteter Retouren, usw.

- *Fixkosten* sind demgegenüber *Infrastrukturkosten (synonym Organisationsstrukturkosten)*, die unabhängig davon entstehen, ob überhaupt bzw. wie viel produziert wird. Sie reagieren von ihrem Wesen her grundsätzlich *nicht* auf Belastungsschwankungen. Erst wenn die Infrastruktur grundlegend neuen Bedingungen angepasst werden muss (neue Gebäude, neue Maschinen), verändern sich die Fixkosten; man spricht dann von sprungfixen Kosten.

  Auch Fixkosten haben somit (analytisch) identifizierbare «Verursacher», indem gewisse Sortimente oder Produktgruppen beispielsweise nur durch Inanspruchnahme ganz bestimmter Maschinen oder Spezialanfertigungen von Maschinen hergestellt werden können. Die Fertigung bestimmter Sortimente und Produktgruppen kann zudem auch eine bestimmte Infrastruktur im Gebäude-, Sicherheits-, Energie- und Ökologiebereich (Abluft- und Abwasserreinigung) voraussetzen. Fixkosten sind also stets in einem engen Zusammenhang mit solchen Leistungspoten-

einer kostengünstigen Fahrzeugklasse von Aussendienstfahrzeugen) als auch die proportionalen Kosten (zum Beispiel mittels einer geschickten Routenplanung und der Förderung eines umweltverträglichen Fahrverhaltens) können nachhaltig beeinflusst werden.

43 Die proportionalen Kosten entsprechen dabei dem gesamten Betrag an unmittelbar leistungsabhängigen Kosten, die Grenzkosten demjenigen Betrag, um den die proportionalen Kosten bei der Erbringung einer zusätzlichen Leistungseinheit zunehmen. Unter den Grenzkosten werden demzufolge die proportionalen Kosten pro Leistungseinheit verstanden. Dieser Grenzkostenbegriff darf nicht mit demjenigen der Volkswirtschaftslehre verwechselt werden.

44 Dieser Begriff wurde von Deyhle geprägt.

zialen zu sehen, die eine allgemeine Voraussetzung für den Leistungserstellungsprozess bestimmter Güter und Dienstleistungen darstellen.

Die Betrachtungsweise bzw. Aufteilung in proportionale und fixe Kosten (Kostenspaltung) geht also strikt von der *Art* der Leistungen aus, die für die physische Herstellung eines bestimmten Produktes oder Produktsortimentes einerseits im Sinne eines *allgemeinen Leistungspotenzials* grundsätzlich «vorhanden» sein müssen und andererseits in Form einzelner Wertschöpfungs*aktivitäten* je von Neuem in Anspruch genommen werden.

Die Frage der Kostenspaltung in proportionale und fixe Kosten darf auf keinen Fall verwechselt werden mit dem Problemkreis der Beeinflussbarkeit von Kosten, aus dem sich zwei Fragen ergeben:

- *Welche Kosten* können durch welche Personen im Unternehmen beeinflusst werden?

  Beeinflussbar sind Kosten beispielsweise für eine Abteilungs- oder Spartenleiterin genau dann, wenn diese zumindest auf die Einsatzmenge (zum Beispiel Anzahl Mitarbeitende/effektiv geleistete Mitarbeitendenstunden) Einfluss nehmen kann. Ideal ist natürlich, wenn sie auch den Preis (zum Beispiel die Höhe des Lohnes) beeinflussen kann. Ist keines von beidem möglich, wird von *nicht beeinflussbaren* Kosten gesprochen – allerdings nur aus der Perspektive der betroffenen *Kostenverantwortlichen*. Denn in einem gut organisierten Unternehmen darf es keine Kosten geben, die von niemandem beeinflusst werden können.
- *In welchem zeitlichen Horizont* können die Kostenverantwortlichen ihre Kosten beeinflussen (zum Beispiel kurzfristig: < 1 Monat, mittelfristig: < 1 Jahr, langfristig: > 1 Jahr)?

  Es ist sehr empfehlenswert, im Sinne von zwei unterschiedlichen «Brillen», strikt zu unterscheiden, ob über Fragen der struktur- bzw. ausstossbedingten Verursachung von Kosten gesprochen wird oder über Fragen der Beeinflussbarkeit der Kosten durch bestimmte Personen in einem bestimmten Zeithorizont.

3.3.2 Deckungsbeitrag

Als *Deckungsbeitrag* wird die Differenz zwischen Nettoerlös[45] und proportionalen Kosten bezeichnet, also jener Betrag, den die Erlösträger zur Deckung der Fixkosten und schliesslich zur Bildung eines Gewinnes beisteuern.

45 Unter dem Nettoerlös wird der Bruttoverkaufserlös abzüglich Erlösminderungen (zum Beispiel Rabatte, Skonti, Boni usw.) verstanden.

Die Deckungsbeitragsrechnung geht davon aus, dass gewisse Teile der Kosten unmittelbar durch die Produktion von Leistungen für den Markt verursacht werden, die sogenannten proportionalen Kosten. Der Rest an Kosten, das heisst die Fixkosten, müssen durch die Differenz zwischen Nettoerlös und proportionalen Kosten, den Deckungsbeitrag, gedeckt werden.

In einer Deckungsbeitragsrechnung werden nicht alle Kosten der einzelnen Marktleistung belastet, sondern nur derjenige Teil, der auch unmittelbar für die Erstellung einer Marktleistung durch einen bestimmten Leistungsbereich (Abteilung, Bereich, Sparte, Profitcenter usw.) verursacht wird. Deshalb spricht man dabei oft von Teilkostenrechnung, weil nur ein Teil der Kosten auf die einzelnen Erlösträger bzw. auf die Leistungsbereiche verrechnet wird.

Was die Teilkosten- von der Vollkostenrechnung somit unterscheidet, ist nicht, dass in der Teilkostenrechnung nur ein Teil der gesamten Kosten abgerechnet und ausgewiesen wird, sondern dass in der Teilkostenrechnung nur ein Teil der gesamten Kosten auf die einzelnen Erlösträger verrechnet wird, im Wesentlichen die proportionalen Kosten.

	Prinzipschema	**Zahlenbeispiel**	
		Erlösträger A	Erlösträger B
	Nettoerlöse (aggregiert über alle Verkäufe)	33 000	64 000
./.	proportionale Kosten	11 000	48 000
	Deckungsbeitrag	**22 000**	**16 000**
./.	Fixkosten(-block)	30 000	
	Ergebnis (Gewinn oder Verlust)	+ 8 000	

Abb. 53 Prinzipschema einer Deckungsbeitragsrechnung

Sobald der Fixkostenblock aufgeteilt wird, wird von einer *mehrstufigen Deckungsbeitragsrechnung* gesprochen. Eine Aufteilung von Fixkosten wird dann vorgenommen, wenn *nicht alle* Erlösträger die gesamte Infrastruktur *gleich stark* beanspruchen. Dies bedarf einer genauen Kenntnis, woraus sich die Infrastrukturkosten zusammensetzen und was (insbesondere welche Erlösträger) zu ihrer Verursachung beiträgt.

Streng genommen ist der erste Deckungsbeitrag (Deckungsbeitrag 0) in einem Handelsbetrieb der *Bruttogewinn*; das Verhältnis von Deckungsbeitrag 0 zu Nettoerlös (im Beispiel A: 66%, B: 25%) wird dabei *Bruttomarge* oder *Deckungsbeitragsintensität* genannt.

Das dargestellte Grundprinzip der Deckungsbeitragsrechnung kann für verschiedene Zwecke Anwendung finden, so zum Beispiel für

- die Beurteilung des Marktleistungserfolgs durch eine *einzelproduktweise Deckungsbeitragsrechnung*
- die Kalkulation von Einzelprodukten mithilfe einer *Produktkalkulation auf Teilkostenbasis*
- die Darstellung der Produktgruppen-, Abteilungs- und Spartenerfolge in einer *Managementerfolgsrechnung*

Zusammenfassung Modul 4, Kapitel 1, 2 und 3

Das finanzielle Rechnungswesen ist nicht in der Lage, die grundlegenden Ursachen für einen Gewinn oder allfälligen Verlust aufzuzeigen oder Informationen für wichtige Fragestellungen (zum Beispiel förderungswürdige Produkte, Kostensenkungspotenziale usw.) zu liefern. Folgende Gründe können dafür angeführt werden:

- Es werden lediglich *Wert*grössen und -flüsse erfasst, aber *keine Mengen*grössen.
- Es werden nur Wertflüsse zwischen Unternehmen und Umwelt, aber *keine* innerbetrieblichen Wertflüsse festgehalten.
- Die Buchhaltung ist ein vergangenheitsorientiertes Abrechnungsinstrument und liefert daher *keine zukunftsorientierten* Informationen für weiterführende Massnahmen.
- Die *Kostenarten-* und die *Kostenstellenrechnung* beantworten die Frage, *welche* Kosten in der Planungsperiode *wo* (d.h. in welchen Aktivitätsfeldern bzw. Verantwortungsbereichen) entstehen dürfen.
- Die *Kalkulation (Kostenträgerstückrechnung)* beantwortet die Frage, *wofür welche* Kosten entstehen dürfen.
- Die *Managementerfolgsrechnung* beantwortet die Frage, *womit* die Unternehmung in einzelnen Teilmärkten ihren Erfolg erzielen will.
- Im *betrieblichen Rechnungswesen* geht es um «genügend genaues» Rechnen sowie um sehr rasch erstellte, zukunftsorientierte und problembezogene, flexible Analysen.
- *Voraussetzung* für die Wirksamkeit der Instrumente des betrieblichen Rechnungswesens ist, dass die *Umsatz- und Kostenverantwortung* klar auf die einzelnen Bereiche und Personen aufgeteilt ist.
- Planungsrechnungen sind zentrale Elemente des periodischen Zielsetzungsprozesses eines Unternehmens. Der *Beitrag der Führungskräfte* besteht in der zielorientierten, systematischen und nicht zuletzt hartnäckigen Beeinflussung von Umsatz, Kosten und betriebsnotwendigem Vermögen.
- Bei Planungsrechnungen ist demnach zu beachten, dass sich die *Planung* auf die *beeinflussbaren* Faktoren einer Führungskraft bezieht und eine Selbstverpflichtung darstellt und dass Ziele so geplant und formuliert werden, dass sie realistisch, aber nur mit Anstrengung zu erreichen sind.
- Während im finanziellen Rechnungswesen die Grössen Aufwendungen und Erträge im Mittelpunkt stehen, spricht man im betrieblichen Rechnungswesen von *Kosten* und *Erlösen*.

- Unter *Erlös* wird der Gegenwert verstanden, den Kunden für gekaufte und bewertete Leistungen entrichten. *Kosten* stellen demgegenüber bewertete Einsatz- und Ausstoss*mengen* der betrieblichen Leistung nach Massgabe der tatsächlichen Leistungsbeanspruchung und Abnutzung dar, sind also bewertete Leistungsbeanspruchungen.
- Unter *Erlösträgern* sind diejenigen Leistungen zu verstehen, die zu einem Erlös führen, der dem Unternehmen von aussen zufliesst.
- Kosten und Erlöse müssen von Aufwendungen und Erträgen abgegrenzt werden, damit sie im betrieblichen Rechnungswesen weiterverarbeitet werden können. Dabei werden *zeitliche* und *sachliche Abgrenzungen* unterschieden. Zeitliche Abgrenzungen dienen der periodengerechten Zuordnung von Aufwendungen und Erträgen (Monat, Quartal). Sachliche Abgrenzungen dienen dazu, Bewertungen zu korrigieren oder kostenrelevante Positionen, die nicht in der Finanzbuchhaltung enthalten sind, in die Managementerfolgsrechnung einzubringen.
- Unter *Kostenspaltung* versteht man die Unterteilung der gesamten Kosten in fixe und proportionale Bestandteile. *Proportionale Kosten* sind dabei solche Kosten, die sich proportional zur erbrachten Leistung entwickeln, und hängen von ihrer Verursachung her direkt mit der eigentlichen Erbringung einer bestimmten Leistung(smenge) zusammen. *Fixe Kosten* sind hingegen Infrastrukturkosten, die prinzipiell völlig unabhängig davon entstehen, ob bzw. wie viel überhaupt produziert wird, und reagieren grundsätzlich nicht auf Belastungsschwankungen.
- Ausgangspunkt einer *Deckungsbeitragsrechnung* sind nicht die anfallenden Kosten, sondern der am Markt realisierte Umsatz. Sie ist damit ein strikt marktorientiertes Instrument zur Ermittlung des Beitrages, den einzelne Erlösträger oder Bereiche zur Deckung bestimmter Kosten und damit zum Unternehmensergebnis beisteuern.
- Unter dem Deckungsbeitrag wird die Differenz zwischen Nettoerlös und proportionalen Kosten verstanden, also jener Betrag, den ein Erlösträger zur Deckung der Fixkosten und schliesslich zur Bildung eines Gewinnes beisteuert. In einer Deckungsbeitragsrechnung werden also nicht alle Kosten der einzelnen Marktleistung angelastet, sondern nur derjenige Teil, der direkt und unmittelbar für die Erstellung dieser Marktleistung durch einen bestimmten Leistungsbereich verursacht wird.

Selbst-Controlling: Modul 4, Kapitel 1, 2 und 3

	Frage	*Unsicher? Wenn ja: Seite*
1	Wieso können in einem Unternehmen auf der Grundlage eines finanziellen Rechnungswesens keine Rückschlüsse auf die Ursachen eines allfälligen Verlustes gezogen werden?	183/184
2	Welche Fragestellungen können mithilfe des betrieblichen Rechnungswesens sinnvoll beantwortet werden?	184
3	Warum müssen Instrumente des betrieblichen Rechnungswesens als Planungs- und Ergebnisrechnungen geführt werden können?	185
4	Welche organisatorische Voraussetzung muss erfüllt sein, damit ein betriebliches Rechnungswesen sinnvoll implementiert werden kann?	185
5	Welchen Beitrag können Führungskräfte zum finanziellen Erfolg des Unternehmens leisten?	186
6	Wie sollten der Planungsprozess gestaltet und die Ziele festgelegt werden?	186
7	Welche Grössen sind im finanziellen, welche im betrieblichen Rechnungswesen relevant?	187
8	Was sind Beispiele für Kosten, die keine Aufwände sind?	188
9	Was sind Beispiele für Aufwände, die keine Kosten sind?	188
10	Was sind Beispiele für Erlöse, die keine Erträge sind?	188
11	Was sind Beispiele für Erträge, die keine Erlöse sind?	188
12	Inwiefern nimmt die Deckungsbeitragsrechnung im Vergleich zur Verkaufserfolgsrechnung einen Perspektivenwechsel vor?	190
13	Welche Beispiele für fixe und für proportionale Kosten gibt es?	190/191
14	Warum ist es bedeutsam, den Begriff «variable Kosten» durch denjenigen der «proportionalen Kosten» zu ersetzen?	190
15	Wieso ist für die Ermittlung des Deckungsbeitrags eine Kostenspaltung notwendig?	192
16	Wieso ist die Kostenspaltung strikt vom Problemkreis der Beeinflussbarkeit von Kosten zu unterscheiden?	192
17	Welche Probleme könnten auftreten, wenn man beginnt, die Fixkosten analytisch genau auf die Erlösträger aufzuschlüsseln?	194
18	Woraus besteht heutzutage eine gut ausgebaute, integrierte Kosten- und Erlösrechnung?	Kapitel 4

4 Planungs- und Abrechnungsinstrumente des betrieblichen Rechnungswesens

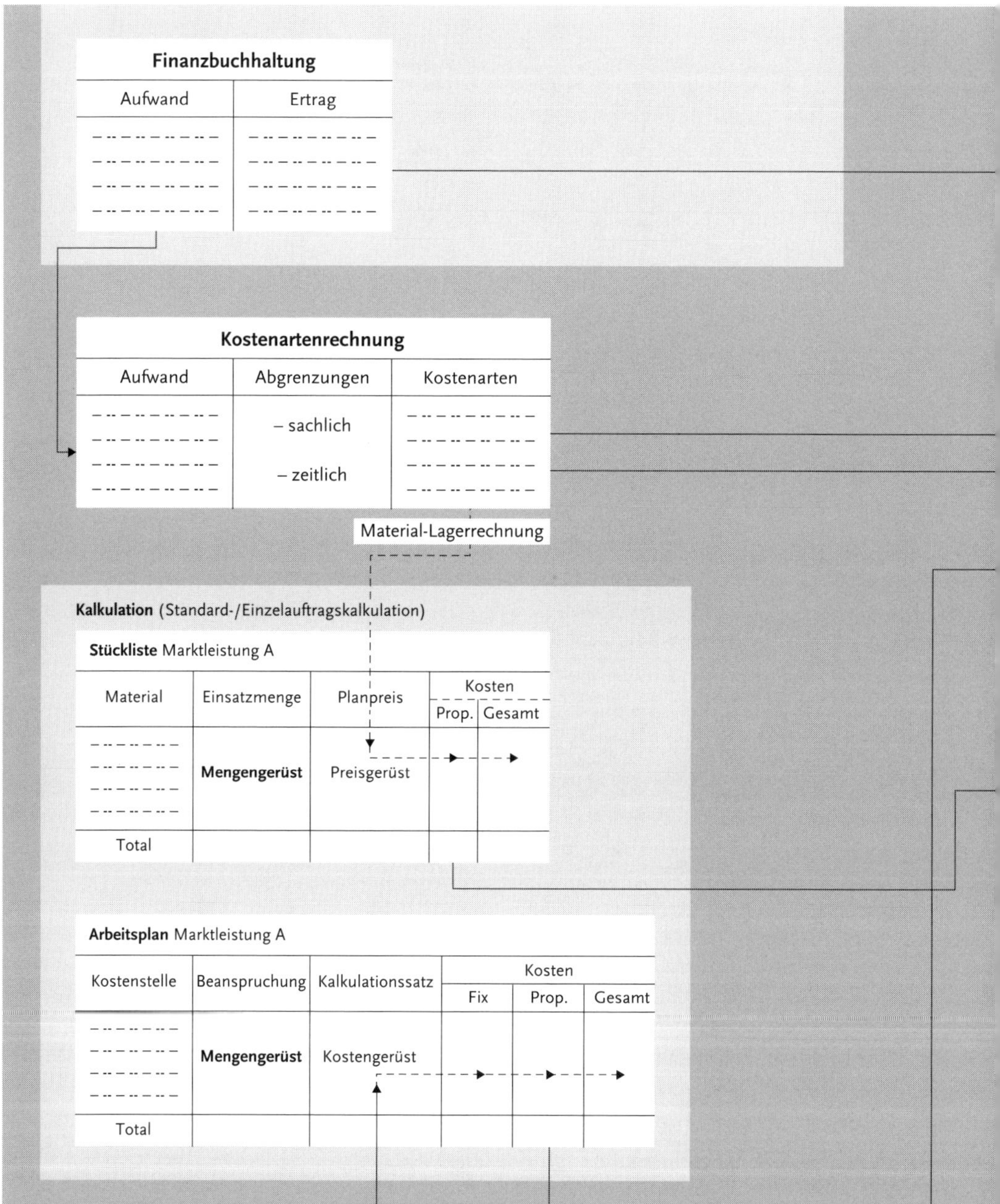

Abb. 54 Übersichtsschema Finanzbuchhaltung – Kostenrechnung – Managementerfolgsrechnung

Kostenstellenrechnung

Kostenarten	Fix	Proportional	Gesamt
Beeinflussbare Kosten			
– -- – -- – -- – -- – – -- – -- – -- – -- – – -- – -- – -- – -- – – -- – -- – -- – -- –			
Total beeinflussbare Kosten			
Nicht-beeinflussbare Kosten			
– -- – -- – -- – -- – – -- – -- – -- – -- – – -- – -- – -- – -- – – -- – -- – -- – -- –			
Total nicht-beeinflussbare K.			
Total Kosten			
Kalkulationssatz			

Erlösrechnung

Managementerfolgsrechnung

	Total	A	B	C	D	E
Absatzmengen						
Verkaufserlöse (netto) ./. Proportionale Materialkosten						
DB 0 ./. Proportionale Herstellkosten						
DB I ./. Fixkosten Marketing/Verkauf						
DB II ./. Fixkosten der Produktion/ Logistik						
DB III ./. Fixkosten F&E						
DB IV ./. Fixkosten Marketing/Admin.						
DB V ./. Kalk./Abschr./ROI-Ziel						
Verkaufserfolg ./. Abweichungen						
Managementerfolg						

Moderne Industrie- und Handelsbetriebe verfügen heute meist über eine gut ausgebaute, *integrierte Kosten- und Erlösrechnung*, bestehend aus:

- einer *Kostenartenrechnung* (**Kapitel 4.2**),
- einer *Kostenstellenrechnung* (**Kapitel 4.3**),
- einer *Kostenträgerrechnung* (d. h. einer Kostenträgerstückrechnung = *Kalkulation*, **Kapitel 4.4**),
- einer *Managementerfolgsrechnung* (= Verkaufserfolgsrechnung) (**Kapitel 4.5**) und
- eventuell einer gesonderten *Erlösrechnung* (**Kapitel 4.5.4**).

In der **Abbildung 54** sind schematisch die wichtigsten Zusammenhänge zwischen der Finanzbuchhaltung, der Kostenarten- und Kostenstellenrechnung, der Kalkulation sowie der Erlösrechnung und Managementerfolgsrechnung dargestellt.

Besonderer Aufmerksamkeit bedarf das Problem der Verknüpfung von (physischen) Mengengrössen und deren finanzieller Bewertung in der Kosten- und Erlösrechnung. Von ausschlaggebender Bedeutung ist dabei, dass zur Erstellung einer Kalkulation «Mengengerüste» notwendig sind. Diese Mengengerüste bilden die Verbindung zwischen

- den *physischen* Aktivitäten und Prozessen des betrieblichen Alltags, die zur Erstellung einer Marktleistung erforderlich sind, und
- der *finanziellen Bewertung* («Preis- und Kostengerüst») der einzelnen Materialien und Aktivitäten, die in diese Marktleistung einfliessen.

Bei der Erstellung einer aussagekräftigen Kalkulation müssen demzufolge Mitarbeitende aus allen Bereichen, das heisst aus der Forschung und Entwicklung, aus der Produktion, aus der Logistik, aus dem Marketing und eventuell jemand aus den zentralen Diensten, mitwirken. Auch auf der Erlösseite ist die Erfassung von Mengengrössen notwendig. Die Absatzmengen können in der Erlösrechnung oder allenfalls auch in der Managementerfolgsrechnung ausgewiesen werden.

4.1 Aufgaben der Kostenrechnung

Der Begriff Kostenrechnung ist ein Sammelbegriff, unter dem üblicherweise die Kostenarten-, die Kostenstellen- und die Kostenträgerrechnung zusammengefasst werden. Die Kostenrechnung erfüllt verschiedene Funktionen, sie dient im Wesentlichen der:

- *Kostenermittlung* und Kostenbeurteilung von Marktleistungen (Offertenerstellungen)
- *Planung* und *Feinsteuerung* des Wertschöpfungsprozesses im Unternehmen, das heisst, sie liefert zum Beispiel Entscheidungsgrundlagen für:
  - die Bestimmung einer optimalen Fertigungstiefe
  - Make-or-buy-Entscheidungen (Eigenherstellung/Fremdbezug)
  - die Annahme oder Ablehnung von (Zusatz-)Aufträgen
  - die Sortimentsplanung
  - die Produktionsprogrammplanung
  - die Wahl von Distributionskanälen
  - die Wahl von Produktionsverfahren
- *Kostenbewirtschaftung*/Kostenkontrolle (Planung und Feinsteuerung der Kostenentwicklung)
- *Bewertung* von Halb- und Fertigfabrikaten sowie von Ware in Arbeit (Inventar)

Die *Kostenrechnung* ist eine Systematik, die darauf abzielt, den Zusammenhang zwischen

- den Leistungen des betrieblichen Wertschöpfungsprozesses[46] und
- den durch diese Leistungen verursachten Kosten *transparent* zu machen.

Dabei richtet sich der Blick zum einen auf den *Wertschöpfungsprozess als Ganzes* (Managementerfolgsrechnung) und zum andern auf die einzelne Leistung (Kalkulation einer bestimmten innerbetrieblichen Leistung oder einer bestimmten Marktleistung).

46 Dieser umfasst nicht nur die unmittelbaren Aktivitäten zur Erstellung der Marktleistungen (Erlösträger), sondern auch innerbetriebliche Dienstleistungen wie Materialbezüge vom Lager, Transporte, Schlusskontrollen, Auslieferungen usw.

4.2 Kostenartenrechnung

Die Kostenartenrechnung bildet das *Bindeglied* zwischen der *Finanzbuchhaltung* und der *Kostenrechnung*. Sie ist die «Eingangsstelle», das heisst der Ort, wo die Daten der Finanzbuchhaltung für die Zwecke der Kostenrechnung aufbereitet werden. In der Kostenartenrechnung werden die ersten Aktivitäten der Kostenrechnung durchgeführt. Ihr fällt die Aufgabe zu, sämtliche Kosten nach einem festgelegten System zu erfassen und zu ordnen (Erfassungssystematik). Die Kostenartenrechnung beschäftigt sich also mit Fragen:

- der Kostenerfassung,
- der Kostenabgrenzung und
- der Kostenzuordnung.

> Die Kostenartenrechnung ist das *Sammelgefäss* für alle Aufwendungen aus der Finanzbuchhaltung, die für den betrieblichen Wertschöpfungsprozess (Produktionsprozess) von Bedeutung sind und damit *relevante* Kosten darstellen. Sie gibt Antwort auf die Frage: *Welche* Kosten entstehen im betrieblichen Wertschöpfungsprozess?

Die Periodenlänge der Kosten- und Erlösrechnung ist meist *kürzer* als diejenige der Finanzbuchhaltung. Sie beträgt in der Regel einen Monat oder ein Quartal. Deshalb besteht eine erste Aufgabe der Kostenartenrechnung darin, die Aufwendungen aus der Finanzbuchhaltung *abzugrenzen* (siehe dazu **Kapitel 3.2**). Zusammenfassend sei hier nochmals festgehalten:

- *Zeitliche Abgrenzungen* dienen dazu, die Aufwendungen korrekt auf die Perioden des betrieblichen Rechnungswesens (Monat, Quartal) aufzuteilen. In der *Kostenrechnung* kann es aus psychologischen Gründen allerdings sinnvoll sein, zeitliche Abgrenzungen *eher zurückhaltend* vorzunehmen. Kosten zeitlich abzugrenzen bedeutet im Grunde genommen, den Kostenverlauf zu glätten und die Folgen von allenfalls unwirtschaftlichen Praktiken zu verwischen, was dazu führen kann, dass die Kostenverantwortlichen mit der Zeit «einschlafen». Damit Menschen Handlungsbedarf wahrnehmen können, bedarf es ausreichend deutlicher Signale (Unterschiede). So kann es durchaus sinnvoll sein, dass grössere Kostenpositionen, die als Folge bestimmter Entscheidungen oder Ereignisse resultieren – zum Beispiel umfangreiche Revisionsarbeiten – im Moment, in dem sie anfallen, als *Gesamtbetrag* in ihrer vollen, «aufschreckenden» Grösse ausgewiesen werden. Dies wird eher dazu beitragen, das Bewusstsein für die Folgen bestimmter Aktivitäten oder Unterlassungen zu schärfen.

- *Sachliche Abgrenzungen* können dazu dienen, Bewertungen zu korrigieren (zum Beispiel zum Zweck einer minimalen Steuerbelastung überhöhte Abschreibungen und Rückstellungen). Die betroffenen Bewertungen mögen in der Finanzbuchhaltung durchaus zweckmässig sein, in einer korrekten Kosten- und Erlösrechnung können sie aber verfälschend wirken, weshalb sie hier korrigiert werden müssen. Ebenso sind *neutrale (betriebsfremde)* und *ausserordentliche* Aufwendungen, die normalerweise nichts mit dem laufenden Produktionsprozess zu tun haben, *kein* Bestandteil der Kostenrechnung und werden demzufolge im Rahmen der sachlichen Abgrenzungen ausgeschieden.

Belegnr. Geschäftsfall der Finanzbuchhaltung	*Kostenart* (Text)	*Aufwand* (in CHF/EUR)	*Abgrenzung*		*Kosten* (in CHF/EUR)
			zeitlich	sachlich	

Abb. 55 Schematische Darstellung der Kostenartenrechnung

Neben der Kostenerfassung und der Kostenabgrenzung hat die Kostenartenrechnung eine dritte Aufgabe: die *Kostenzuordnung*. Kosten entstehen dort, wo irgendwelche Leistungen für den betrieblichen Wertschöpfungsprozess erbracht werden, und in der Regel gibt es in den gut organisierten Betrieben keine Kosten, für die nicht jemand unmissverständlich die Verantwortung trägt.

Weil *nicht alle* Kosten unmittelbar den Marktleistungen (Erlösträgern) zugeordnet werden können, sondern durch Prozesse verursacht werden, von denen mehrere Erlösträger in unterschiedlichem Ausmasse «profitieren», unterscheidet man zwischen:

- *Einzelkosten*, die direkt auf eine bestimmte Marktleistung weiterverrechnet werden können, und
- *Gemeinkosten*, die in einer Kostenstelle, das heisst im Grunde genommen in einem Leistungs-Center, anfallen. Aufgrund der immer komplexer werdenden Fertigung wird die Bedeutung der Gemeinkosten immer grösser.

Kosten sind also genau dann *Einzelkosten*, wenn sie hinsichtlich ihrer Verursachung direkt einem Erlösträger zugeordnet werden können. Dies betrifft oft vor allem das Einzelmaterial oder die Wareneinkäufe von Handelsbetrieben. Die direkte Verbuchung von (Einzel-)Kosten (früher vor allem Einzellöhne und Einzelmaterial) auf Erlösträger kommt allerdings immer seltener vor. Heute werden die Löhne weitestgehend als Gemeinkosten über die Kostenstellenrechnung abgerechnet, während das Material im betrieblichen Rechnungswesen (oft zu Standardpreisen) aktiviert wird. Bei dieser Aktivierung von zugekauftem Material werden zugleich auch die Einkaufspreisabweichungen ermittelt, die (über nachfolgende Materialbezüge ab Lager) sinnvollerweise nicht auf die Erlösträger weiterverrechnet werden.

Demgegenüber werden all jene Kosten, die von einem Bereich verursacht werden, in dem Wertschöpfungsaktivitäten zugunsten verschiedener Erlösträger und/oder innerbetrieblicher Dienstleistungen erbracht werden, als *Gemeinkosten* bezeichnet.

Rechnet ein Unternehmen mit Einzelkosten, werden diese direkt dem Nettoerlös einer bestimmten Marktleistung gegenübergestellt. Gemeinkosten werden dagegen in *Kostenstellen* gesammelt und dort idealerweise nach Massgabe der tatsächlichen *Leistungsbeanspruchung*, das heisst auf der Grundlage von *Leistungsbezugsgrössen*, entweder auf empfangende interne Bereiche oder die Erlösträger weiterverrechnet. Einzelkosten müssen also auf Erlösträger (Produkte, Aufträge) kontiert werden, Gemeinkosten auf Kostenstellen.

In der Praxis existiert in vielen Fällen keine *explizite Kostenartenrechnung*. Vielmehr können die Aufwandspositionen der Finanzbuchhaltung – sofern sie für die Kostenrechnung relevant sind – schon in der Finanzbuchhaltung direkt auf dem *Buchungsbeleg* zusätzlich als Kostenarten auf bestimmte Kostenstellen oder Erlösträger kontiert werden.

Buchungsbeleg

Beleg-datum	Buchungssatz Finanzbuchhaltung		Kontierung Kostenrechnung			Buchungstext (Beschreibung)	Betrag
	Soll	Haben	Kosten-arten-Nr.	Kosten-stellen-Nr.	Erlös-träger/ Auftragsnr.		
				Gemein-kosten	**Einzel-kosten**		

Abb. 56 Buchungsbeleg

Wie dieses schematische Beispiel zeigt, kann es zweckmässig sein, die einzelnen Kostenpositionen bei der Aufwandserfassung in der Finanzbuchhaltung nicht nur als Kostenarten zu kontieren, sondern zusätzlich:

- entweder als *Gemeinkosten* auf eine bestimmte Kostenstelle oder
- als *Einzelkosten* direkt auf einen bestimmten Auftrag oder einen Erlösträger (Verkaufsprodukt, Marktleistung) zu buchen.

Die Kostenerfassung muss in jedem Fall *ausreichend* differenziert erfolgen, damit die der Kostenrechnung zugrunde liegende Zielsetzung erreicht werden kann, nämlich den Zusammenhang zwischen den anfallenden Kosten und den Leistungen, die diese Kosten verursachen, transparent zu machen.

So mag es beispielsweise sinnvoll sein, spezifische Werbekosten für ein einzelnes Produkt separat zu erfassen und von den allgemeinen Werbekosten zu trennen. Was die Abrechnung von Gemeinkosten betrifft, ermöglicht zum Beispiel erst die Aufteilung der Löhne in «Verkaufspersonal» sowie «Löhne für allgemeine Verwaltung» eine angemessene betriebsinterne Zuordnung des entsprechenden Leistungsverzehrs. Umgekehrt darf eine feine Differenzierung nicht einen derartigen Aufwand verursachen, dass die gesamte Kostenrechnung unwirtschaftlich wird.

4.3 Überblick über die Instrumente des betrieblichen Rechnungswesens

Nachfolgende Darstellung **(Abbildung 57)** zeigt die Gesamtzusammenhänge (Big Picture) der Instrumente des betrieblichen Rechnungswesens.

Diese Übersicht zeigt die Fragen, die die einzelnen Instrumente beantworten sollen, und die Verbindungen zwischen den einzelnen Instrumenten des betrieblichen Rechnungswesens auf. Sie zeigt somit auch auf, wie die Datenflüsse ablaufen sollen.

4.3.1 Grundlegender Aufbau einer Kostenstellenrechnung

Im Gegensatz zu den Einzelkosten können *Gemeinkosten* in der Managementerfolgsrechnung nicht direkt den einzelnen Erlösträgern belastet werden. Deshalb braucht es ein weiteres Instrument zur Abrechnung der Gemeinkosten, das heisst eine Systematik, mit der es gelingt, die Gemeinkosten *möglichst verursachungsgerecht* auf die Erlösträger zuzuordnen. Eine zentrale Rolle spielt dabei die Kostenstellenrechnung. Kostenstellen sind Leistungs-Centers, deren Leistungen:

- entweder für andere interne Leistungs-Centers erbracht werden (zum Beispiel Werkunterhalt, Energie, Abwasserentsorgung, allenfalls auch Logistik usw.) oder
- direkt in die herzustellende Marktleistung einfliessen (zum Beispiel im Falle einer Textildruckerei Vorbehandlung, Maschinendruckerei, Dämpferei/ Wäscherei, Endausrüstung usw.).

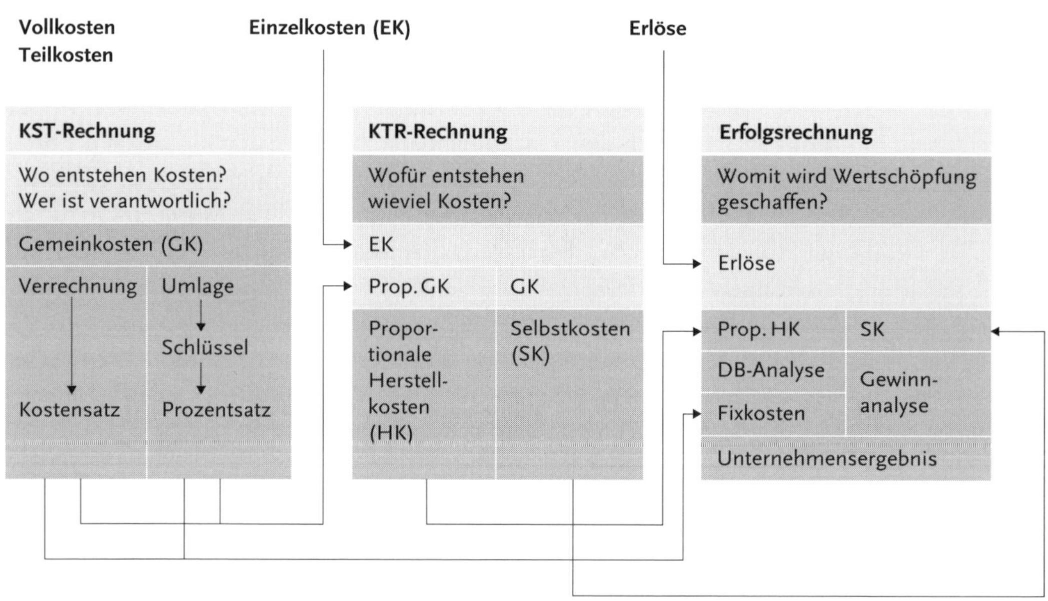

Abb. 57 Zusammenhänge – Big Picture

Die Kostenstellenrechnung dient dem Controlling, das heisst der Planung und Feinsteuerung von Gemeinkosten, die in einzelnen Kostenstellen differenziert erfasst und abgerechnet werden.

In den Kostenstellen werden somit all jene Kosten dargestellt und abgerechnet, die von Leistungen verursacht werden, die zur Herstellung *verschiedener* Verkaufs- oder Zwischenprodukte benötigt oder als *innerbetriebliche Leistungen* von *mehreren* andern Kostenstellen beansprucht werden. Die Kostenstellenrechnung beantwortet die Frage: *Wo* entstehen *welche* Kosten für *welche Wertschöpfungsaktivitäten*?

Die *Kostenartenrechnung* stellt die «Rohdaten» für die Kostenstellenrechnung bereit.[47] Bei der Darstellung der Kostenarten in der Kostenstellenrechnung sind *zwei Gliederungskriterien* wichtig:[48]

- Zum einen sollten die Kostenarten nach solchen, die vom Kostenstellenleiter *persönlich* beeinflussbar sind, und solchen, die *nicht* (von ihm!) beeinflussbar sind, gegliedert werden (Responsibility Accounting).
- Zum andern sollten sie nach wichtigen *internen* und *externen Versorgungspartnern* gruppiert werden.

Die *Bildung von Kostenstellen* (Differenzierung und Gliederung) sollte sich nach zwei Gesichtspunkten richten:

- Einerseits muss mithilfe der Kostenstellenrechnung ermittelt werden können, welche bzw. in welchem Ausmass diese internen Leistungen durch die Erlösträger absorbiert werden und welche Kostenwirkungen damit verbunden sind. Die Kostenstellenrechnung bildet somit das Instrument zur Berechnung *korrekter Kalkulationssätze* und stellt damit die Grundlagen für eine aussagekräftige *Kalkulation* bereit.

Ein *Kalkulationssatz* ist nichts anderes als der *unternehmensinterne Preis*[49] für die Beanspruchung einer Leistungseinheit, die von einer bestimmten Kostenstelle erbracht wird, zum Beispiel der Preis einer Maschinenstunde, eines Materialbezugs, einer Offertenerstellung usw.

---

47 Wie bereits erörtert, können die Aufwendungen der Finanzbuchhaltung – sofern sie für die Kostenrechnung relevant sind – direkt auf dem ursprünglichen Buchungsbeleg zusätzlich auf eine bestimmte Kostenstelle gebucht werden.

48 Rieder/Siegwart 1993, S. 101, 114.

49 Die Ermittlung eines solchen Preises setzt allerdings eine Plan-Kostenrechnung mit systematisch-analytischer Kostenplanung voraus.

Die Kostenstellenbildung muss sich also am *Wertschöpfungsprozess*, das heisst an der Ablauforganisation, orientieren.

- Andererseits dienen Kostenstellen der *Kostenbewirtschaftung*, das heisst der Planung und Feinsteuerung der anfallenden Kosten. Damit ist ein *persönlicher Verantwortlichkeitsaspekt* verbunden. Jede Kostenstelle hat eine Kostenstellenleiterin[50], die für die von ihr beeinflussbaren Kosten die volle Verantwortung trägt. Die Kostenstellenbildung muss sich demnach auch an der Aufbauorganisation eines Unternehmens orientieren.

4.3.2 Schematischer Ablauf einer Kostenstellenplanung

Die Grundlage bildet eine verantwortungsgerechte, tiefe Kostenstellengliederung, eingebettet in das System der Plankostenrechnung. In den Kostenstellen der Plankostenrechnung werden, abgeleitet aus der Produkt- und Leistungsstruktur der Kostenträger, die Mengen- und Zeitgerüste miteinander verknüpft, um somit die Kosten in Relation zur Planbeschäftigung setzen zu können. Nur dann kann man definieren, welche Kosten fix bzw. proportional sind. Grundlagen hierfür sind Produktstrukturen (zum Beispiel Stücklisten) und Operationspläne. Nur auf der Basis exakter Grunddaten können überhaupt die notwendigen Schritte für die Kostenstellenplanung durchgeführt werden.

Als Checkliste zur Ermittlung der proportionalen und fixen Kostensätze innerhalb jeder Kostenstelle sind folgende acht Schritte erforderlich:

1. **Kostenstellengliederung auf Basis des Organigramms**
   Dient dazu, die Verantwortlichkeiten zu definieren, pro Kostenstelle nur eine verantwortliche Person
2. **Definition nur einer Bezugsgrösseneinheit pro Kostenstelle**
   Dient zur Leistungsplanung der Kostenstelle:
   Mitarbeitende- oder Maschinenstunden, Stückzahlen
3. **Ermittlung der Planbeschäftigung je Kostenstelle**
   Dient zur Ermittlung der Auslastung der Kostenstelle:
   Nachgefragte Menge × Bezugsgrösse
4. **Ermittlung der primären Plankosten pro Kostenstelle**
   Dient zur Kostenplanung der durch die Kostenstellenverantwortlichen beeinflussbaren Kosten

50 Eine einzelne Kostenstellenleiterin kann ihrerseits für mehrere Kostenstellen verantwortlich sein.

5. Ermittlung der innerbetrieblichen Leistungsbeziehungen und Leistungsplanung
Dient zur Verrechnung innerbetrieblicher Leistungsbezüge und der Umlagen
6. Umlage der innerbetrieblichen Leistungsplanung zu Plankosten und der Umlagekostenarten (Sekundärkosten)
Dienst zur Leistungsverrechnung (Umlagen) zwischen Kostenstellen
7. Durchführung der Kostenspaltung in proportionale und fixe Kostenanteile (Variatoransatz)
Dient zur Unterscheidung in leistungsbezogene und strukturbezogene Kostenbestandteile
8. Ermittlung der Kostensumme und der proportionalen, fixen und vollen Kostensätze
Dient zur Ermittlung des Kostenvolumens und der Verrechnungsansätze der Kostenstellenleistung je nach Kostenrechnungssystem

In den nachfolgenden Abschnitten sollen diese Schritte verdeutlicht und anhand eines Beispiels illustriert werden.

Plan-Daten

- Die *Planbezugsgrösse* ist diejenige Grösse, die (aus Sicht der Verursachungsstruktur) den grössten Einfluss auf den Kostenverlauf, das heisst auf die Höhe der anfallenden Kosten, hat. Im nachfolgenden Beispiel der Kostenstelle 4711 ist die Mitarbeitendenstunde diejenige Grösse, deren Schwankung den grössten Einfluss auf die Höhe der tatsächlich entstehenden Kosten hat. Wenn nun eine Mitarbeitendenstunde geleistet wird, dann geschieht dies für einen Leistungsempfänger. Zu unterscheiden sind dabei einerseits die verschiedenen Marktleistungen, die diese Kostenstelle normalerweise in unterschiedlichem Ausmass in Anspruch nehmen, und andererseits andere Kostenstellen, für die interne Dienstleistungen erbracht werden.

  Die Planbezugsgrösse entspricht dem *Leistungsmassstab*, auf dessen Grundlage der *Leistungsbezug*, das heisst die Beanspruchung der Kapazität dieser Kostenstelle, gemessen wird. Im Fall von Standardkalkulationen ist im *Arbeitsplan* jeder einzelnen Marktleistung eine *Vorgabezeit* aufgeführt. Diese hält fest, in welchem Ausmass die einzelnen Kostenstellen, die einen Beitrag zur Entstehung dieser Marktleistung beisteuern, idealerweise in Anspruch genommen werden dürfen.

- Aufgrund des Absatz- bzw. Produktionsprogramms und der in den einzelnen *Arbeitsplänen* festgehaltenen Vorgabezeiten kann für eine bestimmte Plan-Periode die *Kapazitätsnachfrage* der einzelnen Kostenstellen ermittelt werden. Ist diese Kapazitätsnachfrage kleiner als das Kapazitätsangebot, kann auf der Grundlage der Kapazitätsnachfrage unmittelbar die Plan-Beschäftigung oder Plan-Leistung der einzelnen Kostenstellen bestimmt werden. Ist die Kapazitätsnachfrage dagegen höher als das Kapazitätsangebot, muss entweder das Produktionsprogramm reduziert oder die Kapazität mittels Überzeit usw. entsprechend ausgeweitet werden. Im Beispiel beträgt die Kapazitätsnachfrage bzw. die Plan-Beschäftigung ausgehend vom geplanten Produktionsprogramm 7200 Mitarbeitendenstunden.
- In den Spalten sind in der ersten Spalte zunächst die beeinflussbaren *Kostenarten* aufgeführt, anschliessend die nicht vom *betroffenen Kostenstellenleiter* beeinflussbaren Kostenarten. Dabei steht die Kostenverantwortung, die sich im Rahmen eines systematischen «Management by Objectives» ergibt, im Vordergrund («Responsibility Accounting»). Das Kriterium der Beeinflussbarkeit bezieht sich dabei auf zwei Dimensionen: auf den *Preis* einer Leistung (zum Beispiel Höhe des Lohnes von Mitarbeitenden) und auf die *Einsatzmenge* einer Leistung (zum Beispiel Anzahl Mitarbeitende, produktive Arbeitsstunden pro Mitarbeiter oder Mitarbeiterin). Eine Kostenstellenleiterin kann nicht immer beide Dimensionen beeinflussen. Bei der Energie kann in den meisten Fällen nur die Verbrauchsmenge, nicht aber der Preis beeinflusst werden. Auch die Kostenart Sozialleistungen kann von der Kostenstellenleiterin nur indirekt über die Höhe der Löhne und Gehälter beeinflusst werden.
- Die einzelnen Kostenarten sollten *möglichst analytisch* im Rahmen eines systematischen «Management by Objectives» geplant werden, das heisst ausgehend von der kleinsten planbaren Einheit, wie der Anzahl zu leistender Stunden durch die Mitarbeitenden. Bei der Planung ist entscheidend, die *Planungsannahmen festzuhalten.* Dies erleichtert nicht nur die Planung in den Folgeperioden, sondern ist auch Voraussetzung für einen *Lernprozess* im Rahmen der Planung.
- Die *Kostenspaltung* in einen fixen (beschäftigungsunabhängigen) und proportionalen (beschäftigungsabhängigen) Teil widerspiegelt die Art der Leistungserstellung, die in dieser Kostenstelle erbracht wird. Im Vordergrund steht die Frage, welche Auswirkungen eine Zunahme oder Abnahme der erbrachten Leistung auf den Kostenverlauf hat («Decision Accounting»).

All jene Leistungen, die von ihrer strukturellen Verursachung her einen direkten und unmittelbaren Beitrag an die Entstehung und damit Existenz einer Marktleistung erbringen, werden in der Planung als *proportionale* Kosten definiert, das heisst, es wird angenommen, dass sich diese

Kosten proportional zur erbrachten Leistungsmenge (Ausstossmenge) verhalten. Entscheidend für die Kostenentwicklung der proportionalen Kosten ist die Frage, wie viel produziert wird. Die Plan-Bezugsgrösse (zum Beispiel Mitarbeitendenstunde) dient dabei als Leistungsmassstab der erbrachten Leistung.

Demgegenüber werden alle Arbeiten und Leistungen, die erbracht werden, *damit* (nicht wie viel!) etwas produziert werden kann, als *fixe* Kosten definiert.

- Ein wichtiges Ergebnis der Kostenplanung stellen die *Kostensätze* dar, die in die Kalkulation einfliessen und dort zur Ermittlung der Stückkosten mit den Vorgabezeiten multipliziert werden.
- Wenn nun zur Ermittlung der Kostensätze die geplanten Kosten (insbesondere die *Fixkosten*) durch eine hohe Plan-Beschäftigung dividiert werden, resultieren relativ kleine Kostensätze. In Phasen schwacher Beschäftigung ergibt sich genau der umgekehrte Effekt, es resultieren vergleichsweise hohe Kostensätze. Werden diese unbedacht in die Kalkulation übernommen und dort zur Verkaufspreisfindung weiterverwendet, besteht die Gefahr, dass sich ein Unternehmen zum Beispiel in konjunkturell schwachen Zeiten über zu hohe Preise aus dem Markt kalkuliert, weil der Verkauf vom Controller-Dienst unangemessene Kosteninformationen erhalten hat. Damit dies nicht passiert und man trotzdem entscheidungsrelevante Informationen bekommt, hat man mithilfe des proportionalen Kostensatzes die Basis für eine Deckungsbeitragsrechnung geschaffen.

Das Beispiel der Kostenstelle 4711 soll dazu dienen, den notwendigen Aufbau einer solchen Kostenstelle näher zu beschreiben:

KST 4711			
KST-Leiter	Paul Müller		
Bezugsgrösse	Mitarbeitendenstunden		
	Planungsjahr		
Maximale Kapazität	8000		
5 Mitarbeitende à 8 h à 200 Tage			
Planbeschäftigung (aus der Absatzplanung)			
Produkt 1: 2000 Stk. à 2 h	4000		
Produkt 2: 1000 Stk. à 1 h	1000		
Produkt 3: 500 Stk. à 4 h	2000		
Produkt 4: 100 Stk. à 2 h	200		
Total	**7200**		
Auslastungsgrad (=Variator)	**0.900**		
Kostenart	**Vollkosten**	**Prop. Kosten**	**Fixkosten**
Personalkosten	500000	[×0.9] 450000	50000
Rep. Unterhalt	100000	[×0.9] 90000	10000
Ausbildung	100000	–	100000
Spesen	20000	–	20000
Beeinflussbare Kosten	**720000**	**54000**	**180000**
Abschreibungen	200000	–	200000
ROI-Ziel	100000	–	100000
Raumkosten	60000	–	60000
Nicht beeinflussbare Kosten	**360000**	**0**	**360000**
Totalkosten	**1080000**	**540000**	**540000**
Kostensatz/h Planungsjahr	150.00	75.00	75.00

Abb. 58 Kostenstellenplanung Planungsjahr 1

Aufgrund der dargestellten Situation beträgt der Vollkosten-Stundensatz 150.–, der Satz pro Stunde der leistungsabhängigen Kosten beträgt 75.–, die fixen Kosten belaufen sich ebenfalls auf 75.– pro Stunde.

Verändert sich die Ausgangsituation für das nächste Jahr lediglich bei den verplanten Stunden, zum Beispiel Produkt 4 fällt aus dem Sortiment, bleiben die weiteren Rahmenbedingungen aber unverändert, passen sich die Kostensätze wie folgt an:

KST 4711

KST-Leiter	Paul Müller				
Bezugsgrösse	Mitarbeitendenstunden				
	Planungsjahr 1		**Planungsjahr 2**		
Max. Kapazität	8000		8000		
5 Mitarbeitende à 8 h à 200 Tage					
Planbeschäftigung					
Produkt 1: 2000 Stk. à 2 h	4000		4000		
Produkt 2: 1000 Stk. à 1 h	1000		1000		
Produkt 3: 500 Stk. à 4 h	2000		2000		
Produkt 4: 100 Stk. à 2 h	200		0		
Total	**7200**		**7000**		
Auslastungsgrad (=Variator)	**0.900**		**0.875**		
Kostenart	**Vollkosten**	**Prop. Kosten**	**Fixkosten**	**Prop. Kosten**	**Fixkosten**
Personalkosten	500000	[×0.9] 450000	50000	[×0.875] 437500	62500
Rep. Unterhalt	100000	[×0.9] 90000	10000	[×0.875] 87500	12500
Ausbildung	100000	–	100000	–	100000
Spesen	20000	–	20000	–	20000
Beeinflussbare Kosten	**720000**	**54000**	**180000**	**525000**	**195000**
Abschreibungen	200000	–	200000	–	200000
ROI-Ziel	100000	–	100000	–	100000
Raumkosten	60000	–	60000	–	60000
Nicht beeinflussbare Kosten	**360000**	**0**	**360000**	**0**	**360000**
Totalkosten	**1080000**	**540000**	**540000**	**525000**	**555000**
Kostensatz/h Planungsjahr 1	150.00	75.00	75.00		
Kostensatz/h Planungsjahr 2	154.29			75.00	79.29

Abb. 59 Kostenstellenplanung Planungsjahr 2

Es ist nun ersichtlich, dass sich der proportionale Kostensatz nicht verändert. Der Grund dafür liegt in der prozentualen Veränderung des Auslastungsgrades (= Variators), der als Faktor für die Berechnung der proportionalen Kosten dient.

Mit der Teilkosten-Rechnung – Spaltung in proportionale und fixe Kosten – ist gewährleistet, dass die andern Kostenträger, die in der Kostenstelle 4711 produziert werden, durch den Wegfall von Produkt 4 nicht verteuert werden. Der proportionale Kostensatz bleibt unabhängig von Auslastungsschwankungen konstant und ist somit die notwendige Grundlage für eine Kalkulation auf Teilkostenbasis.

4.4 Kalkulation

4.4.1 Zweck und Notwendigkeit der Kalkulation

Die Kalkulation (Kostenträger*stück*rechnung) hat folgende Fragen zu beantworten:

- *Wofür* entstehen Kosten, das heisst, was kosten:
  unsere Marktleistungen?
  unsere innerbetrieblichen Leistungen, die von einem Bereich (Leistungs-Center) für einen anderen Bereich (Leistungs-Center) erbracht werden?

Mit andern Worten:

- *Welche Produkte und Dienstleistungen* «konsumieren» bzw. «absorbieren» welche Leistungen und damit welche Kosten?

Normalerweise erbringt ein Unternehmen eine mehr oder weniger breite *Vielfalt* von Marktleistungen. Dies verunmöglicht es, den Stückpreis der erbrachten Leistungen dadurch zu ermitteln, dass einfach sämtliche Kosten zusammengezählt und durch die Anzahl der produzierten Erzeugnisse dividiert werden. Dies wäre nur dann möglich, wenn ein Betrieb lediglich ein *einziges* Produkt herstellen würde.

Ein Unternehmen erbringt jedoch meistens verschiedene Leistungen, welche die Produktionseinrichtungen, die Infrastruktur und das Personal unterschiedlich stark beanspruchen. Für die Berechnung der *Stückkosten*, das heisst der Kosten pro Einheit einer bestimmten Marktleistung, wird demzufolge eine spezielle Rechnung benötigt, die Kalkulation.

4.4.2 Aufgaben der Vor- und Nachkalkulation

Zunächst wird zwischen *Vor*kalkulationen und Auftrags*nach*kalkulationen unterschieden.

*Vor*kalkulationen können für standardisierbare Leistungen erstellt werden. Dann wird von *Standardkalkulationen* gesprochen.

*Vor*kalkulationen können aber auch für einzelne Aufträge (mit individuellen oder standardisierten Produkten) erstellt werden. Dann spricht man von *Auftragskalkulationen*.

*Nach*kalkulationen werden demgegenüber immer auf der Grundlage von einzelnen, bereits ausgeführten Aufträgen erhoben. Dabei spielt es keine Rolle, ob solche Aufträge auch standardisierbare Leistungen umfassen.

Vorkalkulationen werden vor allem benötigt:

- für die *Verkaufspreisfindung*, das heisst für betriebswirtschaftlich vernünftige *Offertenerstellungen*;
- für Entscheidungen im Zusammenhang mit *Eigenherstellung oder Fremdbezug* («Make or buy»);
- für Entscheidungen über Annahme oder Ablehnung von Zusatzaufträgen bei unterschiedlichen Auslastungsgraden des Betriebs;
- für die Sortimentsplanung.

Nachkalkulationen dienen demgegenüber der Abrechnung bereits gelieferter Leistungen (Aufträge, Projekte) und der Überprüfung von Vorkalkulationen. Umgekehrt liefern Nachkalkulationen Erfahrungswerte und bilden damit die notwendige Datenbasis als Grundlage für realistische *Vorkalkulationen*. Nachkalkulationen spielen insbesondere bei der Auftragsfertigung (Einzelfertigung) eine grosse Rolle. Zudem empfiehlt sich die Erstellung von Nachkalkulationen auch bei stark schwankenden Leistungsbeanspruchungen mit entsprechend grossen Unsicherheiten bei der Bestimmung von Vorgabezeiten.

Nachkalkulationen setzen Zeit- und Verbrauchsmessungen, das heisst eine zweckmässige *Betriebsdatenerfassung*, voraus. Diese muss wirtschaftlich sein, das heisst, sie darf nicht vom Arbeiten abhalten, und sie sollte nicht manipuliert werden können. Die Betriebsdatenerfassung dient aber auch der Ermittlung zuverlässiger Vorgabezeiten als Grundlage für aussagekräftige Vorkalkulationen. Mit der Ermittlung von Vorgabezeiten können zudem umfangreiche Arbeitsstudien verbunden sein, was externe Unterstützung erfordern kann.

Durch eine geschickte Betriebsdatenerfassung und durch Nachkalkulationen lassen sich organisatorische Stärken und Schwachstellen des Betriebs aufdecken – insbesondere, wenn *Vergleichsgrössen* von andern Betrieben vorliegen (Erfahrungsgruppen-Vergleiche, Benchmarking).

Vor- und Nachkalkulationen (Kostenträger*stück*rechnungen) dienen nicht nur der Ermittlung der Stückkosten pro (allenfalls standardisierter) Marktleistung oder Auftrag, sondern bilden als Grundelemente der Kostenträger*zeit*rechnung auch das «*Bindeglied*» zwischen der *Kostenstellenrechnung* und der *Managementerfolgsrechnung*.

Die Managementerfolgsrechnung hat die Aufgabe, den (Netto-) Erlösen der einzelnen Erlösträger die tatsächlichen Kosten derselben gegenüberzustellen.

Die Kalkulation in der Form einer *Kostenträgerzeitrechnung* bildet dabei die Grundlage zur Ermittlung aller aufgelaufenen Kosten für die gesamte Anzahl der während der Abrechnungsperiode verkauften Erlösträger.

4.4.3 Komponenten einer Produktkalkulation

Die Kostenträgerstückrechnung oder Kalkulation zeigt auf, aus welchen *Wertschöpfungskomponenten* (vereinfachend: Material) und *Produktionsaktivitäten* (vereinfachend: Arbeit) sich ein Produkt oder eine Marktleistung zusammensetzt.

Jede Kalkulation setzt sich grundsätzlich aus zwei Leistungsarten zusammen:

- Material und Fremdleistungen sowie
- eigenen Wertschöpfungsaktivitäten (Beanspruchung der eigenen Produktionsinfrastruktur).

Die einzelnen Elemente einer Kalkulation bestehen demzufolge immer aus:

- einem *Komponentenpreis* (CHF/EUR pro Stück, CHF/EUR pro Stunde usw.) und
- einer *Einsatzmenge* (x Stück, y Stunden usw.).

Der *Komponentenpreis* ist:

- der Preis eines zugekauften Materials und
- der Preis einer zugekauften Fremdleistung,
- ein Kosten-/Kalkulationssatz für eine intern erbrachte Leistung.

Falls ein Unternehmen (noch) nicht über eine Kostenstellenrechnung zur Berechnung von Kalkulationssätzen verfügt, kann anstelle eines analytisch errechneten Kalkulationssatzes vereinfachend ein entsprechender Stundensatz eingesetzt werden, der vor allem die Personalkosten widerspiegelt.

Als *Einsatzmenge* wird bezeichnet:

- die spezifisch in die zu kalkulierende Marktleistung eingehende Menge an zugekauften Materialien und Fremdleistungen;
- die Menge der Leistungen, die von einer bestimmten Marktleistung absorbiert werden und von bestimmten Bereichen/Abteilungen des Unternehmens hierzu erbracht werden müssen.

Bei einer *Standardkalkulation* fliessen die Standardeinsatzmengen («Mengengerüst») folgendermassen in die Kalkulation einer Marktleistung hinein:

- Der Einsatz von Material und Fremdleistungen wird für jede Marktleistung bzw. innerbetriebliche Leistung in einer *Stückliste*[51] festgehalten.
- Die Beanspruchung der eigenen Produktionsinfrastruktur wird für jede Marktleistung bzw. innerbetriebliche Leistung in einem *Arbeitsplan*[52] festgehalten.
- Für jede standardisierbare Marktleistung müssen also eine Stückliste und ein Arbeitsplan erstellt werden. Dies setzt entweder eine Betriebsdatenerfassung oder entsprechende Arbeitsstudien voraus, auf deren Grundlage die Mengengerüste für die Stücklisten und Arbeitspläne erstellt werden müssen.

Zur Kalkulation der entstehenden Kosten einer Marktleistung (Erlösträger) oder einer innerbetrieblichen Leistung sind dann für sämtliche Komponenten der Stückliste und des Arbeitsplans die entsprechenden *Standardeinsatzmengen* mit den *Standardpreisen* zu multiplizieren.

Die Erstellung einer Managementerfolgsrechnung setzt zwingend voraus, dass ausgehend von den erzielten Absatzmengen der am Markt abgesetzten Erlösträger und mithilfe der dazugehörigen (Standard-) Kalkulationen die proportionalen Kosten der Erlösträger ermittelt werden können. (Die Fixkosten [Plan-Werte] werden direkt aus der Kostenstellenplanung übernommen.)

(Standard-)Kalkulationen dienen also auch einer verursachungsgerechten Verrechnung der Kosten auf die Erlösträger, insbesondere in der Managementerfolgsrechnung.

---

51 In Nahrungsmittel- oder Chemieunternehmen wird hierfür der Begriff *Rezeptur* verwendet. Dabei handelt es sich um eine *standardisierte Vorschrift* für den wirtschaftlichen Einsatz bestimmter Ausgangsstoffe, Fremdleistungen oder Zwischenprodukte zur Herstellung einer bestimmten Marktleistung.

52 Oft wird hierfür auch der Begriff *Operationsplan* verwendet. Dabei handelt es sich im Grunde genommen um eine standardisierte Arbeitsvorschrift (Herstell-Ablaufplan) mit bestimmten Vorgabezeiten für die einzelnen Aktivitäten, die zur Herstellung einer bestimmten Marktleistung erbracht werden müssen.

Es folgt eine schematische Gegenüberstellung der zwei Kalkulationsansätze und ihrer Inhalte.

4.4.4 Vollkosten- und Teilkostenkalkulation

Kalkulationen können auf *Vollkostenbasis* oder auf *Teilkostenbasis* erstellt werden. Die Diskussion über den Sinn und Zweck von Deckungsbeitragsrechnungen oder Teilkostenkalkulationen ist immer noch in vollem Gange. Seminare und Workshops über dieses Thema finden reges Interesse; vor allem Diskussionen über die Vor- und Nachteile zwischen Vollkosten- und Teilkosteninformationen stehen im Vordergrund.

Die Notwendigkeit von Teilkosteninformationen wird dabei immer weniger bestritten, allerdings gehen die Meinungen über die Einsetzbarkeit auseinander. Vor allem die Frage, wer welche Informationen erhalten soll und welche Konsequenzen sich daraus ergeben, wird sehr kontrovers betrachtet. Beispielsweise herrscht oft die Meinung vor, das Preisniveau würde zerstört, wenn die Informationen bis zu den Aussendienstmitarbeitenden gelangen würden.

Diese Aspekte zeigen, dass die Teilkostenrechnung als Deckungsbeitragsrechnung (DB-Rechnung) immer noch ein sehr sensibles Thema darstellt. Bei der Diskussion der Vor- und Nachteile wird aber zu wenig über das Grundsätzliche der Deckungsbeitragsrechnung nachgedacht. Das sind Fragen wie: Wann ist eine solche Deckungsbeitragsrechnung aussagekräftig? Welche Möglichkeiten hat man (wenn die Datenbasis stimmt) und welche Konsequenzen ergeben sich aus dem Aufbau einer DB-Rechnung für die Führungskräfte aller Hierarchiestufen? Solche und ähnliche Fragen sollten in den Mittelpunkt der Diskussion gerückt werden.

4.4.5 Kalkulationsschema

Das Vollkosten- und Teilkostenprinzip (Kostenspaltung siehe Punkt 3.3.1, Fixe und proportionale Kosten) zeigt sich deutlich in den Kalkulationsschemata. Bei den Vollkosten werden die fixen Kosten mit dem Giesskannenverfahren verteilt. Kosten werden den Kostenträgern aufgrund des Betrags der Einzelkosten zugerechnet, die einerseits nichts mit diesen zu tun haben (zum Beispiel Lohnkosten des Geschäftsleiters) oder dann selten in der berechneten Höhe.

Die Schemata der Bezugsgrössenkalkulationen sehen folgendermassen aus:

Vollkostenkalkulation *Berechnung der Selbstkosten* → Gewinnanalyse		Teilkostenkalkulation *Berechnung prop. Herstellkosten* → DB-Analyse
Material-Einzelkosten (MEK)	**Material-Einzelkosten** Artikelstamm, Stückliste / Vorkalkulation Vorgabemenge × Standardpreis pro Materialposition	Material-Einzelkosten (MEK)
Material-Gemeinkosten (MGK)	**Material-Gemeinkosten** Kosten der Kostenstellen Einkauf, Lager, Logistik usw. Berechnung: Summe Material Gemeinkosten / Summe Material Einzelkosten (MEK) → Zuschlagssatz (z. B.: 20 %)	Keine Kostenzuweisung
Fertigungskosten (vollen)	**Fertigungskosten** Fertigungskostenstellen / Operationsplan / Vorkalkulation Vorgabezeit × vollen Fertigungskostensatz (Bsp. CHF 150.– / h aus Kostenstelle 4711) Vorgabezeit × prop. Fertigungskostensatz (Bsp. CHF 75.– / h aus Kostenstelle 4711) → dies pro Arbeitsschritt, d. h. pro betroffene Kostenstelle	Fertigungskosten (proportional)
∑ Herstellkosten (vollen)	**Herstellkosten (HK)**	∑ Herstellkosten (proportional) Grundlage für Wertschöpfungsanalyse auf DB-Basis → für Customer Relationship Management (CRM), um zu erkennen, welcher Kunde am meisten Wertschöpfung ergibt → ABC-Analyse
Verwaltungs- und Vertriebsgemeinkosten (VVGK)	**Verwaltungs- und Vertriebsgemeinkosten** Kosten der Kostenstelle Verwaltung, Administration, Vertrieb usw. Berechnung: Summe Verwaltungs- und Vertriebs-Kosten / Summe voller Herstellkosten → Zuschlagssatz (z. B.: 50 %)	Keine Kostenzuweisung
∑ Selbstkosten Für Vergleiche von – Produkten – Aufträgen – Projekten – Vorkalkulation – Nachkalkulation – Investitionen	**Selbstkosten (SK)**	

Abb. 60 Kalkulationsschemata

Im Folgenden sollen zuerst kurz die Vor- und Nachteile der Voll- und Teilkostenrechnung aufgezeigt werden. *Vollkostenkalkulationen* sind im Allgemeinen auf die Ermittlung des Stückgewinnes bzw. Stückverlustes ausgerichtet. Dabei wird grundsätzlich *nicht* zwischen proportionalen und fixen Kosten unterschieden, also zwischen solchen Kosten, die unmittelbar ins Produkt «hineinschlüpfen», und solchen Kosten, die durch die Inanspruchnahme der Infrastruktur entstehen, aber nicht direkt einem bestimmten Produkt zugerechnet werden können.

Teilkostenkalkulationen sind demgegenüber auf die Ermittlung von *Produkt-Deckungsbeiträgen* ausgerichtet. In der Regel handelt es sich dabei um mehrstufige Kalkulationen, die analog zur Deckungsbeitragsrechnung aufgebaut sind und aufzeigen, welche Kostenblöcke (proportionale Kosten, Fixkostenblöcke) durch den Verkauf einer Marktleistung abgedeckt werden.

Teilkostenkalkulationen können top-down oder bottom-up aufgebaut sein. Bei einer Top-down-Kalkulation wird der Ausgangspunkt einer Produktkalkulation im Sinne des «Target Costing» durch einen *Zielpreis* gebildet, der am Markt realisiert werden kann. Im Grunde genommen handelt es sich bei einer Top-down-Produktkalkulation um eine *einzelproduktweise Deckungsbeitragsrechnung*. Diese weist in einem Unternehmen im Idealfall die gleiche Logik auf wie die Managementerfolgsrechnung.

Das schematische Beispiel der nachfolgenden Abbildung soll den Zusammenhang zwischen Top-down- und Bottom-up-Aufbau von Teilkostenkalkulationen deutlich machen. Es stammt aus einem mittelgrossen Industriebetrieb. In diesem Unternehmen sind Produktkalkulation, einzelproduktweise Deckungsbeitragsrechnung und Managementerfolgsrechnung nach der gleichen Logik aufgebaut. Dies hat den grossen Vorteil, dass im ganzen Unternehmen *die gleiche Sprache* gesprochen wird. Im Folgenden finden sich auf der linken Seite eine Top-down-Kalkulation in der Form einer einzelproduktweisen Deckungsbeitragsrechnung und spiegelbildlich (rechts) die dazugehörige Bottom-up-Kalkulation. Beide sind nach der Logik der mehrstufigen Deckungsbeitragsrechnung aufgebaut, die auch der verwendeten Managementerfolgsrechnung zugrunde liegt. Im Zusammenspiel ergibt sich daraus eine Kalkulation im «Gegenstromprinzip», indem links die Verkaufs- und rechts die Produktionsperspektive zur Darstellung gelangen. Selbstverständlich werden sich in einem entsprechenden Aushandlungsprozess links und rechts unterschiedliche Werte ergeben.

Beispiel Top-down-Produktkalkulation			Beispiel Bottom-up-Produktkalkulation		
Bruttoverkaufserlös		**100**	**Warenaufwand**		**50**
./.	Erlösminderungen (Rabatte, Frachten, Debitorenverluste, Schadenvergütungen)	5	+	proportionale Fertigungskosten (Energiekosten, Personalkosten, die unmittelbar bei der Fertigung entstehen)	10
=	**Nettoverkaufserlös**	**95**	=	**Grenzkosten**	**60**
./.	Warenaufwand	50	+	Artikel(gruppen)direkte Fixkosten (Promotionsmassnahmen, Logistikkosten)	15
=	**Deckungsbeitrag**	**45**	=	**«Herstell-Vollkosten»**	**75**
./.	proportionale Fertigungskosten (Energiekosten, Personalkosten, die unmittelbar bei der Fertigung entstehen)	10	+	Standort-/Werk-Fixkosten (Betriebskosten, Miete, Unterhalt, Verwaltung)	10
=	**Deckungsbeitrag I**	**35**	=	**Selbstkosten I** (exkl. Kosten der Zentrale)	**85**
./.	Artikel(gruppen)direkte Fixkosten (Promotionsmassnahmen, Logistikkosten)	15	+	Kosten der Zentrale, (Rest-)ROI-Ziel	5
=	**Deckungsbeitrag II**	**20**	=	**Selbstkosten II** (inkl. Kosten der Zentrale)	**90**
./.	Standort-/Werk-Fixkosten (Betriebskosten, Miete, Unterhalt, Verwaltung)	10	+	Erlösminderungen (Debitorenverluste, Frachten, Schadenvergütungen, Rabatte)	5
=	**Deckungsbeitrag III**	**10**	=	**Verkaufspreis-Vorschlag** (ohne Managementerfolg Gewinnzuschlag)	**95**
./.	Kosten der Unternehmenszentrale, (Rest-)ROI-Ziel	5	+	Gewinnzuschlag, 5,3 %	5
=	**Managementerfolg** (Überschuss nach der risikogerechten Verzinsung des investierten Kapitals)	5	=	**Verkaufspreis-Vorschlag** (inkl. ME-Gewinnzuschlag)	**100**

Abb. 61 Top-down und bottom-up aufgebaute Teilkostenkalkulation im Vergleich

Eine unsachgemässe Anwendung von Vollkosten- und Teilkostenkalkulationen kann unerwünschte Entscheidungen und Wirkungen nach sich ziehen. Das grundlegendste Problem soll hier kurz angeschnitten werden:

- Vollkostenkalkulationen *«proportionalisieren» alle* anfallenden Kosten. Die Vollkostenrechnung verlangt von ihrem Rechnungszweck her, dass alle Kosten den Kostenträgern belastet werden, ohne den Kostencharakter der Gemeinkosten zu berücksichtigen. Dies hat zur Folge, dass eine willkürliche Gemeinkostenschlüsselung und somit eine geringe Aussagefähigkeit der Rechnung vorliegt. Aus diesem Grunde kann die Vollkostenrechnung nicht als kurzfristige Entscheidungsgrundlage für die Streichung von Verlustartikeln, zur Programmplanung und -analyse, zur Preispolitik und zur Entscheidung über Eigen- und Fremdfertigung dienen.

Nachfolgend findet sich ein Beispiel einer Standardkalkulation der Produktion (Montage) eines Getränkeautomaten. In der mittleren Spalte «Standardmenge» sind die beiden *Mengengerüste* abgebildet, die (im oberen Teil) der *Stückliste* und (im unteren Teil) dem *Arbeitsplan* entnommen sind. Im oberen Teil der Kalkulation werden also die *Einsatzmengen* der Stückliste mit den entsprechenden *Plan-Preisen* der zugekauften Materialien/Fremdleistungen (Art.-Nr. 1NN NNN) multipliziert. Im unteren Teil der Kalkulation werden demgegenüber die *Beanspruchungszeiten* des Arbeitsplans mit den *Kalkulationssätzen* derjenigen Kostenstellen (Kst.-Nr. 2NN) multipliziert, deren Leistungen für die Herstellung eines Getränkeautomaten in Anspruch genommen werden.

Kalkulation für Getränkeautomat Typ REFRESH 2000 SPEZIAL

Art.-Nr. / Kst.-Nr.	Bezeichnung	Standardmenge	Standardpreis / Kostensatz	Total
100 001	Kühlflüssigkeit	8 Liter	25.–	200.–
100 123	Kabel	20 m	1.40	28.–
100 843	Leitungen / Schläuche	10 m	2.30	23.–
121 458	Elektronik	1 Stück	1500.–	1500.–
122 327	Gehäuse	1 Stück	685.–	685.–
123 753	Mischaggregat	1 Stück	1200.–	1200.–
124 128	Heizaggregat	1 Stück	2130.–	2130.–
124 485	Kühlaggregat	1 Stück	2375.–	2375.–
129 672	Schmiermittel	pauschal	20.–	20.–
129 896	Klein- und Reinigungsmaterial	pauschal	50.–	50.–
Total proportionale Kosten				8211.–
201	AVOR, Materialbereitstellung	0,5 h	100.–	50.–
200	Werkstatt	4 h	120.–	480.–
212	Einbau der Elektronik	1 h	80.–	80.–
213	Test der Elektronik	0,5 h	180.–	90.–
239	Qualitätskontrolle, Auslieferung	2 h	140.–	280.–
259	Product Management	pauschal	150.–	150.–
289	Entwicklungskosten	pauschal	600.–	600.–
299	Verwaltungskosten	0,5 h	110.–	55.–
Total verrechnete Fixkosten				1785.–
Total Standardkosten pro Gerät (Selbstkosten)				9996.–

Abb. 62 Beispiel für eine interne Produktkalkulation

4.4.6 Zusammenhang mit der Deckungsbeitragsrechnung

Die primäre Basis für eine Deckungsbeitragsrechnung stellen auch die eindeutige Ermittlung der fixen und proportionalen Kostenanteile innerhalb der relevanten Kostenstellen und die damit verbundene jeweilige Verrechnung in der Kalkulation dar.

- Die Unterschiede in einer entsprechenden Wertschöpfungsanalyse sollen durch folgendes Beispiel (Getränkeautomat) illustriert werden.

***Vollkosten*kalkulation Getränkeautomat**			***Teilkosten*kalkulation Getränkeautomat**		
=	**Nettoverkaufserlös** (Annahme)	**9500.–**	=	**Nettoverkaufserlös** (Annahme)	**9500.–**
./.	Selbstkosten	9996.–	./.	Proportionale Kosten	8211.–
=	**Stückverlust**	**496.–**	=	**Deckungsbeitrag**	**1289.–**
			./.	verrechnete Fixkosten	1785.–
			=	Stückverlust	496.–

Abb. 63 Voll- und Teilkostenkalkulation im Vergleich

Die Vollkostenkalkulation (links) erweckt den Anschein, als ob bei jedem Verkauf ein Verlust von CHF/EUR 496.– entstehen würde, das heisst, als ob *alle* Selbstkosten proportional seien und somit nur dann anfallen würden, wenn ein zusätzlicher Getränkeautomat verkauft wird. Dies ist falsch, weil erstens ein Verkauf einer zusätzlichen Verkaufseinheit grundsätzlich lediglich proportionale Kosten im Sinne zusätzlicher Kosten (Grenzkosten) nach sich zieht und weil zweitens die Fixkosten (Infrastrukturkosten) unabhängig davon anfallen, wie viel (bzw. ob im Extremfall überhaupt etwas) verkauft wird.

Der Verkauf eines zusätzlichen Getränkeautomaten vermag wohl nicht das ihm (auf der Grundlage des Arbeitsplans) *zugewiesene Deckungsziel* von 1785.– zur Deckung der Fixkosten zu erfüllen, aber aus jedem Verkauf resultiert dennoch ein DB von 1289.–, der zur Deckung der *fixen* Kosten ans Unternehmen *«abgeliefert»* wird.

- Im Gegensatz zur Vollkostenrechnung geht die Deckungsbeitragsrechnung nur von den proportionalen Kostenelementen aus. Mithilfe dieser Teilkosteninformation will man die beschriebenen Nachteile der Vollkostenrechnung beseitigen. Auch beim Arbeiten mit Teilkostenkalkulationen ist aber Vorsicht geboten. Werden zum Beispiel in Teilkostenkalkulationen nur die proportionalen und allenfalls ein marginaler Teil an Fixkosten ausgewiesen, besteht die Gefahr, dass im Verkauf zu leichtfertig Preisnachlässe zugestanden werden. Es ist deshalb sehr empfehlenswert, in Teilkostenkalkulationen *anspruchsvolle* Deckungsziele vorzugeben.

4.4.7 Zusammenfassende Vergleichsdarstellung der beiden Kalkulationssysteme

Im Folgenden werden nun die wichtigsten Grundsätze für den Einsatz von Vollkosten- und Teilkostenkalkulationen dargestellt.

Kalkulationen liefern – wie bereits in Kapitel 4.4.2 (Aufgaben der Vor- und Nachkalkulation) erörtert – Informationen für:

- die *Verkaufspreisfindung*, das heisst betriebswirtschaftlich vernünftige *Offertenerstellungen*
- Entscheidungen im Zusammenhang mit der Frage *Eigenherstellung oder Fremdbezug*
- Entscheidungen über Annahme oder Ablehnung von Zusatzaufträgen
- die *Sortimentsplanung*

Wozu dient nun eine Voll- bzw. eine Teilkostenkalkulation? In welchen Fällen soll eine Voll- oder eine Teilkostenkalkulation für die Verkaufspreisfindung und die andern Aufgaben eingesetzt werden?

Langfristig müssen in einem Unternehmen *sämtliche Kosten*, einschliesslich der Verzinsung des investierten Kapitals (Fremdkapitalzinsen, Dividende, Reservenbildung), durch den Verkaufserlös der Marktleistungen gedeckt werden.

Vollkostenkalkulationen geben allgemeine Angaben darüber, welche Preise am Markt in etwa realisiert werden müssen, damit über das *gesamte* Produktsortiment hinweg ein *Gewinn* für das Unternehmen entsteht. Im Allgemeinen sind also auf lange Sicht solche Produkte zu forcieren,

- die einen hohen Deckungsbeitrag pro Stück zur Deckung der notwendigen Infrastrukturkosten im Logistik-, Produktions- und Verkaufsbereich erwirtschaften, aber auch
- von ihrer Produktstruktur her, das heisst den Anforderungen an den gesamten Wertschöpfungsprozess, möglichst nicht auf teure Infrastrukturanlagen angewiesen sind.

Teilkostenkalkulationen markieren die *kurzfristige Preisuntergrenze* einer Marktleistung. Für den Betrieb im Beispiel entsteht also dann ein «echter Verlust», wenn der Getränkeautomat für weniger als CHF/EUR 8211.– offeriert wird. Bei jedem Preis darüber entsteht ein *zusätzlicher* Beitrag zur Deckung der fixen Kosten des Unternehmens. Dabei ist es aber entscheidend zu prüfen, inwiefern ein solcher zusätzlicher Deckungsbeitrag in Konkurrenz mit möglicherweise *höheren* Deckungsbeiträgen anderer Aufträge steht. Die Ausführung eines Auftrags zu einem Preis von zwischen CHF/EUR 8211.– und CHF/EUR 9996.– lohnt sich somit nur dann, wenn die absorbierte Kapazität *nicht* durch Aufträge in Anspruch genommen werden kann, die einen höheren Deckungsbeitrag abwerfen.

Mit andern Worten müssen bei der Ausführung von Aufträgen zu einem Preis unter den Selbstkosten (oder den Herstell-Vollkosten) folgende *zwei* Bedingungen erfüllt sein:

- Erstens sind die Produktionseinrichtungen *nicht voll ausgelastet*. Dies bedeutet, dass Infrastrukturkosten (Fixkosten) nicht auf Marktleistungen «überwälzt» werden können, sondern ohnehin vom Unternehmen getragen werden müssen.
- Zweitens ist *kein anderer* Auftrag in Sicht, der *mehr Deckungsbeitrag* abwerfen würde.

Teilkostenkalkulationen geben aber auch Anhaltspunkte darüber, wann die Erbringung einer bestimmten Leistung nach *auswärts vergeben* (von Dritten bezogen) oder *Dritten überlassen* (Verzicht) werden sollte, nämlich dann:

- wenn vom Markt her nur noch ein Preis realisiert werden kann, der *unter* bzw. nur unwesentlich über den *proportionalen* Kosten liegt, also wenn beispielsweise ein Konkurrenzunternehmen gewisse Produkte unter den proportionalen Herstellkosten des eigenen Unternehmens an Dritte verkauft (Controlling-Perspektive);
- wenn bei *Vollauslastung* des eigenen Betriebs Aufträge zur Ausführung anstehen, die einen *höheren Deckungsbeitrag pro Engpasseinheit* (zum Beispiel Maschinenstunde, Arbeitsstunde) erbringen (Controlling-Perspektive);
- wenn mit dieser Leistung *nicht* ein Kundenkontakt verbunden ist, der für eine langfristige Kundenbindung von absolut entscheidender Bedeutung ist (strategische Perspektive);
- wenn mit dieser Leistung *nicht* eine Kernkompetenz verbunden ist, auf deren Grundlage der langfristige Erfolg des gesamten Geschäftes aufbaut (strategische Perspektive).

Bei der Annahme oder Ablehnung eines Auftrags und bei der Sortimentsplanung spielen somit selbstverständlich auch andere (oft strategische) Kriterien eine wichtige Rolle.

- So kann ein Unternehmen gezwungen sein, eine *ganze Produktpalette* anzubieten, und nicht nur die Rosinen.
- Die Kundschaft orientiert sich bei ihrem Kaufverhalten an einer *Systemlösung*, was im Einzelfall auch Leistungen einschliessen kann, die nicht die vollen Kosten decken.

Damit gelten in der Anwendung der Voll- und Teilkostenkalkulation folgende Regeln:

- Vollkostenkalkulationen geben allgemeine Angaben darüber, welche Preise *langfristig* am Markt realisiert werden *müssen*, damit über das *gesamte* Produktangebot hinweg ein *Gewinn* für das Unternehmen entsteht.
- Vollkostenkalkulationen dürfen auf *keinen Fall* für *Sortimentsentscheidungen* herangezogen werden, weil die Zuordnung von Fixkosten unter Anwendung des Tragfähigkeitsprinzips[53] einer gewissen unvermeidbaren Willkür unterliegt.
- Teilkostenkalkulationen markieren die *kurzfristige* Preisuntergrenze einer Marktleistung. Es kann jedoch existenzgefährdend sein, langfristig die Marktpreise bis auf die Höhe der proportionalen Kosten zu senken und sich damit zufriedenzugeben, wenn stets ein kleiner DB resultiert.
- Teilkostenkalkulationen geben auch Anhaltspunkte darüber, wann in Abhängigkeit von der eigenen Auslastung die Erbringung einer bestimmten Leistung nach auswärts vergeben werden sollte oder unter welchen Bedingungen es sich lohnt, Zusatzaufträge anzunehmen (zum Beispiel als Unterlieferant für ein Konkurrenzunternehmen).

53 Fixkosten stellen Kosten für die Infrastruktur eines Betriebs dar. Gewisse Fixkosten lassen sich von ihrer Verursachung her direkt einzelnen Erlösträgern oder Erlösträgergruppen zuordnen. In einem solchen Fall können die Fixkosten nach dem Verursachungsprinzip, d. h. aufgrund von analytisch nachvollziehbaren Ursache-Wirkungs-Verläufen, den Erlösträgern zugeordnet werden. Darüber hinaus gibt es aber Fixkosten (zum Beispiel Kosten der Geschäftsleitung, der Personalabteilung usw.), die nicht nach einem eindeutigen Verursachungskalkül den einzelnen Erlösträgern zugerechnet werden können. Dennoch müssen deren Verkaufspreise einen Deckungsbeitrag zur Deckung dieser Kosten beisteuern. Deshalb werden aufgrund von Tragfähigkeitsüberlegungen, d. h. auf der Grundlage des Tragfähigkeitsprinzips, Deckungsziele definiert, die über die Festlegung entsprechender Marktpreise durch den Verkauf der Marktleistungen gedeckt werden müssen. Bei der Festlegung von Deckungszielen nach dem Tragfähigkeitsprinzip besteht selbstverständlich ein gewisser Ermessensspielraum, dessen Handhabung zu Konflikten führen kann.

Daraus ist die gleiche Logik erkennbar wie bei der Anwendung der Managementerfolgsrechnung (siehe **Kapitel 4.5.4**):

- In der Weise, wie der DB II und DB III den verantwortlichen Bereichsleiterinnen Angaben für die Qualität der Leistungserbringung in ihren Bereichen liefert, so bilden die einzelnen *Produkt-DB* (DB I) eine zentrale *produktbezogene Entscheidungsgrundlage* («Decision Accounting») für:
  - die Verkaufspreisfindung und für Offertenerstellungen,
  - Entscheidungen im Zusammenhang mit Eigenherstellung oder Fremdbezug,
  - die Sortimentsplanung sowie
  - Entscheidungen über Annahme oder Ablehnung von Zusatzaufträgen bei Unterauslastung.
- Solchen Entscheidungen dürfen aber auf keinen Fall Stückgewinne bzw. -verluste zugrunde gelegt werden.
- Stückgewinne/-verluste geben einzig und allein bei der *Budgeterarbeitung* (oder bei Offertenerstellungen) gewisse Hinweise für die Festlegung der *Plan-Preise* der einzelnen Marktleistungen innerhalb des *gesamten* Marktleistungsangebotes.
- Vollkosten- und Teilkostenkalkulationen dienen – genauso wie die unterschiedlichen Deckungsbeiträge der Managementerfolgsrechnung – *unterschiedlichen Entscheidungs-* und *Steuerungszwecken*. Anzustreben ist somit die Erstellung von Vollkosten- und von Teilkostenkalkulationen, wobei aber die damit verbundenen Fragestellungen strikt auseinandergehalten werden müssen.

4.5 Managementerfolgsrechnung als mehrstufige Deckungsbeitragsrechnung

Im Nachfolgenden wird eine Managementerfolgsrechnung aufgebaut, die vor allem zur Steuerung des Verkaufs und als Informationsgrundlage zur Analyse der Wertschöpfungssituation für das Management dient. Aus diesem Grund wird sie auch synonym Verkaufserfolgsrechnung genannt.

4.5.1 Aufbau und Aussagekraft

Während bei der Kostenarten-, Kostenstellen- und Kostenträgerrechnung (Kalkulation) vor allem Kosten- und Leistungsgesichtspunkte im Vordergrund stehen, rückt die Management(verkaufs)erfolgsrechnung – genauso wie die Erlösrechnung – die Marktperspektive in den Mittelpunkt der Überlegungen.

Jede aussagekräftige Verkaufserfolgsrechnung setzt eine differenzierte Erfassung der Verkaufserlöse in der Finanzbuchhaltung und eine ebenso differenzierte Erfassung und Verrechnung der anfallenden Kosten in der Kostenrechnung voraus.

Eine Verkaufserfolgsrechnung muss Antwort auf die folgenden Fragen geben können:

- Mit *welchen Produkten/Marktleistungen* haben wir Erfolg am Markt?
- *Wie erfolgreich* sind die einzelnen Sortimente, Produktgruppen und Sparten?
- Aus welchen *Erfolgskomponenten* setzt sich der Erfolg der *einzelnen* Sortimente, Produktgruppen und Sparten zusammen?

Den Ausgangspunkt einer Verkaufserfolgsrechnung bilden deshalb wie in jeder Deckungsbeitragsrechnung die erzielten Verkaufserlöse.

4.5.2 Aufbaulogik der Management(verkaufs)erfolgsrechnung und einzelproduktweisen Deckungsbeitragsrechnung (Prinzip der mehrstufigen Deckungsbeitragsrechnung)

Die bisherigen Überlegungen zur Kalkulation, Erlösrechnung und Verkaufserfolgsrechnung haben sich durchgängig am *Prinzip einer mehrstufigen Deckungsbeitragsrechnung* orientiert. Die konsequente Anwendung dieses Prinzips ermöglicht es einem Unternehmen, sowohl die einzelnen Produktkalkulationen und einzelproduktweisen Deckungsbeitragsrechnungen als auch die Managementerfolgsrechnung nach einer *identischen «Logik»* aufzubauen. Diese Logik macht die Deckungsbeitragsrechnungen und die Managementerfolgsrechnung zu äusserst wirkungsvollen Controlling-Instrumenten, denn sie hat bei den meisten Controlling-Problemen eine fundamentale Bedeutung und ist vergleichbar mit einer *gemeinsamen Sprache.* Ihre Kerngedanken werden im Folgenden näher erörtert.

Mit einer mehrstufigen Deckungsbeitragsrechnung lassen sich nicht nur Fragen der Sortimentssteuerung (Erlösrechnung, DB I) wirksam bearbeiten, sondern es kann damit auch eine aussagekräftige Beurteilung von Promotionsmassnahmen (Managementerfolgsrechnung, DB II) und von Profitcenter-Leistungen insgesamt (Managementerfolgsrechnung, DB III) durchgeführt werden. Ebenso kann eine kritische Überprüfung der Tragbarkeit des allgemeinen Overheads (Managementerfolgsrechnung, DB IV) erfolgen. Demzufolge kann eine mehrstufige Deckungsbeitragsrechnung zum einen als Entscheidungsrechnung (vor allem in Form einer Erlösrechnung) und zum andern als Verantwortungsrechnung (vor allem in Form einer Managementerfolgsrechnung) Anwendung finden.

Erlösrechnung (einzelproduktweise Deckungsbeitragsrechnung) **als Entscheidungsrechnung**	**Managementerfolgsrechnung als Verantwortungsrechnung**
DB I Sortimentssteuerung, Make-or-buy-Entscheidungen, Produktionsprogrammplanung	DB II Beurteilung von Promotionsmassnahmen
	DB III Beurteilung einer Profitcenter-Leistung
	DB IV Tragbarkeit der zentralen Dienste (Kosten der Zentrale)

Abb. 64 Entscheidungsrechnung und Verantwortungsrechnung

Erlösrechnung als *Entscheidungsrechnung*

In einer Erlösrechnung, die als produktweise Deckungsbeitragsrechnung konzipiert ist, werden die Fixkosten nicht auf die einzelnen Erlösträger verteilt. Damit kann der Beitrag der einzelnen Erlösträger zum Gesamtergebnis optimal gesteuert und beurteilt werden.
– Decision Accounting (DB I)

Managementerfolgsrechnung als *Verantwortungsrechnung*

Die Fixkosten der Unternehmensorganisation werden entsprechend ihrer Beeinflussbarkeit den einzelnen Bereichen belastet und stufenweise vom Nettoerlös und den entsprechenden Deckungsbeiträgen subtrahiert. Damit kann der Beitrag der einzelnen Bereiche zum Gesamtergebnis optimal gesteuert und beurteilt werden.
– Responsibility Accounting (DB II, III, IV usw.)

4.5.3 Aufbau der einstufigen Deckungsbeitragsrechnung

Es ist ein Irrtum zu glauben, dass die Ermittlung der proportionalen Kostensätze automatisch zur kurzfristigen Erfolgsrechnung auf Teilkostenbasis als einstufige Deckungsbeitragsrechnung (der sog. Grenzplankostenrechnung) führt. Die Kostenspaltung dient zunächst einmal dem Zweck, die Kostenplanung und Kostenkontrolle realistischer durchführen zu können. Erst der gewählte proportionale Kostenverrechnungssatz zeigt die proportionalen Kosten eines Kostenträgers (Auftrag oder Produkt). In einem weiteren Schritt kommt man dann zur kurzfristigen Erfolgsrechnung auf Teilkostenbasis bzw. zur einstufigen Deckungsbeitragsrechnung.

Mithilfe der proportionalen Kostensätze der verschiedenen Kostenstellen können die proportionalen Fertigungskosten für einen Auftrag oder ein Produkt ermittelt werden, indem die tatsächlich verbrauchten Zeiteinheiten mit den geplanten proportionalen Kostensätzen multipliziert werden. In Verbindung mit einer flexiblen Plankostenrechnung sieht eine einstufige Deckungsbeitragsrechnung nach dem Umsatzkostenverfahren folgendermassen aus:

Bruttoumsatz	
./.	Erlösminderungen
	Nettoumsatz
./.	geplante proportionale Kosten der Herstellung der verkauften Mengen und des Vertriebs
=	Deckungsbeitrag (Grenzergebnis)
./.	geplante Fixkosten
+/−	Abweichungen
=	Betriebsergebnis

Abb. 65 Einstufige DB-Rechnung

Das vorliegende Muster entspricht einer einfachen Deckungsbeitragsrechnung, die auch als Grenzkostenrechnung bezeichnet wird. Bei strenger Anwendung dieser Form der Ergebnisrechnung entfallen alle Probleme der Schlüsselung von fixen Kosten. Die fixen Kosten werden aus der Kostenstellenrechnung monatlich unverändert in die Ergebnisrechnung übernommen. Bei Verzicht auf die Berücksichtigung von Abweichungen (dies ist die Überleitung zum Ist-Ergebnis) ermöglicht ein solches Verfahren – weil es dann nur auf Plandaten basiert – eine sehr schnelle Vorlage für kalkulatorische Ergebnisrechnungen.

4.5.4 Einzelproduktweise Deckungsbeitragsrechnung als Erlösrechnung

Die Erlösrechnung stellt gewissermassen eine *Sonderrechnung des Absatzbereichs* dar, die in verdichteter Form den (marktbezogenen) Ausgangspunkt einer Managementerfolgsrechnung (siehe **Kapitel 4.5.5**) bildet. Die Managementerfolgsrechnung hat grundsätzlich die Aufgabe, auf einer hoch aggregierten Basis das Zustandekommen des Managementerfolgs des Gesamtunternehmens darzustellen.

An der Verkaufsfront werden demgegenüber detaillierte Angaben zu Absatzmengen, erzielten Preisen, Rabattnachlässen, weiteren Erlösminderungen usw. benötigt. Dabei steht die *Wirtschaftlichkeitsbeurteilung* der Verkaufsanstrengungen für die einzelnen Marktleistungen (Produkt, Produktgruppe) und

Zielgruppen (Kunde, Kundengruppe) im Vordergrund. Für ein differenziertes Controlling des Absatzbereiches sind aber die Daten einer Managementerfolgsrechnung viel zu stark verdichtet. Deshalb kann es empfehlenswert sein, zusätzlich eine Erlösrechnung zu erstellen, die wie die Kalkulation auf die einzelnen Marktleistungen ausgerichtet ist.

Im Zusammenhang mit Teilkostenkalkulationen wurde das Schema einer Top-down-Produktkalkulation (**Abbildung 66**) vorgestellt. Die Struktur einer solchen Top-down-Produktkalkulation kann nun auch einer Erlösrechnung zugrunde gelegt werden, die als *einzelproduktweise Deckungsbeitragsrechnung* gestaltet wird.

Ausgangspunkt bilden dabei die erzielten *Absatzmengen* und *Bruttopreise.* Davon zu subtrahieren sind die tatsächlichen («direkten») *Erlösminderungen* (Rabatte auf der Faktura, Frachten) und allenfalls ein gewisser Betrag an «Standard-Erlösminderungen» (für Debitorenverluste, Garantiefälle usw.), die mithilfe eines erfahrungsgestützten Standardprozentsatzes ermittelt werden.

In einem nächsten Schritt sind die proportionalen Herstellkosten zu subtrahieren, um zum DB I zu gelangen. Diese werden ermittelt, indem man entweder die Absatzmengen mit den Standardgrenzkosten multipliziert oder auftragsweise Nachkalkulationen vornimmt. Dahinter steht die Überlegung, dass die Marktleistungen durch den Absatzbereich zu Standard-Werten vom Fertigungsbereich «zugekauft» werden, weil der Absatzbereich weder für die Infrastrukturkosten noch für allfällige (Verbrauchs-)Abweichungen im Fertigungsbereich verantwortlich gemacht werden kann.

Im Gegensatz zu einer Top-down-Produktkalkulation, in der in den nachgelagerten Stufen die verschiedenen Deckungsziele festgehalten sind, endet die Erlösrechnung auf Stufe DB I (siehe **Abbildung 66**).

Der über alle Verkäufe aggregierte DB I stellt damit den Beitrag des Verkaufs zur Deckung der Fixkosten eines Unternehmens dar. Die Erlösrechnung erlaubt dem Absatzbereich, das Zustandekommen dieses DB I zum Beispiel durch die einzelnen Produkte bzw. Produktgruppen, Kunden bzw. Kundengruppen, Regionen, Abnehmerindustrien usw. differenziert zu planen und zu analysieren.

Bruttoumsatz

	Bruttoverkaufserlös	**100**
./.	Erlösminderungen (Rabatte, Frachten, Debitorenverluste, Schadenvergütungen)	5
=	**Nettoverkaufserlös**	**95**
./.	Warenaufwand	50
=	**Deckungsbeitrag 0**	**45**
./.	proportionale Fertigungskosten (Energiekosten, Personalkosten, die unmittelbar bei der Fertigung entstehen)	10
=	**Deckungsbeitrag I**	**35**
./.	Artikel(gruppen)direkte Fixkosten (Promotionsmassnahmen, Logistikkosten)	15
=	**Deckungsbeitrag II**	**20**
./.	Standort-/Werk-Fixkosten (Betriebskosten, Miete, Unterhalt, Verwaltung)	10
=	**Deckungsbeitrag III**	**10**
./.	Kosten der Unternehmenszentrale, (Rest-)ROI-Ziel	5
=	**Managementerfolg** (Überschuss nach der risikogerechten Verzinsung des investierten Kapitals)	5

Abb. 66 Aufbau Top-down-Produktkalkulation

Dies setzt indessen eine entsprechend differenzierte *Kontierung* oder – aus informationstechnologischer Sicht – *Kodierung* von Verkaufserlösen und Erlösminderungen anlässlich der Rechnungsstellung voraus. Ebenso müssen die vorhin skizzierten Kostenelemente verursachungsgerecht den entsprechenden Erlösen zugeordnet werden können. Erst dann ergibt sich für den Absatzbereich die Möglichkeit, *mehrdimensionale* betriebswirtschaftliche Analysen für ein *aktives Verkaufsmanagement* durchführen zu können.

Im Idealfall ermöglicht also eine differenzierte Erlösrechnung, die Verkaufsanstrengungen nach ganz verschiedenen Dimensionen auszuwerten, zum Beispiel nach Produkt bzw. Produktgruppe, nach Kunde bzw. Kundengruppe, nach Region, nach Abnehmerindustrie, nach Vertretergebieten, Verkaufsort, Distributionskanal, Währungsraum usw. *Jede zusätzliche* Auswertungsdimension erfordert allerdings *eine zusätzliche Kodierung.* Dabei können gewisse Kodierungen automatisiert werden, indem bei der Rechnungsstellung (durch die eingesetzte Software) automatisch die entsprechenden Codes vergeben werden, zum Beispiel für die Erlösträger entsprechende Artikelnummern, für den Ort, an dem Rechnung gestellt wird, ein entsprechender Länder- oder Verkaufsstellencode, für die Währung ein entsprechender Währungscode usw. Obwohl manchmal sogar gewisse Plausibilitätstests automatisiert werden können, ist oft eine manuelle Bearbeitung unumgänglich. Demzufolge zieht jede zusätzliche (manuell zu bearbeitende) Auswertungsdimension nicht nur einen höheren Aufwand nach sich, sondern stellt auch eine zusätzliche *Fehlerquelle* dar.

Aus der Sicht der Informationstechnologie ist heute grundsätzlich alles möglich. Aus ganzheitlicher Sicht ist hingegen dringend eine bewusste Beschränkung und Konzentration auf das *strategisch Notwendige* und *Sinnvolle* empfehlenswert. Dies erfordert eine sorgfältige Abstimmung zwischen der Unternehmensstrategie, der Unternehmensorganisation und den Controlling-Instrumenten. Zu definieren und zu analysieren sind dabei in erster Linie die dominanten Entscheidungsprobleme, deren Bearbeitung mit einer Erlösrechnung unterstützt werden soll. Mit andern Worten ist zum Beispiel zu prüfen, inwiefern die Kundin, das Produkt, der Vertreter, die Verkaufsstelle, der Distributionskanal, die geografische Dimension, die Abnehmerindustrie, die Technologie oder allenfalls bestimmte Kernkompetenzen usw. im Vordergrund der Marktbearbeitung stehen. Die Wahl der Auswertungsdimension(en) sollte nicht zuletzt vor allem auch deshalb sehr sorgfältig vorgenommen werden, weil jeder spätere Wechsel einer Auswertungsdimension die Möglichkeit von Zeitvergleichen für Trendanalysen infrage stellt, denn Trendanalysen setzen immer eine aussagekräftige Vergleichsbasis, also Stabilität in den Auswertungsdimensionen voraus.

4.5.5 Aufbau der mehrstufigen Deckungsbeitragsrechnung

Die einfache Deckungsbeitragsrechnung kann ohne grössere Probleme zu einer mehrstufigen DB-Rechnung ausgebaut werden. Voraussetzung ist, dass der Block der Fixkosten getrennt nach Funktionsbereichen wie Herstellung, Forschung sowie Verwaltung und Vertrieb aufgelöst wird – soweit eine eindeutige Zurechnung möglich ist. Eine weitere denkbare Verteilung der Fixkosten ist auch nach Sparten, Verkaufsregionen, Ländern oder Kundenkategorien.

Eine solch differenzierte Deckungsbeitragsrechnung könnte folgende Gestalt haben:

	Bruttoumsatz
./.	Erlösminderungen
	Nettoumsatz
./.	proportionale Material-, Planfertigungs- und Vertriebskosten
=	Deckungsbeitrag I
./.	fixe Plan-Fertigungskosten
=	Deckungsbeitrag II
./.	geplante Vertriebsgemeinkosten
./.	geplante Forschungskosten
./.	geplante Verwaltungskosten
=	Deckungsbeitrag III (vorläufiges Betriebsergebnis)
+/–	Abweichung (Beschäftigungs-, Verbrauchs-, Materialabweichungen etc.)
=	Deckungsbeitrag IV (Betriebsergebnis gesamt)

Abb. 67 Mehrstufige DB-Rechnung

Die Bildung anderer Zwischensummen (Deckungsbeiträge) oder ein differenzierter Ausweis bestimmter Kosten sind durchaus möglich. Dies hängt sowohl von der Organisationsstruktur als auch vom zusätzlichen Informationsbedürfnis und den jeweiligen Entscheidungssituationen ab. Auch hier gilt, dass bei Verzicht der Abweichungen sehr rasch Informationen für Entscheidungen vorliegen. Ein derartiges Umsatzkostenverfahren als Deckungsbeitragsrechnung mit stufenweiser Zuordnung von Fixkosten bildet eine Ergebnisrechnung, die, wenn man zunächst auf die Ermittlung von Abweichungen der Planzahlen vom IST verzichtet, sehr kurzfristig erstellt werden kann und aufgrund ihres Aufbaus unmittelbare Entscheidungsgrundlagen für dispositive Massnahmen in Produktion und Vertrieb bietet. Grundlagen hierfür bilden die Deckungsbeiträge je Produkt (artikelbezogene Deckungsbeitragsrechnung).

Für sehr schnelle Ergebnisinformationen können aus einer täglichen Fakturierung die Deckungsbeiträge der einzelnen Erzeugnisse (bewertet mit Plan- und Standardkosten) ermittelt werden. Durch die Kumulierung dieser täglichen Ergebnisse kann die Ertragssituation laufend beobachtet und beurteilt werden. Bei Abweichungen von den geplanten Deckungsbeiträgen können rechtzeitig Massnahmen eingeleitet werden, um den geplanten Gewinn nach Möglichkeit doch noch erreichen zu können. Die kurzfristige Erfolgsrechnung als Vorschau- und Planungsrechnung wird somit zum Bestandteil der betrieblichen Planung. Selbst aus einer derart vereinfachten Deckungsbeitragsrechnung kann man Informationen für eine gezielte Erfolgssteuerung entnehmen.

Nach diesen grundlegenden Erwägungen ist nunmehr die Darstellung einer mehrstufigen Deckungsbeitragsrechnung möglich. Da der Umsatz den Ausgangspunkt bildet, wird auch von einer mehrstufigen Verkaufserfolgsrechnung gesprochen.

Produktgruppen	Produktgruppe A			Produktgruppe B			Total
Produkt	A1	A2	Total A	B1	B2	Total B	A+B
Absatzmengen in Stück Listenpreis pro Stück Rabatt pro Stück	X X X	X X X		X X X	X X X		
Abgabepreis DB-abhängige Vertreterprovision	X X	X X		X X	X X		
VP netto pro Stück Grenzkosten pro Stück	X X	X X		X X	X X		
netto Umsatzvolumen Grenzkostenvolumen	X X	X X	X X	X X	X X	X X	X X
DB I-Volumen	X	X	X	X	X	X	X
DB I-Kennzahlen DB in % vom Listenpreis DB in % vom Nettoverkaufspreis DB pro Kapazitätseinheit der Engpasskostenstelle	 X X X	 X X X		 X X X	 X X X		
Verkaufsförderungsfixkosten der Produktgruppen			X			X	X
DB II-Volumen			X			X	X
Sonstige Fixkosten							X
DB III-Volumen							X
Ziel-Cashflow							X
Verkaufserfolg							X

Abb. 68 Mehrstufige Verkaufserfolgsrechnung

Aus dieser Verkaufserfolgsrechnung kann man anhand der Deckungsbeitragsstufen folgende Informationen gewinnen bzw. Optimierungsentscheide treffen:

1. *DB I pro Stück* gibt an, welches Produkt der grösste Verdiener pro Stück ist: Bildet die Menge den Engpass, so müsste das Produkt gewählt werden, das den relativ höchsten DB I pro Stück ausweist.
2. *DB-I-Volumen* weist nach, welches das wichtigste Produkt ist. Das Produkt mit dem höchsten DB-I-Volumen trägt am meisten zur Deckung der fixen Kosten inklusive der Brutto-Cashflow-Zielsetzung bei.
3. *DB in % vom Nettoverkaufspreis* sagt aus, an welchem Produkt man am meisten pro Umsatzeinheit verdient. Bildet der Umsatz den Engpass, so müsste jenes Produkt ausgewählt werden, das den relativ höchsten Deckungsbeitrag pro Umsatz aufweist.
4. *DB pro Kapazitätseinheit* der Engpasskostenstelle sagt aus, welches Produkt aus der Sicht der Engpasskostenstelle gefördert werden soll. Werden die Produktionsmengen zugunsten des Produktes mit dem relativ höchsten DB pro Kapazitätseinheit verschoben, so kann ein zusätzlicher Deckungsbeitrag erwirtschaftet werden
5. *DB-II-Volumen* weist nach, inwieweit die einzelnen Produktgruppen ihre wichtigsten zuweisbaren Kosten decken. Welches ist die wichtigste Produktgruppe? Ein direkter Vergleich zwischen den Produktgruppen ist nur möglich, wenn DB-II-Volumen beispielsweise in Relation zum Umsatz gestellt werden (Analoges gilt für Punkt 3.).

Die Zusammenhänge bezogen auf die wertschöpfenden Organisationseinheiten sind in der nachfolgenden konkreten Managementerfolgsrechnung (siehe **Abbildung 69**) dargestellt.

Verkaufserfolgsrechnung Monat: August 20XX

	4 – Ringbücher			2 – Ringbüche	
	Plan	Ist	Abweichung	Plan	Ist
Absatzmenge	12000	11500	– 500	40000	42300
Bruttopreis/Stück	5.0000	5.0000		4.0000	4.0000
Rabattsatz	10,00%	11,57%	– 1.57%	10,00%	9,43%
Prop. Kosten pro Stück	1,9600	1,9600	0,0000	1,4000	1,4000
DB I pro Stück	2,5400	2,4613	– 0,0787	2,2000	2,2228
DB pro Umsatzeinheit (netto)	56,44%	55,67%	– 0.785%	61,11%	61,36%
Bruttoumsatz	60 000	57500	– 2500	160 000	169 200
Rabatte	– 6000	– 6655	– 655	– 16 000	– 15 955
Nettoerlöse	54 000	50845	3155	144 000	153 245
Summe prop. Kosten	– 23 520	– 22540	980	– 56 000	– 59 220
Deckungsbeitrag I	30 480	28305	– 2175	88 000	94 025
Kostenträgerfixkosten	– 5000	– 4500	500	– 23 000	– 18 500
Deckungsbeitrag II	25 480	23805	– 1675	65 000	75 525
Verkaufsfixkosten					
Deckungsbeitrag III					
Fixkosten der Produktion & Verwaltung					
Deckungsbeitrag IV					
Kalkulatorische Abschreibungen					
ROI-Ziel					
Standardergebnis = Verkaufserfolg					

Abb. 69 Managementerfolgsrechnung: Verkaufserfolgsrechnung

	Handelsware			Total			
Abweichung	Plan	Ist	Abweichung	Plan	Ist	Abweichung	
2300							
0,57 %	40,00 %	45,00 %	– 5,00%				
0,0000							
0,0228							
0,24 %	43,33 %	36,36 %	– 6,97%				
9200	25 000	30 000	5000	245 000	256 700	11 700	
45	– 10 000	– 13 500	– 3500	– 32 000	– 36 110	– 4110	
9245	15 000	16 500	1500	213 000	220 590	7590	
– 3220	– 8500	– 10 500	– 2000	– 88 020	– 92 260	– 4240	
6025	6500	6000	– 500	124 980	128 330	3350	
4500	– 4500	– 3500	1000	– 32 500	– 26 500	6000	
10 525	2000	2500	500	92 480	101 830	9350	
				– 11 240	– 11 240	0	
				81 240	90 590	9350	
				– 51 000	– 51 000	0	
				30 240	39 590	9350	
				16 240	– 16 240	0	
				– 14 000	– 14 000	0	
				0	9350	9350	

Hier ist die *Management(verkaufs)erfolgsrechnung* eine *mehrstufige Deckungsbeitragsrechnung*. Sie weist wieder zunächst die proportionalen Kosten aus. Daran schliesst ein mehr oder weniger differenzierter Ausweis der *Gesamtfixkosten* an. Diese können entsprechend der Auswertungsdimensionen und der Wertschöpfungsschwerpunkte eines Unternehmens aufgeteilt werden, beispielsweise in die folgenden Elemente:

- Kostenträgerfixkosten (zum Beispiel Fixkosten der Promotion)
- Verkaufs- und Marketing-Fixkosten
- Fixkosten der Produktion und Logistik
- Fixkosten der Innovation (F&E)
- Fixkosten der Verwaltung
- Kalkulatorische Kosten (kalk. Abschreibungen und ROI-Ziel[54])

Die Managementerfolgsrechnung zeigt auf, wie der Gesamterfolg eines Unternehmens zustande kommt, wo also die wichtigsten Quellen eines Gewinnes oder Verlustes zu suchen sind. Deshalb steht die waagrechte Achse für die Erlösträger zur Verfügung.

Bei der Bestimmung der Erlösträger geht man idealerweise von strategischen Gesichtspunkten aus, das heisst von der strategischen Beeinflussbarkeit des betrieblichen Wertschöpfungsprozesses. Davon abhängig können beispielsweise Produkt, Produktgruppe, Sortiment, Sparte, Kundengruppe, Region, Vertriebsweg, Marktorganisation, Abnehmerindustrie, Applikationsgebiet usw. als strategisch zentrale Erlösträgerdimension definiert werden.

Die Aufteilung der Fixkosten in verschiedene Blöcke dient dazu:

- zu besseren Entscheidungen zu gelangen sowie
- die Kostentransparenz und -verantwortlichkeit zu erhöhen.

54 Das ROI-Ziel bringt kalkulatorische Kosten zum Ausdruck, d. h. denjenigen Betrag, der im Rahmen der Unternehmenstätigkeit zur risikogerechten Verzinsung des investierten Kapitals erarbeitet werden muss (siehe auch die Ausführungen zum ROI-Stammbaum, Modul 1 und Modul 2, Kapitel 6). Dazu gehören die Zahlung von Fremdkapitalzinsen, Dividendenzahlungen und Zuweisungen an die Reserven. Ebenfalls zu berücksichtigen ist die Zahlung von Ertrags- und Kapitalsteuern. Erstere hängen ihrerseits vom Gewinn (bzw. von der «Ertragsintensität») ab. In der Anlagenbuchhaltung sollte der Betrag des in den einzelnen Kostenstellen investierten Kapitals aufgeführt sein. Dieser «Anlagenspiegel» kann als Verteilschlüssel zur Aufteilung des im ROI-Ziel festgehaltenen Gesamtbetrages auf die einzelnen Kostenstellen verwendet werden. Über die entsprechenden Kalkulationssätze können auf diese Weise die kalkulatorischen Kapitalkosten in der Kalkulation schliesslich auf die einzelnen Erlösträger weiterverrechnet werden.

4.5.6 Problematik der Aufteilung (Schlüsselung) von Fixkosten auf einzelne Produktgruppen oder Sparten

Einer der grössten Streitpunkte im Controlling dreht sich um die Frage der *Aufteilung* bzw. *Schlüsselung von Fixkosten*, das heisst, inwiefern Fixkosten *ohne klar vorliegenden Verursachungszusammenhang* auf der Basis von *Tragfähigkeitsüberlegungen* auf einzelne Produkte, Bereiche und Sparten verrechnet werden dürfen bzw. sollen. Was sind die wichtigsten Gründe, die für oder gegen eine Schlüsselung von Fixkosten sprechen, mit der nahezu immer ein gewisses Mass an Willkür verbunden ist? Diese Problematik soll im Folgenden eingehender beleuchtet werden.

Hinter dem ganzen Fragenkreis steht ein Organisationsproblem, das sich daraus ergibt, dass in einer Managementerfolgsrechnung *zwei Dimensionen* einer Organisationsmatrix zur Darstellung gelangen: die Dimension *Erlösträger* (Produktgruppe, Marktorganisation, Sparte, Strategische Geschäftseinheit usw.) und die Dimension *Funktion* (Verkauf, Produktion, Forschung und Entwicklung usw.). Das Schlüsselungsproblem ist also ein *Perspektivenproblem*, das je nach Perspektive eine *Umtopfung*[55] von Kosten und Erlösen erforderlich macht.

Die **Abbildung 70** zeigt, wie beispielsweise die beiden Dimensionen Funktion und Strategische Geschäftseinheit (SGE) eines Unternehmens in der Managementerfolgsrechnung einander gegenüberstehen.

Sofern nicht viele oder schwer messbare innerbetriebliche Leistungen weiterverrechnet werden müssen, ist es bei einer zweckmässigen Kostenarten- und Kostenstellenrechnung im Allgemeinen verhältnismässig einfach, die Kosten nach *Funktionen* (Verantwortungsdimension 2) darzustellen. Die anfallenden Kosten werden denjenigen Kostenstellen (Leistungs-Centers) zugeordnet, in denen der entsprechende Ressourcenverbrauch zur Leistungserstellung tatsächlich stattfindet. Einzelne Kostenstellen können dann ihrerseits zu grösseren Einheiten (Funktionsbereichen wie Produktion, Logistik, F & E, Informatik usw.) zusammengefasst werden.

Solange nun die einzelnen Strategischen Geschäftseinheiten (SGE) weitgehend integriert sind, das heisst über eigene, autonome Geschäftsprozesse und Funktionsbereiche verfügen, entstehen bei der Zuordnung der in diesen Funktionsbereichen anfallenden Fixkosten zu den einzelnen SGE keine grösseren Schwierigkeiten.

---

55 Dieser Begriff wurde von Deyhle geprägt.

Managementerfolgsrechnung

		Verantwortungsdimension 1 SGE-Leiter				
	Strategische Geschäftseinheiten	A	B	C	D	E
	Absatzmenge					
Verantwortungsdimension 2	Verkaufserlöse (netto)					
	./. Proportionale Materialkosten					
	= DB 0					
	./. Proportionale Herstellkosten					
	= DB I					
Gesamtleiter Promotion / Marketing	./. Fixkosten der Promotion / Marketing					
	= DB II					
Gesamtleiter Promotion	./. Fixkosten der Produktion					
	= DB III					
Gesamtleiter F&E usw.	./. Fixkosten F&E					
	= DB IV					
	./. Fixkosten der Verwaltung					
	= DB V					
	./. Kalk. Abschreibungen / ROI-Ziel					
	= Verkaufserfolg					
	./. Abweichungen					
	= Managementerfolg					

Abb. 70 Verantwortungsdimensionen in einer Managementerfolgsrechnung

Probleme ergeben sich erst dann, wenn die Leistungen bestimmter Verantwortungs- oder Funktionsbereiche *gleichzeitig* durch *mehrere* SGE in Anspruch genommen werden. In einem solchen Fall stehen sich zwei Parteien gegenüber: auf der einen Seite die Leiter der Funktionsbereiche und auf der andern Seite die SGE-Leiterinnen (oder zum Beispiel Product Manager, Marktleiterinnen, Spartenleiter usw.). Inwiefern dürfen nun Fixkosten (Infrastrukturkosten) von mehrseitig in Anspruch genommenen Funktionsbereichen auf die Erlösträger der SGE weiterverrechnet werden?

Die Beantwortung dieser Frage hängt vom tatsächlichen *Grad der Beeinflussbarkeit* dieser Kosten durch die betroffenen SGE-Leiterinnen, Product Manager, Marktleiterinnen, Spartenleiter usw. ab. Der Grad an Beeinflussbarkeit ist seinerseits eine Folge der gewählten Organisations- und Produktionsformen, das heisst der Art und Weise der organisatorischen *Verflechtung* der unternehmerischen Wertschöpfungsaktivitäten. Wer hat zum Beispiel Einfluss auf diese Verflechtung? Wer entscheidet über die Ausgestaltung einer gemeinsamen Infrastruktur? Wie autonom sind die SGE? Welche Grundsätze und Bewertungsregeln gelten bei der Verrechnung von in Anspruch genommenen Leistungen? Werden Verrechnungspreise «administrativ» festgelegt, oder gibt es für bestimmte Leistungen einen internen Markt?

Im Allgemeinen gilt Folgendes: Infrastruktur-Fixkosten, auf welche die SGE-Leiter (im Sinne von Leistungsempfängern der Verantwortungsdimension 1) nicht aktiv Einfluss nehmen können, dürfen gemäss Verantwortungsprinzip grundsätzlich *nicht* weiter aufgeschlüsselt werden. Welche Infrastruktur-Fixkosten tatsächlich unter diese Kategorie fallen, muss im Einzelfall sorgfältig abgeklärt werden, weil diesbezüglich innerhalb eines Unternehmens zum Beispiel von SGE zu SGE grosse Unterschiede bestehen können.

Obwohl es zweckmässig ist, einer Spartenleiterin in Anspruch genommene, das heisst vertraglich vereinbarte Produktions- oder Informatikleistungen zu verrechnen, kann sie *nicht* für die *allgemeine* Infrastruktur dieser Bereiche verantwortlich gemacht werden. Die gesamte Problematik hängt sehr ausgeprägt vom Integrationsgrad der Wertschöpfungsprozesse im einzelnen Unternehmen ab. Während in einem «lose gekoppelten», stark divisionalisierten Unternehmen A die Spartenleiter alle Fixkosten bis auf Stufe DB IV direkt beeinflussen können, ist dies in einem stärker verflochtenen Unternehmen B vielleicht lediglich bis auf Stufe DB II möglich.

Eine *faire Leistungsbeurteilung* von SGE-Leiterinnen, Spartenleitern usw. mithilfe einer Managementerfolgsrechnung (als Verantwortungsrechnung) muss in jedem Fall auf der Grundlage solcher *Ergebnisgrössen* erfolgen, die durch die Betroffenen aufgrund eines klaren *Verursachungszusammenhangs* (noch) *unmittelbar persönlich beeinflusst* werden können.

Dennoch gibt es Gründe dafür, *Fixkosten* aufgrund von *Tragfähigkeitsüberlegungen* in Form von *Deckungszielen* bis auf Stufe Verkaufserfolg weiter aufzuschlüsseln. Der Hauptgrund ist folgender: Es ist nicht möglich, zu einem langfristig profitablen *Preisniveau* zu gelangen, wenn die Managementerfolgsrechnung keine Informationen («Lenkungssignale») zur Erstellung gewinnbringender Auftragskalkulationen und Verkaufsofferten enthält. Nur mithilfe einer sorgfältigen Fixkostenschlüsselung, das heisst der Bildung differenzierter, *angemessener Deckungsziele*, kann vermieden werden, dass der Absatzbereich bei der *Verkaufspreisfindung* nicht von unrealistischen Kosteninformationen ausgeht.

Zudem sollte die Managementerfolgsrechnung für sämtliche Akteure klare Anreize schaffen, die Wirtschaftlichkeit aller Wertschöpfungsaktivitäten ständig zu verbessern. Gerade die Verpflichtung auf anspruchsvolle Deckungsziele im Rahmen eines dialogischen Planungsprozesses soll dazu beitragen, dass das Verantwortungsgefühl für den wirtschaftlichen Erfolg des Gesamtunternehmens gestärkt wird. Eine Fixkostenschlüsselung hat somit den Zweck, allen Bereichsverantwortlichen unmissverständlich vor Augen zu führen, dass mit den von ihnen unmittelbar noch beeinflussbaren Deckungsbeiträgen (zum Beispiel DB II) längst noch *nicht alle* Kosten des Gesamtunternehmens gedeckt sind.

Mithilfe einer Fixkostenschlüsselung werden den Bereichsverantwortlichen allerdings *nicht* oder nur sehr *begrenzt beeinflussbare* Fixkosten angelastet. Die ermittelten Deckungsziele unterliegen zudem unvermeidbar einer gewissen Willkür, weil Fixkostenschlüsselungen nicht auf der Grundlage (analytisch) eindeutig berechenbarer Kostenverursachungsfaktoren vorgenommen werden können, sondern oftmals im Sinne von Ermessensentscheiden mithilfe des gesunden Menschenverstandes gefällt werden müssen (Tragfähigkeitsprinzip anstatt Verursachungsprinzip).

Deshalb ist eine Fixkostenschlüsselung, die das *Verursachungsprinzip verletzt*, lediglich in der *Planung*, das heisst bei der Erarbeitung der Plan-Managementerfolgsrechnung, zulässig. Sie dient *ausschliesslich* der Ermittlung angemessener, plausibler Deckungsziele für möglichst gewinnbringende *Marktleistungskalkulationen* (Decision Accounting).

In der *Ergebnisrechnung*, das heisst bei der Abrechnung der Ist-Kosten, ist dagegen strikt auf eine Schlüsselung der Ist-Fixkosten zu *verzichten*. Stattdessen sind die *unveränderten Planwerte* (= Deckungsziele) in die Managementerfolgsrechnung einzusetzen und die Abweichungen nicht in der Managementerfolgsrechnung, sondern in den entsprechenden *Verantwortungsbereichen (bzw. Kostenstellen)* auszuweisen (Responsibility Accounting).

Besonderer Aufmerksamkeit bedarf diese Problematik im Hinblick auf eine *faire* (persönliche) *Leistungsbeurteilung* auf der Grundlage eines finanziellen Anreizsystems. Gerade in diesem Zusammenhang ist von einer Schlüsselung von Ist-Fixkosten, die aus der Sicht der betroffenen Bereichsleiter *nicht* oder nur in *geringem* Ausmass beeinflussbar sind, *dringend abzuraten*. Leistungsbeurteilungen müssen stets auf der Grundlage *beeinflussbarer* Grössen erfolgen.

Eine Verletzung dieser Grundsätze kann zu endlosen Grabenkämpfen um eine faire Schlüsselung der Fixkosten führen. Noch schlimmer: Wenn die Spielregeln von den Beteiligten und Betroffenen als unfair wahrgenommen werden, wird dies einen nachhaltigen Anreiz darstellen, entweder «How to beat the system?» zu betreiben oder sich ständig um eine Abänderung der Spielregeln zu den eigenen Gunsten zu bemühen, anstatt sich mit den tatsächlichen Herausforderungen des betrieblichen Alltags zu beschäftigen. Damit ist eine Verpolitisierung des Controllings verbunden, die meistens grossen Schaden anrichtet.

4.6 DB-Entscheidungssituationen

Die beschriebenen Umsatzkostenverfahren als mehrstufige und mehrdimensionale Deckungsbeitragsrechnung liefern für kurzfristige Entscheidungssituationen eindeutige Informationen. Produktionsorientiert stehen hier vor allem Fragen der Programm- und Verfahrenswahl im Vordergrund bzw. die Fragen der Eigen- oder Fremdherstellung oder die Hereinnahme zusätzlicher Aufträge bei unterschiedlichen Beschäftigungslagen. Auf solche und ähnliche Fragen liefert eine Vollkostenrechnung keine hinreichend geeigneten Informationen.

Auf der Grundlage der Teilkosteninformationen kann insbesondere bei Engpasssituationen rascher reagiert werden. Massgebende Entscheidungskriterien sind dabei immer ertragswirtschaftliche Aspekte.

Im folgenden Beispiel wird von einer Engpasssituation ausgegangen, die auch nicht mit Überzeit kompensiert werden kann. Dabei stellt sich die Frage, welche Aufträge selbst bzw. welche Aufträge auswärts gefertigt werden sollen. Als Antwort ist auf die relativen Deckungsbeiträge je Engpasseinheit zurückzugreifen, die dann zur Entscheidung in eine Rangfolge zu bringen sind.

Aufträge

	A	B	C	D	E
Erlöse	1600	600	400	300	200
Proportionale Kosten der Eigenherstellung	1400	520	300	250	190
Deckungsbeitrag bei Eigenfertigung	200	80	100	50	10
Kosten bei Auswärtsvergabe	1500	520	350	280	210
Deckungsbeitrag bei Auswärtsvergabe	100	80	50	20	−10
Restdeckungsbeitrag	100	–	50	30	20
Fertigungszeit in Std.	35	20	15	10	5
Restdeckungsbeitrag je Engpasseinheit	2.86	–	3.33	3.00	4.00
Rangfolge der Eigenherstellung	4	5	2	3	1

Abb. 71 Bestimmung der Rangfolge der selbst zu fertigenden Aufträge

Im vorliegenden Beispielsfall sind an erster Stelle die Aufträge B von Dritten ausführen zu lassen. Dadurch gewinnt die Unternehmung freie Kapazität. Falls diese immer noch nicht ausreicht, um alle übrigen Aufträge zu bewältigen, wird man auch einen Teil der Aufträge A nach aussen verlagern. Bei Massenproduktion würde man jene Produkte nach auswärts vergeben, die den geringsten relativen Deckungsbeitrag bei Eigenfertigung erwirtschaften.

Bringt man jedoch den Erlös und die Selbstkosten miteinander in Beziehung, so würde man nach dem Prinzip der Vollkostenrechnung jene Produkte kurzfristig aus dem Programm streichen, die (scheinbar) Verluste ausweisen. Im nachstehenden Beispiel würde das Unternehmen, wenn es die Kostenträger E und F aus dem Programm nimmt, von einem Gesamtgewinn von 190 durch die entfallenden Deckungsbeiträge von 280 auf einen Verlust von 90 kommen. Konsequenz: Verzichtet man auf einen Artikel oder eine Artikelgruppe, dann entfällt kurzfristig erst einmal der entsprechende Umsatz. Ob längerfristig auch die fixen Kosten entsprechend abgebaut werden können bzw. ob es gelingt, die Ressourcen des Unternehmens dann für lohnendere Artikel zu nutzen, ist zumindest im Zeitpunkt der Entscheidung höchst ungewiss.

Kostenträger	A	B	C	D	E	F	Summe
Grenzkosten	100	1200	150	200	300	400	2350
Fixkosten	100	1100	200	180	200	300	2080
Gesamtkosten	200	2300	350	380	500	700	4430
Umsatz-Erlöse	230	2550	460	400	400	580	4620
Gewinn/Verlust	30	250	110	20	−100	−120	190
Gewinn/Verlust, % vom Umsatz	13,0%	9,8%	23,9%	5,0%	−25,0%	−20,7%	4,1%
Deckungsbeitrag	130	1350	310	200	100	180	2270
Deckungsbeitrag % vom Umsatz	56,5%	52,9%	67,4%	50,0%	25,0%	31,0%	49,1%

Abb. 72 Grundlage für Sortimentsbereinigung

Daraus folgt, dass Vollkostenrechnungen zu Fehlentscheidungen verleiten können. Sogenannte Verlustartikel werden ersatzlos eliminiert. Meistens ist es aber nicht möglich, gleichzeitig die entsprechenden fixen Kosten abzubauen. Ihre Deckung müssen dann die gewinnbringenden Artikel übernehmen. Dann ist es nicht ausgeschlossen, dass weitere Artikel in die Verlustzone geraten. Auf diese Weise kann man sich sukzessive aus dem Markt kalkulieren.

Erfolgsrechnungen werden auch als Grundlage für strategische Entscheidungen benutzt. Als Ansatzpunkt wird häufig eine Marktwachstums-/Marktanteil-Matrix verwendet, die seinerzeit von der Boston Consulting Group entwickelt worden ist. Mithilfe der Lebenszyklus-Kurve werden die Marktpositionen strategischer Geschäftseinheiten erfasst und in der zweidimensionalen Matrix zur Darstellung gebracht.

Als Ergebnis erhält man folgendes Bild:

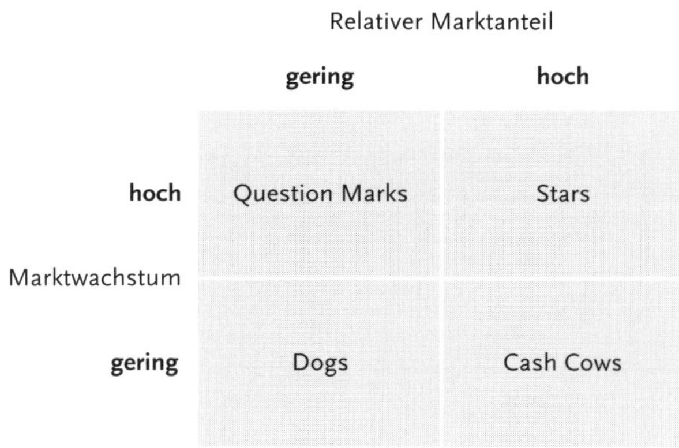

Abb. 73 Marktwachstum-/Marktanteil-Matrix

Aus dieser Darstellung werden nun sogenannte Normstrategien abgeleitet. Eine Aufbaustrategie wird in erster Linie für die Geschäftseinheit «Star» empfohlen, weil ihre Entwicklung als vielversprechend für den zukünftigen Erfolg angesehen wird. Für die Geschäftseinheit «Cash Cow» sei eine Abschöpfungsstrategie anzustreben. Die daraus sich ergebenden finanziellen Mittel sollen zum Aufbau zukünftiger Erfolgspotenziale beitragen.

Es wird nun davon ausgegangen, dass für jede strategische Geschäftseinheit ein Produktmanager verantwortlich ist. Beide beabsichtigen, der Geschäftsleitung Investitionsanträge zu unterbreiten (zum Beispiel für Erweiterungs- oder Ersatzinvestitionen), die sich gegenseitig ausschliessen.

Wird für die Investitionsanträge eine Erfolgsrechnung auf Vollkostenbasis verwendet, dann hat die Produktmanagerin der Geschäftseinheit «Star» Schwierigkeiten, ihren Auftrag aus ertragswirtschaftlicher Sicht durchzubringen. Das (noch) geringe Absatzvolumen und die damit verbundenen höheren Stückkosten sowie die starke Belastung mit Forschungs- und Entwicklungsaufwendungen beeinträchtigen die Rentabilität der Investitionen. Anders äussert sich die Ertragssituation bei der Geschäftseinheit «Cash Cow».

Wird aber eine Deckungsbeitragsrechnung benutzt (DB I), dann ist der unterschiedliche Einfluss der fixen Kosten nicht mehr vorhanden. Die Qualität der Entscheidungsfindung verbessert sich deutlich. Beide Antragsteller können sich auf vergleichbare Informationen stützen.

Gründe für die bevorzugte Benutzung einer Deckungsbeitragsrechnung lassen sich auch für sortimentspolitische Entscheidungen finden. Das gilt vor allem dann, wenn Deckungsbeiträge von Produkt- und Kundengruppen kombiniert betrachtet werden. Zeigt sich beispielsweise, dass Produkte mit einem kleinen Deckungsbeitrag vor allem von Kunden benutzt werden, die ein geringes Deckungsbeitragsvolumen generieren, dann steht einer Sortimentsbereinigung nichts mehr im Wege.

Erfahrungsgemäss tun sich Verantwortliche des Verkaufes oft schwer, einer Sortimentsbeschränkung zuzustimmen. Häufig sind es aber Scheinargumente, mit denen gegen derartige Grundsatzentscheide opponiert wird. Offensichtliche Ertragsschwächen, die auf der Grundlage von kombinierten mehrdimensionalen und mehrstufigen Deckungsbeitragsrechnungen nachgewiesen werden können, sollten sortimentspolitische Massnahmen, die vielleicht für den Verkauf unpopulär sind, nicht verhindern.

4.7 Break-even-Analyse – ein Instrument zur Visualisierung und Verdeutlichung des Rechnens mit Deckungsbeiträgen

Zum Abschluss dieses Moduls soll kurz das Break-even-Diagramm als ein vereinfachendes Instrument zur Visualisierung der Ertragssituation eines Unternehmens vorgestellt werden. Das Break-even-Diagramm eignet sich aus didaktischen Gründen sehr gut dazu, beispielsweise die Auswirkungen von Preiserhöhungen oder Veränderungen in der Fertigungstiefe usw. grafisch darzustellen. Selbstverständlich handelt es sich um ein analytisches, die Realität vereinfachendes Instrument, das viele Einflussfaktoren (zum Beispiel sprungfixe Kosten) vernachlässigt, aber dennoch sehr geschickt von der betrieblichen Realität abstrahiert.

Das Break-even-Diagramm bringt primär den Zusammenhang zwischen Umsatz- und Kostenentwicklung in Abhängigkeit vom Absatzvolumen grafisch zum Ausdruck. In den bisherigen Ausführungen wurde verschiedentlich darauf hingewiesen, dass vor dem Hintergrund des «Denkens in Deckungsbeiträgen» die Absatzmenge (als Leistungs- oder Beschäftigungsmassstab) einen zentralen «Trigger» der Kostenentwicklung darstellt. Dieser Betrachtungsweise wird auch im Break-even-Diagramm Rechnung getragen, indem die Umsatzentwicklung als Resultante von *zwei* Grössen, der *Mengenentwicklung* zum einen und der *Entwicklung des Preisniveaus* zum andern, grafisch sichtbar gemacht wird.

Auf der horizontalen Achse wird deshalb die Mengenentwicklung (Absatzvolumen) abgetragen, die vertikale Achse markiert dagegen die Verkaufserlöse bzw. die Kosten als Produkt von Mengen und Preisen.

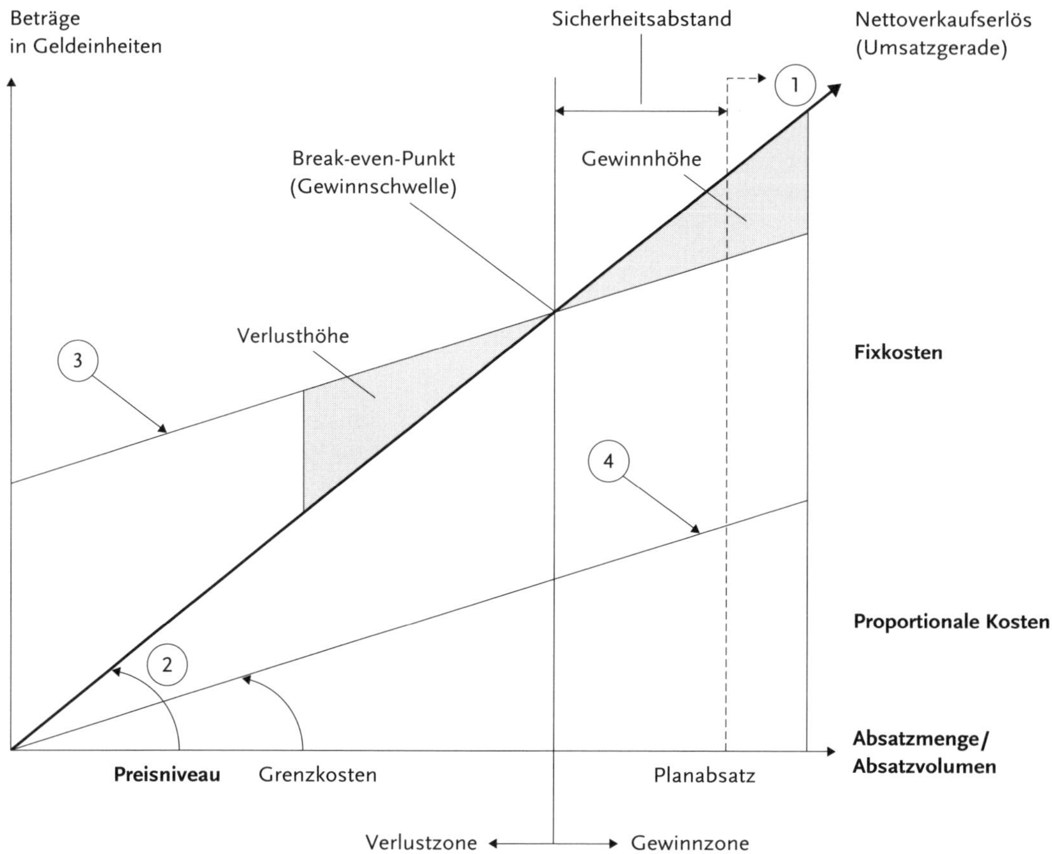

Abb. 74 Angriffskeile der Ertragssteigerung

Das Break-even-Diagramm visualisiert die Ertragssituation eines Unternehmens. Deshalb soll zunächst ein Blick auf die vier Angriffskeile der Ertragssteigerung geworfen werden.

Angriffskeil 1
Das *Absatzvolumen* ist auf der horizontalen Achse abgetragen.

Angriffskeil 2
Das *allgemeine Preisniveau* wird durch den Winkel zwischen der Umsatzgeraden und der horizontalen Achse zum Ausdruck gebracht. Je höher das Preisniveau ist, desto steiler wird die Umsatzgerade.

Angriffskeil 3
Auch wenn ein Unternehmen überhaupt nichts verkauft, fallen die *Fixkosten* in ihrer vollen Höhe an. Deshalb entstehen schon beim Nullpunkt die gesamten Fixkosten.

Angriffskeil 4
Proportional zum Absatzvolumen wachsen die *proportionalen Kosten*. Der Winkel zur horizontalen Achse markiert die Grenzkosten, das heisst die proportionalen Kosten *pro Stück*. Je höher der Anteil der proportionalen Kosten an den Gesamtkosten ist, desto steiler wird die Gerade, welche die proportionalen Kosten markiert.

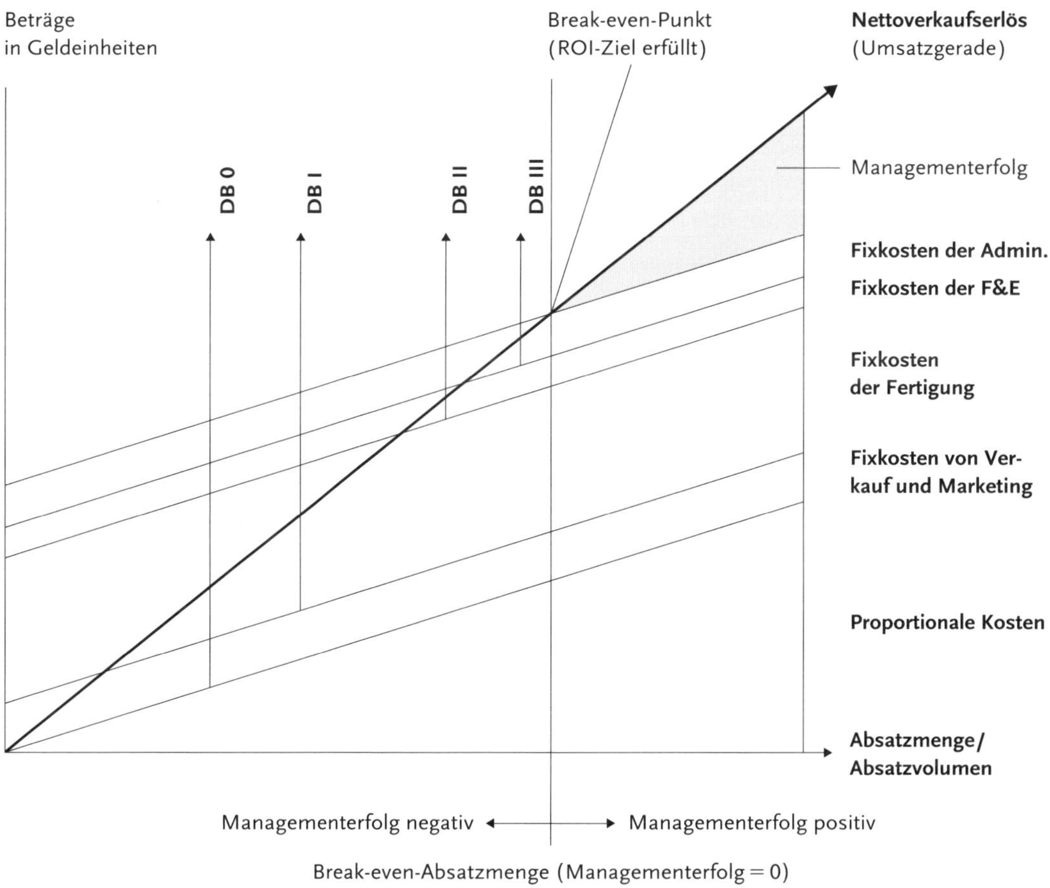

Abb. 75 Break-even-Diagramm (Fokus: Managementerfolg)

Absatzvolumen, Preisniveau, Höhe der Fixkosten und der Anteil an proportionalen Kosten an den Gesamtkosten haben eine ausschlaggebende Bedeutung für die Ertragslage eines Unternehmens.

Von der ursprünglichen Idee her markiert der Break-even-Punkt (Break-even-Absatz- oder Umsatzvolumen) die *Gewinnschwelle*. An diesem Punkt sind sämtliche Aufwendungen des Unternehmens gedeckt.[56] Zur Beurteilung der tatsächlichen betrieblichen Ertragskraft ist es jedoch zweckmässiger, den Break-even-Punkt vom Managementerfolg und/oder vom Cashflow her zu definieren:

- *Managementerfolg*[57]: Bei diesem Break-even-Punkt sind nicht nur die ausgabenwirksamen Kosten gedeckt, sondern auch die kalkulatorischen Abschreibungen und die (angestrebte) Verzinsung des investierten Kapitals (ROI-Ziel inkl. eines risikogerechten Gewinnanteils).
- *Cashflow*: An diesem Break-even-Punkt sind alle ausgabenwirksamen Kosten gedeckt. Was darüber hinaus erwirtschaftet wird, dient der Wiederbeschaffung benutzter Anlagen (kalkulatorische Abschreibungen) und der Verzinsung des investierten Kapitals (ROI-Ziel).

Schwankungen des Absatzvolumens haben in Abhängigkeit vom Preisniveau und der Fertigungstiefe eines Unternehmens unterschiedliche Auswirkungen auf die Entwicklung der Ertragslage. Je geringer der Anteil an proportionalen Kosten an den Gesamtkosten, desto dramatischer sind die Folgen von Umsatzeinbrüchen. Ein Mass für das Risiko der aktuellen Umsatz- und Kostenstruktur stellt der Sicherheitsabstand dar. Er zeigt an, um wie viel das Absatzvolumen bzw. Umsatzziel unterschritten werden darf, ohne bereits in die Verlustzone zu geraten.

Ein hoher Anteil an proportionalen Kosten, das heisst eine geringe Fertigungstiefe, senkt das unternehmerische Risiko in dynamischen Märkten mit starken Nachfrageschwankungen, weil eine solche Fertigungs- und Kostenstruktur grundsätzlich grössere Sicherheitsabstände ermöglicht.

Das Break-even-Diagramm eignet sich damit sowohl zur Visualisierung kurzfristiger Entscheidungen (zum Beispiel kurzfristiger Abbau von Fixkosten) als auch zur langfristigen Optimierung der Ertragsstruktur durch Sortimentsoptimierungen und die Wahl einer angemessenen Fertigungstiefe.

---

56 Dies widerspiegelt im Grunde genommen die Sichtweise des finanziellen Rechnungswesens. Demzufolge wäre hier zu fragen, wie viel Abschreibungen und zu bezahlende Fremdkapitalzinsen in den Fixkosten enthalten sind.

57 In der Planung stimmt dieser BE-Punkt mit dem geplanten Absatzvolumen überein.

Zusammenfassung Modul 4, Kapitel 4

- Eine gut integrierte Kosten- und Erlösrechnung besteht aus einer *Kostenartenrechnung*, einer *Kostenstellenrechnung*, einer *Kostenträgerrechnung* (= Kalkulation), einer *gesonderten Erlösrechnung* und einer *Managementerfolgsrechnung*.
- Bei der finanziellen Bewertung von Mengengrössen in der Kosten- und Erlösrechnung kommt der Erstellung von *Mengengerüsten* in der *Kalkulation* eine besondere Bedeutung zu, da sie in diesem Zusammenhang eine Scharnierfunktion ausüben.
- Die Kalkulation (Kostenträgerstückrechnung) eines Unternehmens ist eine Hilfsrechnung zur Berechnung der Kosten der Erlösträger und gewisser innerbetrieblicher Leistungen.
- Man unterscheidet *Vor*kalkulationen für standardisierbare Leistungen (Standardkalkulationen), *Vor*kalkulationen für einzelne Aufträge (Auftragskalkulationen) und *Nach*kalkulationen für einzelne Aufträge.
- *Vor*kalkulationen liefern Angaben für die Verkaufspreisfindung, für Make-or-buy-Entscheidungen, für die Sortimentsplanung und für die Annahme oder Ablehnung von Zusatzaufträgen.
- *Nach*kalkulationen dienen demgegenüber der Überprüfung von Vorkalkulationen, stellen Erfahrungswerte für realistische Vorkalkulationen dar und geben Hinweise auf organisatorische Stärken und Schwachstellen der Unternehmung (Benchmarking).
- Jede Kalkulation setzt sich grundsätzlich aus einer Stückliste (Materialeinsatz und Fremdleistungen) und einem Arbeitsplan (Planung der auszuführenden Arbeiten) zusammen, deren Komponenten in der Kalkulation mit den entsprechenden Materialpreisen bzw. Kalkulationssätzen multipliziert werden.
- *Vollkostenkalkulationen* geben allgemeine Angaben darüber, welche Preise langfristig am Markt realisiert werden müssen, damit über das gesamte Produktangebot hinweg ein Gewinn für das Unternehmen entsteht.
- Teilkostenkalkulationen markieren die *kurzfristige Preisuntergrenze* einer Marktleistung.
- Vollkosten- und Teilkostenkalkulationen dienen wie die unterschiedlichen Deckungsbeiträge der Betriebserfolgsrechnung unterschiedlichen Entscheidungs- und Steuerungszwecken. Man kann weder auf das eine noch auf das andere verzichten, muss aber die damit verbundenen Fragestellungen strikt auseinanderhalten.

- Bei der Erlösrechnung als *Sonderrechnung des Absatzbereichs* steht die Wirtschaftlichkeitsbeurteilung der Verkaufsanstrengungen für die einzelnen Marktleistungen und Zielgruppen im Vordergrund. Sie bildet damit den marktbezogenen Ausgangspunkt für die Managementerfolgsrechnung.
- Der Erlösrechnung als einzelproduktweiser Deckungsbeitragsrechnung kann die Struktur einer Top-down-Produktkalkulation zugrunde gelegt werden, wobei die Erlösrechnung nur bis zur Stufe des DB I geht. Der DB I stellt damit den Beitrag des Verkaufs zur Deckung der Fixkosten eines Unternehmens dar.
- Während bei der Kostenarten-, Kostenstellen- und Kostenträgerrechnung (Kalkulation) vor allem Kosten- und Leistungsgesichtspunkte im Vordergrund stehen, rückt die Managementerfolgsrechnung – genauso wie die Erlösrechnung – die Marktperspektive in den Mittelpunkt der Überlegungen.
- Die Managementerfolgsrechnung beantwortet die Fragen, mit welchen Produkten/Marktleistungen das Unternehmen einen Erfolg am Markt erzielt, wie erfolgreich die einzelnen Sortimente, Produktgruppen und Sparten sind sowie aus welchen *Erfolgskomponenten* sich der Erfolg der einzelnen Sortimente, Produktgruppen und Sparten zusammensetzt.
- Eine als mehrstufige Deckungsbeitragsrechnung gestaltete Managementerfolgsrechnung erbringt dann den grössten Nutzen, wenn mit Standardwerten gerechnet wird. Es empfiehlt sich demnach, die Managementerfolgsrechnung auf der Basis von Standardwerten (Ist-Mengen × Standardpreise) darzustellen und die Abweichungen von den Standards in einem gesonderten Block auszuweisen.
- Die konsequente Anwendung des *Prinzips einer mehrstufigen Deckungsbeitragsrechnung* ermöglicht es einem Unternehmen, sowohl die einzelnen Produktkalkulationen und einzelproduktweisen Deckungsbeitragsrechnungen als auch die Management(verkaufs)erfolgsrechnung nach einer *identischen Aussagelogik* aufzubauen.
- Eine mehrstufige Deckungsbeitragsrechnung kann zum einen als Entscheidungsrechnung (Erlösrechnung) und zum anderen als Verantwortungsrechnung (v. a. als Managementerfolgsrechnung) Verwendung finden.
- Durch die *mehrdimensionale* Organisation eines Unternehmens (beispielsweise nach Funktionen und nach Produktgruppen) entsteht das für die Gestaltung des Controllings zentrale Problem der *Aufteilung des Fixkostenblocks*.

- Die Beantwortung der Frage, inwiefern Fixkosten von mehrseitig in Anspruch genommenen Leistungs-Centers auf die Erlösträger weiterverrechnet werden dürfen, hängt vom tatsächlichen Grad der Beeinflussbarkeit dieser Kosten durch die für die Erlösträger verantwortlichen Personen (SGE-Leiterin, Product Manager usw.) ab. Dieser Grad ist wiederum eine Folge der gewählten Organisations- und Produktionsstruktur.
- Zur Vermeidung von Grabenkämpfen ist eine das *Verursachungsprinzip verletzende* Fixkostenschlüsselung lediglich in der *Planung*, das heisst bei der Erarbeitung der Plan-Managementerfolgsrechnung, zulässig. Sie dient ausschliesslich der Ermittlung angemessener, plausibler *Deckungsziele* für möglichst gewinnbringende *Marktleistungskalkulationen* (Decision Accounting). In der *Ergebnisrechnung* ist vor allem im Hinblick auf eine *faire Leistungsbeurteilung* der verantwortlichen Bereichsleiter (Responsibility Accounting) von einer Schlüsselung kaum beeinflussbarer Ist-Fixkosten *dringend abzuraten*. Leistungsbeurteilungen sollten stets auf der Grundlage *beeinflussbarer* Grössen erfolgen.
- Je nach Situation helfen die Deckungsbeitrags-Kennzahlen, auch die konkrete Wertschöpfung des Unternehmens zu optimieren.
- Das Break-even-Diagramm bringt den Zusammenhang zwischen Umsatz- und Kostenentwicklung in Abhängigkeit vom Absatzvolumen grafisch zum Ausdruck. Als Angriffskeile zur Ertragssteigerung dienen dabei die Fixkosten, die proportionalen Kosten, die Absatzmengen/das Absatzvolumen sowie das Preisniveau.

Selbst-Controlling: Modul 4, Kapitel 4

Frage		*Unsicher? Wenn ja: Seite*
1	Damit die Ertragskraft von Marktleistungen aus betriebswirtschaftlicher Sicht beurteilt werden kann, sind nicht nur finanzielle Daten (Wertgrössen) notwendig. Welche weiteren Grössen spielen eine wichtige Rolle und warum?	200
2	Wodurch entsteht die Notwendigkeit, in der Kostenartenrechnung Abgrenzungen vorzunehmen? Welche Arten von Abgrenzungen gibt es? Nennen Sie jeweils Beispiele für mögliche Abgrenzungen.	202/203
3	Was unterscheidet Einzel- von Gemeinkosten?	203/204
4	Welche Kosten fliessen in die Kostenstellenrechnung ein? Wozu dient die Weiterverarbeitung dieser Kosten in der Kostenstellenrechnung?	204
5	Nach welchen Kriterien sind die Kostenarten in der Kostenstellenrechnung zu gliedern? Welche organisatorische Voraussetzung muss in diesem Zusammenhang erfüllt sein?	207
6	Welche Grössen liefert die Kostenstellenrechnung an die Kalkulation?	207
7	Welche Gefahr ergibt sich bei starken Beschäftigungsschwankungen, wenn die Kalkulationssätze «automatisch» (sozusagen blindlings) in die Kalkulation übernommen werden?	211
8	Welche Kosten werden in der Kalkulation ermittelt?	214
9	Wieso stellt die Kalkulation das Bindeglied zwischen der Kostenstellenrechnung und der Managementerfolgsrechnung dar? Welche Grössen fliessen aus der Kalkulation in die Managementerfolgsrechnung ein?	216
10	Welche Daten liefern die Stückliste und der Arbeitsplan an die Kalkulation?	217
11	Worin liegt der Unterschied zwischen Voll- und Teilkostenkalkulationen einerseits sowie Top-down- und Bottom-up-Kalkulation andererseits?	Kapitel 4.4.5
12	Inwiefern kann man sich mit Vollkostenkalkulationen «aus dem Markt rechnen», und welche Gefahr ergibt sich, wenn man sich darauf beschränkt, lediglich Teilkostenkalkulationen zu erstellen?	224/225

Frage	*Unsicher? Wenn ja: Seite*
13 Wieso sollten kurzfristigen produkt- und sortimentsbezogenen Entscheidungen nicht die Stückgewinne bzw. -verluste zugrunde gelegt werden?	228
14 Inwiefern rückt bei der Managementerfolgsrechnung die Marktperspektive in den Mittelpunkt?	229
15 Warum dient eine Erlösrechnung vor allem als Entscheidungsrechnung und eine Managementerfolgsrechnung vor allem als Verantwortungsrechnung?	230/231
16 Wieso ist es für ein effektives Controlling des Absatzbereiches notwendig, zusätzlich zur Managementerfolgsrechnung eine einzelproduktweise Deckungsbeitragsrechnung zu erstellen?	232/233
17 Wieso werden bei der Erlösrechnung zur Ermittlung des DB I die proportionalen Herstellkosten zu Standardwerten berücksichtigt?	233
18 Wieso wird der Fixkostenblock im Rahmen der Managementerfolgsrechnung weiter unterteilt?	242
19 Wann entstehen bei der Fixkostenschlüsselung Konflikte zwischen den davon betroffenen Verantwortungsträgern?	245
20 Was ist beim Aufschlüsseln von Fixkosten zu beachten?	245
21 Wieso sollte hinsichtlich der Fixkostenschlüsselung zwischen der Ermittlung von Deckungszielen und der Leistungsbeurteilung unterschieden werden? Was könnte allenfalls passieren, wenn dies nicht erfolgt?	246/247
22 Welchen Zusammenhang bringt die Break-even-Analyse grafisch zum Ausdruck?	251
23 Welche Aussagekraft besitzt der Break-even-Punkt?	254
24 Bei welchen Entscheidungssituationen können DB-Kennzahlen Hilfestellungen leisten?	zum Beispiel 4.6

Modul 5
Planung, Reporting und finanzielle Perspektive der Balanced Scorecard (BSC)

Der Kreis schliesst sich bei den Instrumenten des Rechnungswesens im Reporting bzw. der Finanziellen Perspektive.

Die Übersichtsabbildung zeigt, wo die Themen und Inhalte dieses Moduls innerhalb des Rechnungswesens anzusiedeln sind.

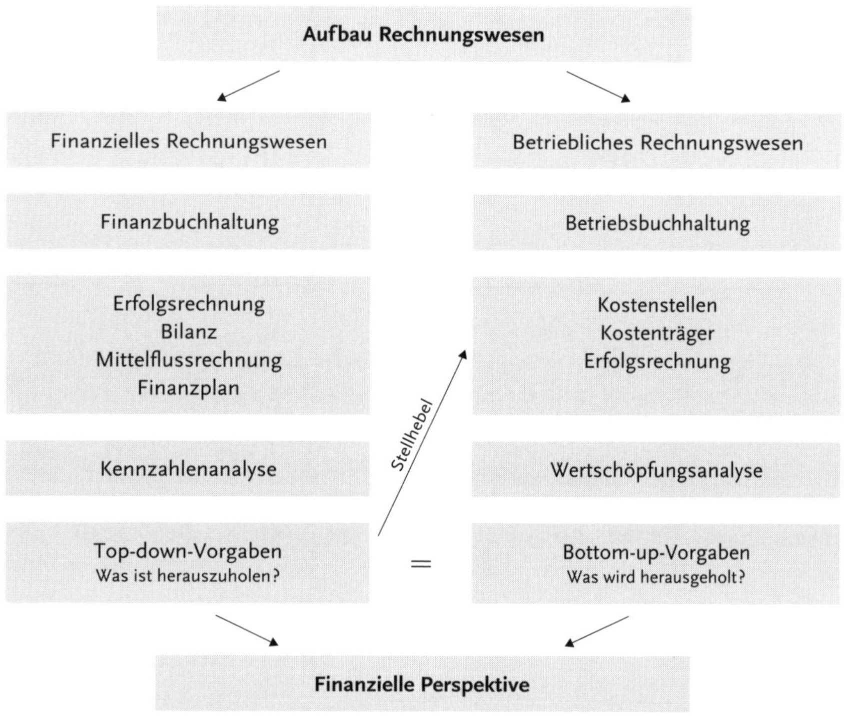

Abb. 76 Übersicht Rechnungswesen

Folgende Inhalte zeigen die einzelnen Module:

- *Modul 1*
  erklärt die Grundlage für die Instrumente (Controlling-Philosophie).
- *Modul 2*
  zeigt innerhalb des Rechnungswesensinstrumentariums auf, wie sich das finanzielle Rechnungswesen (Finanzbuchhaltung) aufbaut, welches seine Kerninstrumente (Erfolgsrechnung, Bilanz, Mittelflussrechnung) sind und welche Analysemöglichkeiten sich ergeben (Kennzahlenanalyse und Top-down-Vorgaben).
- *Modul 3*
  zeigt die Finanzplanung im Sinne der Zukunftsorientierung mithilfe der Investitionsrechnung und der Unternehmensbewertung auf.

- *Modul 4*
  stellt die Zusammenhänge im betrieblichen Rechnungswesen dar, von der Betriebsbuchhaltung bis hin zur Wertschöpfungsanalyse von Produkten, Dienstleistungen und Kundenaufträgen.

- **Modul 5**
  schlussendlich fasst alles im Sinne des Reportings/Managementinformationssystems zusammen und zeigt den Zusammenhang der Finanziellen Perspektive hin zu einer Balanced Scorecard auf.

1 Berichtswesen als Fokus des Controllings

Controlling-Instrumente haben keinen Selbstzweck, sondern sie dienen einem aussagekräftigen *Berichtswesen*, das im Hinblick auf den aktuellen und zukünftigen Kurs eines Unternehmens ein Mindestmass an (finanzieller) *Transparenz* schaffen soll. Das Berichtswesen beruht demnach auf etwas, das mit der Armaturentafel zum Beispiel eines Autos oder eines Flugzeuges vergleichbar ist. Ein Armaturenbrett enthält Kontrolllampen und eine Anzahl unterschiedlicher Instrumente. Es muss ergonomisch geformt, übersichtlich und leicht verständlich sein.

Das *Unternehmenscockpit*, das heisst alle Orte eines Unternehmens, an denen zielgerichtet auf den Kurs des Unternehmens Einfluss genommen wird, ist vergleichbar mit einer Plattform oder einer Arena, auf der teils periodisch, teils in einem kontinuierlichen Prozess, Daten präsentiert, diskutiert, interpretiert und in Steuerungsinputs transformiert werden.

Das *Berichtswesen* des Controllings stellt eine solche Plattform dar. Es dient dazu, Transparenz über die finanziellen Wirkungen der laufenden und zukünftigen Geschäftstätigkeit zu schaffen.

Die Armaturentafel des Berichtswesens sollte so beschaffen sein, dass rasch und leicht erkennbar wird, wann das Unternehmen oder Bereiche davon vom geplanten Kurs abkommen. Dazu bedarf es Warnlampen und roter Bereiche oder – in der Sprache der Unternehmensführung – eines Planes mit klaren Zielen (Idealwerten mit einem Toleranzbereich), der eine *Orientierungsgrundlage* (Bezugsrahmen) für alle Aktivitäten vorgibt.

Im Berichtswesen gelangen sowohl *Plan*-Grössen als auch *Ist*-Grössen zur Darstellung, denn ein effektives Controlling funktioniert ausschliesslich auf der Grundlage eines harmonischen Zusammenspiels von Planung und vorausschauender Feinsteuerung.

2 Planungsrechnungen

2.1 Überblick

Unter Planung wird eine *systematische Auseinandersetzung* mit den erwarteten Umweltentwicklungen sowie mit den eigenen Fähigkeiten, Stärken und Schwächen verstanden. Auf dieser Grundlage müssen rechtzeitig die Konsequenzen gezogen, das heisst Massnahmen ergriffen und Projekte definiert werden, um den Herausforderungen der Zukunft gerecht zu werden. Es darf dabei aber nicht bei einer *qualitativen* Planung in Worten bleiben. Vielmehr bedarf es einer eingehenden Auseinandersetzung mit den finanziellen Voraussetzungen und Folgen der verfolgten Strategie. Somit müssen in jedem Planungsprozess auch *quantitative* Aspekte – ausgedrückt vor allem in finanziellen Grössen – eingehend diskutiert werden. Aber auch umgekehrt gilt: Zahlen ohne gemeinsame «Übersetzungsarbeit» durch die betroffenen Akteure in konkrete Massnahmen beruhigen allenfalls das Gewissen, vermögen aber keine Verhaltensänderungen auszulösen.

Gegenstand des vorliegenden Kapitels ist eine Anleitung zu einer möglichst einfachen, zweckmässigen quantitativen Planung derjenigen Grössen, die aus Sicht der finanziellen Führung von ausschlaggebender Bedeutung sind.

Der Planungsprozess entspricht einem *Lernprozess*. Eine Planung ist *keine hellseherische Prognose* der Zukunft, sondern eine *Verpflichtung* auf gemeinsam anzustrebende Ziele, die hochgesteckt, aber grundsätzlich erreichbar sein sollen. Nur auf der Grundlage systematisch erhobener Abweichungen zwischen Ziel und Ist-Position kann man reagieren.

> Planung ersetzt den Zufall durch den Irrtum.
> Aus Irrtümern – nicht jedoch aus Zufällen – kann man lernen.
> Deshalb birgt jeder ernsthafte Planungsprozess die Chance für einen erfolgreichen individuellen und organisationalen Lernprozess.

Jede Planung muss sehr sorgfältig erstellt werden. Wesentlich ist indessen *nicht*, sich bei der Ermittlung der Zielwerte um drei Stellen hinter dem Komma zu streiten, sondern dass der resultierende Plan in seiner *Gesamtheit stimmig*, das heisst in sich *konsistent* und *plausibel*, ist und von den Betroffenen im Sinne einer *Selbstverpflichtung* auch tatsächlich *akzeptiert* wird.

Controlling muss selber wirtschaftlich sein. Deshalb beruht Controlling – im Gegensatz zur Buchhaltung – auf «genügend genauem» Rechnen. Zahlen müssen lediglich genügend genau, dafür aber rasch vorliegen, damit zeit-

und sachgerechte Entscheide getroffen werden können. Das gilt für die Planung genauso wie für die Abrechnung des tatsächlichen Geschäftsverlaufes.

Die Zielwerte der Planung haben die Funktion von *Leuchttürmen.* Sie sind zentrale Orientierungswerte und erlauben, rasch zu erkennen, wann man vom Weg zum Ziel abkommt. *Zielwerte* der Planung können *absolute* Werte sein, also Beträge in CHF/EUR wie Umsatzziele, Deckungsbeitragsziele, Cashflow- und Gewinnziele. Fast noch wichtiger sind indessen *Strukturziele,* das heisst Erlös- und Kostenpositionen in *Prozenten* einer bestimmten Referenzgrösse, zum Beispiel Bruttomarge, DB I in Prozent des Nettoerlöses, Personalkosten, Verwaltungskosten, Verkaufserfolg in Prozent der Nettoerlöse usw.

Einige solcher «Strukturkennzahlen» wurden bereits im Modul 2, Kapitel 6 vorgestellt (zum Beispiel Cashflow-Rentabilität, Selbstfinanzierungskraft). Deren Entwicklung im Zeitablauf zeigt relativ frühzeitig an, wann die Erlös- und Kostenstruktur eines Unternehmens «aus dem Ruder läuft».

Je nach Unternehmensstruktur empfiehlt es sich, so systematisch und hartnäckig wie nur möglich auch Erfahrungswerte der (besten) Konkurrenten und der Vergangenheit zu sammeln, die beispielsweise aufzeigen, wie viel Werbe-, Verwaltungs- oder EDV-Kosten in Prozent vom Nettoerlös in der entsprechenden Branche üblich bzw. notwendig sind und auch verkraftet werden können. Dabei müssen im Grunde genommen die folgenden zwei Fragen (wiederum im Gegenstromprinzip) möglichst präzise beantwortet werden können:

- Wie hohe Kosten (einschliesslich einer angemessenen Verzinsung des gesamten investierten Kapitals!) können wir uns ausgehend vom *bestehenden Umsatzvolumen* (und dem dahinter stehenden Leistungsangebot) langfristig leisten?
- Wie hohen Umsatz müssten wir generieren, um das *bestehende Kostenvolumen* langfristig problemlos verkraften zu können?

Bei der finanziellen Planung wird zwischen der *Budgetierung*[58], das heisst der operativen Jahresplanung mit einem Planungshorizont von einem Jahr (kurzfristige Planung), und der Mehrjahresplanung mit einem Zeithorizont von drei bis maximal fünf Jahren (Mittelfristplanung) unterschieden. Abgesehen vom unterschiedlichen Zeithorizont gibt es *keine* grundsätzlichen Differenzen, was den *konzeptionellen Aufbau* dieser beiden Planungsrechnungen anbelangt. Was hingegen den Zweck und den damit zusammenhängenden Detaillierungsgrad betrifft, bestehen natürlich tief greifende Unterschiede.

58 Im Folgenden werden die Begriffe Jahresplan und Budget sowie operative Jahresplanung und Budgetierung synonym verwendet.

2.2 Budgetierung (Operative Jahresplanung)

Zweck der Budgetierung ist die Erarbeitung von finanziellen Jahreszielen, die im Budget festgehalten werden. Das Budget bildet die Messlatte für den Geschäftserfolg des Geschäftsjahres. Schwergewichtig geht es dabei um den *erfolgswirtschaftlichen Wertzuwachs* (siehe Modul 1). Durch den relativ hohen Detaillierungsgrad soll das Budget vor allem ein *rasches, differenziertes Eingreifen* bei Abweichungen ermöglichen. Das Budget bildet damit die Grundlage für eine *wirksame erfolgswirtschaftliche Feinsteuerung.*

Während der alljährlichen Arbeit am Budget empfiehlt es sich sehr, die *Plannahmen* und *zentralen Entscheidungen* auf dem Weg zu den Plan-Werten genauestens festzuhalten. Dies ist um so bedeutungsvoller, je mehr zur Ermittlung einigermassen vernünftiger Plan-Werte *umfangreiche Abklärungen* vorgenommen oder heikle Annahmen getroffen werden müssen, deren Angemessenheit im Zeitablauf unbedingt überprüft werden sollte. Zu vermeiden ist dabei, dass:

- einerseits die Budgetierung zu einem für alle Beteiligten mühsamen Ritual verkommt und
- andererseits bei jedem Budget das Rad neu erfunden werden muss.

Das Gerüst eines aussagekräftigen Budgets für ein Unternehmen ist die *Plan-Verkaufserfolgsrechnung* (siehe Modul 4, Kapitel 4.5). Im Folgenden finden sich deshalb im Sinne eines kleinen Planungsleitfadens die notwendigen Hinweise für eine zweckmässige Ermittlung der einzelnen Erlös- und Kostenpositionen.

Eine Plan-Verkaufserfolgsrechnung kann nicht in einem grossen Schritt erstellt werden, sondern setzt sich aus einer Anzahl Teilbudgets zusammen (siehe Elemente des ROI-Stammbaums, Modul 1, Kapitel 1). Idealerweise folgt die Planung dem «Gegenstromprinzip».

Auf der einen Seite wird bei der Ermittlung der Absatzziele von der *Zukunftsperspektive des Marktes* ausgegangen. Die Absatzziele müssen der allgemeinen Wettbewerbsdynamik und der aktuellen konjunkturellen Lage Rechnung tragen. Auf der andern Seite steht die Perspektive des eigenen Unternehmens, dessen Leistungspotenzial und Strukturen über viele Jahre gewachsen sind und einen bestimmten (inneren) Wert aufweisen, der im investierten *Eigenkapital* zum Ausdruck kommt. Daraus lassen sich bestimmte Ertragsziele (DB, Gewinn, Rentabilitätsziele) ableiten, die eine angemessene Verzinsung des investierten Kapitals (Dividenden, Reservenbildung) gewährleisten müssen. Dazwischen – im «Sandwich» zwischen Markt und Kapitalgebern bzw. Eigentümern – steht die *betriebliche Leistungserstellung*, die *genau so viel kosten darf*, dass aus den *geplanten Nettoerlösen* nach Abzug aller Kosten ein Ertrag verbleibt, der mindestens den gesteckten Ertragszielen entspricht.

Ausgangspunkt jeder Budgetierung ist somit die *Erlösplanung* – möglichst (analytisch) nach erzielbaren Mengen und Preisen pro Absatzpartner oder Verkaufskanal differenziert, einschliesslich der entsprechenden Erlösminderungen.

Bevor es in einem nächsten Schritt zur Bestimmung des *Produktionsprogramms* kommt, muss ein allfälliger *Lagerauf- oder -abbau* berücksichtigt werden. Da im Lager knappes Kapital gebunden wird – wodurch Opportunitätskosten entstehen –, sollte mithilfe einer schlanken kundenorientierten Logistik und kurzer Durchlaufzeiten angestrebt werden, die Lager grundsätzlich so tief wie möglich zu halten.

Auf der Grundlage des Produktionsprogramms kann mithilfe der *Arbeitspläne* aus der *Kalkulation* die *Kapazitätsnachfrage* der einzelnen *Kostenstellen* berechnet werden. Der entsprechende Leistungsmassstab (zum Beispiel Anzahl Maschinenstunden, Anzahl Arbeitsstunden) wird dabei als *Planbezugsgrösse* bezeichnet. Die ermittelte Kapazitätsnachfrage muss in jeder Kostenstelle mit dem entsprechenden Kapazitätsangebot abgestimmt werden. Dies erlaubt es, rechtzeitig mögliche Engpässe zu erkennen. Im Rahmen dieses Abstimmungsprozesses wird für jede Kostenstelle die geplante Leistung (Plan-Beschäftigung) als Planungsvorgabe für den einzelnen Kostenstellenleiter definiert. Die *Plan-Beschäftigung* dient als Grundlage für die Planung der Ressourcen einer Kostenstelle, damit die geforderte Leistung auch tatsächlich erbracht werden kann, und für die Planung der sich daraus ergebenden Kosten (pro Kostenstelle).

Bei einer voll integrierten Kostenrechnung kann somit ausgehend vom *geplanten Produktionsprogramm* mithilfe der *Stücklisten* und *Arbeitspläne* aus der Kalkulation der Bedarf an Material, Fremdleistungen und internen Kapazitäten pro Kostenstelle *analytisch* ermittelt werden. Dabei stellt das geplante Produktionsprogramm die Kapazitätsnachfrage dar, die im Rahmen einer analytischen Kostenplanung umgesetzt wird in die Plan-Beschäftigungen der einzelnen Kostenstellen.

Ausgehend von der Plan-Beschäftigung der jeweiligen Kostenstelle plant jeder Bereichs- und/oder Kostenstellenleiter für seine Kostenstelle(n) alle Ressourcen (Personalkosten, Fremdleistungskosten, Raum-/Mietkosten, Abschreibungen, Zinsen usw.), die er von seinen *Versorgungspartnern* benötigt (siehe hierzu das Beispiel Kostenstellenbericht Kostenstelle 4711, Modul 4, Kapitel 4.3.2).

In der *Verkaufserfolgsrechnung* werden die *Erlös-* und die *Kostenplanung* – gegliedert beispielsweise nach Erlösträgern, Absatzpartnern, strategischen

Geschäftseinheiten (SGE) oder Produktgruppen – *integriert.* Im Folgenden findet sich die bereits in Modul 4, Kapitel 4.5 vorgestellte Verkaufserfolgsrechnung als Planungsgerüst.

Die *proportionalen* Kosten werden, ausgehend von den Plan-Verkaufsmengen, ermittelt. Diese bilden die Referenzgrösse – gewissermassen den «Treiber» – zur Berechnung der proportionalen Kosten, deren Verlauf als proportional zur Plan-Verkaufsmenge angenommen wird. Mithilfe der Arbeitspläne (geplante Kapazitätsbeanspruchung) und der Stücklisten (Plan-Einsatzmengen) aus der Kalkulation sowie den proportionalen Kalkulationssätzen aus der Kostenstellenrechnung und den Plan-Einkaufspreisen können die proportionalen Kosten berechnet werden.

Die *fixen* Kosten der einzelnen Kostenstellen werden dagegen als Blöcke von den einzelnen Kostenstellen direkt in die Plan-Verkaufserfolgsrechnung übertragen. Dabei stellt sich das zentrale Problem der Zurechenbarkeit (Schlüsselung) von fixen Kosten zum Beispiel auf einzelne Erlösträger(gruppen), das heisst das Problem der Ermittlung angemessener *Deckungsziele.*

Allgemeine Bemerkungen zum Budget 20XX

Schematisches Beispiel Plan-Verkaufserfolgsrechnung

Budget 20XX	SGE ALPHA Produktgruppe A bis E						SGE BETA Geschäftseinheiten F bis H				
	A	B	C	D	E	Total	F	G	H	Total	Total
Planverkaufsmengen Planpreis Brutto-Umsatz	Angaben aus dem **Verkaufsbudget**, möglichst analytisch nach einzelnen Produkten, Produktgruppen, Sortimenten, Kunden, Kundengruppen, Vertriebswegen, Regionen, Aussendienstabteilungen usw. ermittelt.										
Erlösschmälerungen	Angaben aus dem **Verkaufsbudget**										
Netto-Erlös	Referenzgrösse für die Strukturkennzahlen der nachfolgenden Deckungsbeiträge										
Proportionale Herstellkosten pro Einheit insgesamt	Ausgangsgrösse: Planverkaufsmenge multipliziert mit – Plan-Einsatzmengen (Verbrauchsmengen) aus den **Stücklisten** multipliziert mit den **Plan-Einkaufspreisen** und – Plan-Kapazitätsbeanspruchung (Vorgabezeiten) aus den **Arbeitsplänen** multipliziert mit den proportionalen **Kostensätzen** derjenigen **Kostenstellen**, deren Leistungen **unmittelbar** den **Erlösträgern** zugeordnet werden können.										
Deckungsbeitrag I	Saldo, Strukturkennzahl in % vom Netto-Erlös										

Erlösträgerfixkosten (Promotions, Product Management)	Angaben aus den Kostenstelle(n) der Verkaufsförderung (Fixkosten), also denjenigen **Kostenstellen**, deren Leistungen **unmittelbar** den **Erlösträgern** zugeordnet werden können. Diese sind auf der horizontalen Dimension der Plan-Verkaufserfolgsrechnung angegeben (in unserem Beispiel: Produktgruppe A bis H). Sobald eine direkte Zuordenbarkeit der entsprechenden Fixkosten der Kostenstellen auf die einzelnen Erlösträger nicht mehr möglich ist, werden die Fixkosten in grössere Blöcke aggregiert, die der tatsächlichen Kostenverursachung auch gerecht werden.
Deckungsbeitrag II	Saldo, Strukturkennzahl in % vom Netto-Erlös
Fixkosten des Verkaufs	Angaben aus den Kostenstellen des Verkaufs
Deckungsbeitrag III	Saldo, Strukturkennzahl in % vom Nettoerlös
Fixkosten der Produktion und Logistik	Angaben (Zusammenzug der Fixkosten) aus den Kostenstellen der Produktion und Logistik
Deckungsbeitrag IV	Saldo, Strukturkennzahl in % vom Nettoerlös
Fixkosten der Forschung und Entwicklung	Angaben (Zusammenzug der Fixkosten) aus den Kostenstellen der Forschung und Entwicklung
Deckungsbeitrag V (Spartenerfolg)	Saldo, Strukturkennzahl (Sparten-Umsatzrentabilität) in % vom Nettoerlös
Fixkosten der Verwaltung	Angaben (Zusammenzug der Fixkosten) aus den Kostenstellen der Verwaltung
Deckungsbeitrag VI	Saldo, Strukturkennzahl in % vom Nettoerlös (Cashflow)
Kalkulatorische Abschreibungen, Gewinnbedarfsbudget	Zusammenzug der kalkulatorischen Abschreibungen und Zinsen (inkl. ROI-Ziel) aus allen Kostenstellen
Plan-Verkaufserfolg insgesamt	Saldo, Strukturkennzahl in % vom Nettoerlös
Abstimmbrücke – Sachliche und zeitliche Abgrenzungen – Gutschrift/Belastung Fixkosten der Bestandesänderung Halb- und Fertigfabrikate – Finanzergebnis – Saldo der Liegenschaftsrechnung – Sonstige neutr. Aufwendungen/Erträge – Aktivierung von Eigenleistungen – Steuern	– Sachliche und zeitliche Abgrenzungen aus der Kostenartenrechnung – Weitere Angaben aus dem Absatzbudget, dem Produktionsprogrammplan, der Finanzbuchhaltung und allenfalls weiteren Hilfsbuchhaltungen
Reingewinn der Bilanz (geplant)	Saldo

Abb. 77 Schematisches Beispiel Plan-Verkaufserfolgsrechnung

2.3 Mehrjahresplanung

> Die Mehrjahresplanung ist das wichtigste *Bindeglied* zwischen der eher längerfristig ausgelegten (strategischen) *Unternehmensplanung* (in Worten, qualitativ, zum Beispiel bestehend aus einem Portfolio strategischer Projekte) und der operativen Jahresplanung, das heisst dem *Budget* (in Zahlen, quantitativ).
> Zweck der Mehrjahresplanung ist die Sicherstellung der *finanziellen Stabilität* auf *mittlere Frist*. Die Mehrjahresplanung soll zum einen *Finanzüberschüsse* aufzeigen, die im eigenen Betrieb oder extern (zum Beispiel durch den Kauf von Beteiligungen oder Börsenpapieren) sinnvoll reinvestiert werden können.
> Zum andern soll sie rechtzeitig auf drohende *Finanzierungslücken* aufmerksam machen, die zum Beispiel in Phasen starken Wachstums durch grosse Investitionen ins Nettoumlaufvermögen oder durch Investitionen in Sachanlagen verursacht werden können.
> Die Mehrjahresplanung soll eine *längerfristige Feinsteuerung* der *finanziellen Stabilität* eines Unternehmens ermöglichen. Nichtsdestoweniger können die Eckwerte der Mehrjahresplanung im Sinne von «Interventionsschwellen» auch als Auslöser für kurzfristig zu ergreifende Massnahmen dienen.

Die Mehrjahresplanung ist im Wesentlichen eine *Mittelflussrechnung* mit einem Planungshorizont von drei bis fünf Jahren. Eckpfeiler bilden dabei:

- die geplante Umsatzentwicklung,
- die geplanten Kostenstrukturen (als %-Sätze vom Nettoerlös) und
- die geplanten Investitionen ins Nettoumlauf- und ins Anlagevermögen.

Ein Mehrjahresplan kann entweder eingefroren und jeweils am Ende der Planungsperiode durch einen neuen Mehrjahresplan für die folgende Planungsperiode ersetzt werden. Im nachfolgenden Beispiel würde dies bedeuten, im Jahr 2009 eine Planung für die Jahre 2010 bis 2012 vorzunehmen. Der erarbeitete Mehrjahresplan 2010 bis 2012 wäre dann einzufrieren und erst wieder im Verlaufe des Jahres 2012 im Rahmen einer nächsten Planungsrunde durch einen Mehrjahresplan für die Jahre 2013 bis 2015 (mit Ausgangsgrösse Budget 2012) zu ersetzen.

Eine Mehrjahresplanung kann aber auch *rollend* überarbeitet und ergänzt werden. Dabei empfiehlt es sich, diesen Überarbeitungsprozess *nicht* im Rahmen des jährlichen *Budgetierungsprozesses* durchzuführen, sondern im Rahmen der *Aktualisierung* der *Unternehmensplanung*, also zu einem Zeitpunkt, wo *strategische* Fragestellungen mit den entsprechenden langfristig

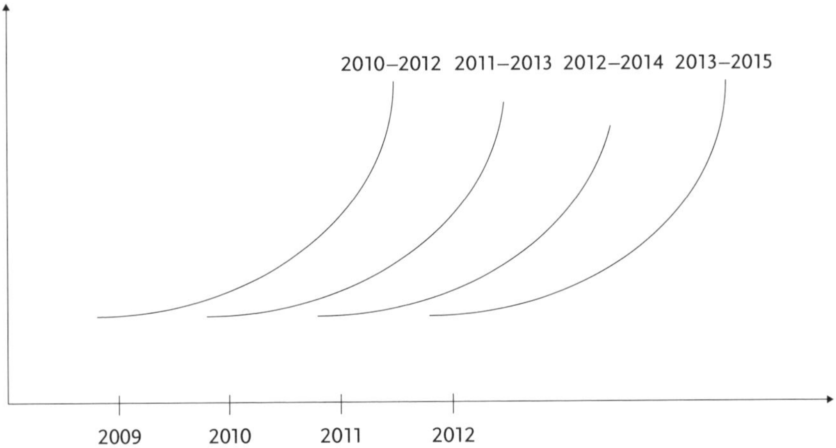

Abb. 78 Hockey-Stick-Effekt

bindenden Investitionsentscheidungen zur Diskussion stehen. Im nachfolgenden Beispiel würde dies bedeuten, dass die Mehrjahresplanung, beispielsweise im Rahmen einer «strategischen Review» oder «strategischen Kontrollrunde», im Jahr 2009 für den Planungshorizont 2010 bis 2012 überarbeitet bzw. ergänzt würde. Bei einer *rollenden* Überarbeitung der Mehrjahresplanung ist aber vor dem sogenannten *Hockey-Stick-Effekt* zu warnen. Damit ist gemeint, dass oftmals die Tendenz besteht, die unmittelbare Zukunft eher pessimistisch zu sehen, das heisst nur mässig anspruchsvolle Ziele zu planen (Selbstverpflichtung!), um dann das Ende der Planungsperiode jeweils umso positiver darzustellen.

Zuerst wird nachfolgend in Form einer Tabelle (im Sinne eines Planungsformulars) eine mögliche Struktur einer zweckmässigen Mehrjahresplanung dargestellt. Diese Tabelle findet sich auch als Arbeitsformular im Anhang II (Formular MJP). Anschliessend werden in einer zweiten Tabelle die entsprechenden Positionen kurz erläutert.

Selbstverständlich ist es von grossem Nutzen, auch die Mehrjahresplanung (als Plan-Mittelflussrechnung) wie die Verkaufserfolgsrechnung auf die *Wertschöpfungsfunktionen* (Product Management, Verkauf, Produktion, Logistik, Forschung und Entwicklung, Verwaltung/zentrale Dienste) auszurichten. Ein Aufbau nach *Versorgungspartnern* (Personalkosten, Sachkosten, übrige Kosten) hat den Vorteil der Einfachheit in der Erstellung (keine Kostenrechnung notwendig), eine solche Struktur vermag aber viel zu wenig die Erfolgsbeiträge (Zu- und Abflüsse) der einzelnen Unternehmensfunktionen widerzuspiegeln.

Aus führungsorientierter Sicht ist es zum Beispiel wichtig, wie viel die Verwaltungsleistungen (zentralen Dienste) eines Unternehmens kosten. Ob sich die Verwaltungskosten primär aus Personalkosten oder als Folge eines hohen Rationalisierungsgrades vor allem aus Kosten für Informatik-Dienstleistungen zusammensetzen, ist von zweitrangiger Bedeutung.

Der nachfolgend dargestellten Mehrjahresplanung liegt folgendes Rechnungsschema zugrunde[59]:

Nettoerlös	
./.	*ausgabenwirksame* proportionale und fixe Kosten (ohne kalkulatorische Positionen)
./.	Positionen der Abstimmbrücke
=	Cashflow
./.	Investitionen ins Nettoumlaufvermögen
+	Desinvestitionen aus dem Nettoumlaufvermögen
=	Mittelfluss aus betrieblicher Geschäftstätigkeit
./.	Investitionen ins Anlagevermögen
+	Desinvestitionen des Anlagevermögens
=	**Mittelfluss aus betrieblicher Geschäftstätigkeit und aus Investitionsaktivitäten (Freier Cashflow)**
./.	geplante Dividendenzahlungen
=	Mittelfluss aus betrieblicher Geschäftstätigkeit und aus Investitionsaktivitäten vor weiteren Finanzierungsaktivitäten p. m. Finanzierungsreserven (unausgenützte Kreditlimiten, zusätzlich beschaffbares Eigenkapital)

Abb. 79 Rechnungsschema Mehrjahresplanung

59 Als ausgabenwirksam bzw. einnahmenwirksam sind dabei solche Aufwendungen und Erträge zu betrachten, die das Nettoumlaufvermögen beeinflussen. Nicht dazu gehören die Bildung/Auflösung langfristiger Rückstellungen, Gewinne/Verluste aus dem Verkauf von Positionen des Anlagevermögens, Abschreibungen usw.

Die Position «Mittelfluss aus betrieblicher Geschäftstätigkeit und aus Investitionsaktivitäten» wird auch als *Freier Cashflow* (Free Cashflow) bezeichnet. Im Rahmen des sogenannten Shareholder-Value-Ansatzes ist diese Grösse zentral für die Ermittlung des Unternehmenswerts (Wert des Eigenkapitals).[60]

Dabei werden die zukünftig geplanten, abdiskontierten Free Cashflows aufaddiert und mit dem Zinssatz, der die Kapitalkosten des investierten Kapitals widerspiegelt, kapitalisiert.

Für die mittel- bis langfristige Finanzplanung sind die beiden letzten Zeilen von ausschlaggebender Bedeutung. Wenn der Saldo «Mittelfluss aus betrieblicher Geschäftstätigkeit und aus Investitionsaktivitäten vor weiteren Finanzierungsaktivitäten» negativ ausfällt und nicht durch angemessene (risikolose und günstige) Finanzierungsaktivitäten gedeckt werden kann, sollte eine grundlegende Überarbeitung der Mehrjahresplanung erfolgen (zum Beispiel Kürzung von Investitionen, strafferes Kostenmanagement usw.).

60 Vgl. Modul 3, Kapitel 9.

Planungsschema einer Mehrjahresplanung

Planungsgrösse	**2009 (Budget)**		**2010**		**2011**		**2012**	
	absolut	% vom Nettoerlös	absolut	% vom Nettoerlös	absolut	% vom Nettoerlös	absolut	% vom Nettoerlös
Bruttoerlös								
Erlösminderungen								
Nettoerlös		**100**		**100**		**100**	**100**	
Warenaufwand, Fremdleistungen								
DB 0 (Bruttogewinn, Rohertrag)								
Übrige proportionale Kosten (Produktion, Vertrieb)								
DB I								
Erlösträgerfixkosten (Promotions, Product Management)								
DB II								
Fixkosten des Verkaufs								
DB III								
Fixkosten der Produktion und Logistik								
DB IV								
Fixkosten der Forschung und Entwicklung								
DB V (Spartenergebnisse)								
Fixkosten der Verwaltung								

DB VI (Plan-Verkaufserfolg ohne kalk. Kosten)						
Positionen der Abstimmbrücke ./. Steuern + Finanzergebnis (Kapitalerträge minus Fremdkapitalzinsen, ausgehend von der bestehenden Kapitalstruktur unter Berücksichtigung allfällig entstehender Finanzüberschüsse/Finanzierungslücken) + Saldo der neutralen Erträge und Aufwendungen (ohne Abschreibungen; z. B. Saldo der Liegenschaftsrechnung)						
Cashflow						
./. Zunahme bzw. + Abnahme der *Kundenforderungen*						
./. Zunahme bzw. + Abnahme der *Warenvorräte (Lager)*						
./. Abnahme bzw. + Abnahme der *Lieferantenschulden*						
Mittelfluss aus betrieblicher Geschäftstätigkeit						
./. Investitionen in Sachanlagen und Beteiligungen						
+ Desinvestitionen von Sachanlagen und Beteiligungen						
Mittelfluss aus betrieblicher Geschäftstätigkeit und aus Investitionsaktivitäten						
./. geplante Dividendenzahlungen						
Mittelfluss aus betrieblicher Geschäftstätigkeit und aus Investitionsaktivitäten vor weiteren Finanzierungsaktivitäten						
p.m. Finanzierungsreserven (ungenützte Kreditlimiten, zusätzlich beschaffbares Eigenkapital)						

Abb. 80 Planungsschema einer Mehrjahresplanung (Teil 1)

Hinweise für die Planung der einzelnen Positionen der Mehrjahresplanung

Planungsgrösse	**Planungsgrundlagen**	**Ergänzungen Leserin / Leser**
Bruttoerlös	Marktwachstum, Veränderungen / Erweiterung der Produkt- und Dienstleistungspalette	
Erlösminderungen	Entwicklung der Wettbewerbs- und Marktdynamik, Effizienzentwicklung des Verkaufs, Anreizsysteme Verkauf, Prozentsatz vom Bruttoerlös	
Nettoerlös	Zentrale Planungsgrösse, die als Referenzzahl für die meisten weiteren Planungsgrössen dient.	
Warenaufwand, Fremdleistungen	hängt von der Einkaufspolitik des Einkaufs und der Entwicklung des Sortimentes (Sortimentsbreite) ab, in % vom Nettoerlös	
DB 0 (Bruttogewinn, Rohertrag)	Strukturkennzahl in % vom Nettoerlös	
Übrige proportionale Kosten (Produktion, Vertrieb)	Prozentsatz vom Nettoerlös	
DB I	Strukturkennzahl in % vom Nettoerlös	
Erlösträgerfixkosten (Promotions, Product Management)	mittelfristig geplante Verkaufsförderungsprogramme, absoluter Betrag oder in % vom Nettoerlös	
DB II	Strukturkennzahl in % vom Nettoerlös	
Fixkosten des Verkaufs	Prozentsatz vom Nettoerlös	
DB III	Strukturkennzahl in % vom Nettoerlös	
Fixkosten der Produktion und Logistik	in % vom Nettoerlös	
DB IV	Strukturkennzahl in % vom Nettoerlös	
Fixkosten der Forschung und Entwicklung	mittelfristig geplante Aufwendungen für *Innovation*, absoluter Betrag oder in % vom Nettoerlös	
DB V (Spartenergebnisse)	Strukturkennzahl in % vom Nettoerlös	

Fixkosten der Verwaltung	in % vom Nettoerlös, evtl. absoluter Betrag, abhängig von mittelfristigen Effizienzsteigerungsprogrammen in der Verwaltung	
DB VI (Verkaufserfolg ohne kalk. Kosten)	Strukturkennzahl in % vom Nettoerlös	
Saldo der Liegenschaftsrechnung ohne Abschreibungen	Geplante Mietzinserlöse und Liegenschaftskosten; zur Berechnung des Cashflows dürfen keine Abschreibungen in den Saldo der Liegenschaftsrechnung fliessen.	
Positionen der Abstimmbrücke ./. Steuern + Finanzergebnis (Kapitalerträge minus Fremdkapitalzinsen, ausgehend von der bestehenden Kapitalstruktur unter Berücksichtigung allfällig entstehender Finanzüberschüsse/Finanzierungslücken) + Saldo der neutralen Erträge und Aufwendungen (ohne Abschreibungen; z. B. Liegenschaftsrechnung)	– Zur Berechnung der **Kapitalerträge** und **Fremdkapitalzinsen** müssen die *voraussichtlichen Veränderungen in der Kapitalstruktur* eines Unternehmens berücksichtigt werden, die grundlegend von den in dieser Mehrjahresplanung sich ergebenden Finanzüberschüssen und Finanzierungslücken abhängen. Zudem müssen *Annahmen* über die voraussichtliche *Zinsentwicklung* auf den Geld- und Kapitalmärkten getroffen werden. – In den meisten Ländern sind bei den juristischen Personen sowohl die Fremdkapitalzinsen als auch die Steuern *steuerlich abzugsfähig*. Ausgangsgrösse zur **Berechnung der Steuern** bildet der Gewinn vor Steuern. Dieser entspricht dem nachfolgenden Cashflow abzüglich der *geplanten Abschreibungen*. Diese hängen wiederum vom bestehenden Anlagevermögen zuzüglich der *geplanten Investitionen und Desinvestitionen* ab.	
Cashflow	Strukturkennzahl in % vom Nettoerlös	

./. Zunahme bzw. + Abnahme der *Kundenforderungen*	Bemessungsgrundlage: Prozentsatz vom geplanten Umsatz. Zu beachten sind im Übrigen geplante Änderungen im Zahlungsverhalten der Kundschaft, d.h. eine Verlängerung oder Verkürzung der Zahlungsfrist.	
./. Zunahme bzw. + Abnahme der *Warenvorräte (Lager)*	Bemessungsgrundlage: Prozentsatz vom geplanten Umsatz. Zu beachten sind im Übrigen geplante Änderungen im Bereich der Logistik und im Marketing (Lieferbereitschaft der Lieferanten, Durchlaufzeiten im eigenen Unternehmen usw.)	
./. Zunahme bzw. + Abnahme der *Lieferantenschulden*	Bemessungsgrundlage: Prozentsatz vom geplanten Einkaufsvolumen. Zu beachten sind im Übrigen geplante Änderungen der Zahlungsbedingungen von Lieferanten, d.h. eine Verlängerung oder Verkürzung der Zahlungsfrist.	
Mittelfluss aus betrieblicher Geschäftstätigkeit	Als Zwischenresultat ergibt sich nun der Mittelfluss aus betrieblicher Geschäftstätigkeit.	
./. Investitionen in Sachanlagen und Beteiligungen	gemäss mittelfristiger Investitionsplanung (Schlüsselprojekte der Unternehmensplanung)	
+ Desinvestitionen von Sachanlagen und Beteiligungen	gemäss mittelfristiger Investitionsplanung (Schlüsselprojekte der Unternehmensplanung)	
Mittelfluss aus betrieblicher Geschäftstätigkeit und aus Investitionsaktivitäten (Free Cashflow)	Saldo	

./. geplante Dividendenzahlungen	gemäss Verwaltungsrat und Generalversammlung	
Mittelfluss aus betrieblicher Geschäftstätigkeit und aus Investitionsaktivitäten **vor weiteren Finanzierungsaktivitäten**	Ist dieser Betrag ein Überschuss, dann kann er als *Finanzanlage angelegt* werden oder zur *Rückzahlung von Fremdkapital* eingesetzt werden. Je nach Finanzierungsentscheid ergeben sich somit gleichbleibende oder sinkende Fremdkapitalzinsen (bzw. steigende Kapitalerträge) für die entsprechenden Folgeperioden. Ist dieser Betrag dagegen ein Fehlbetrag, dann entsteht eine Finanzierungslücke, die entweder durch *Veräusserung von Wertschriften* (Desinvestition von Finanzanlagen), durch *Aufnahme von Fremdkapital* oder durch *zusätzliches Eigenkapital* (Kapitalerhöhung) gedeckt werden muss. Je nach Finanzierungsentscheid ergeben sich somit steigende oder gleichbleibende Fremdkapitalzinsen (bzw. sinkende Kapitalerträge) für die entsprechende Folgeperioden.	
p.m. Finanzierungsreserven (unausgenützte Kreditlimiten, zusätzlich beschaffbares Eigenkapital)	Diese Grösse wird auch als **potenzielle Liquidität** bezeichnet. Sie gibt Hinweise auf die **Sicherheit** des Betriebes. Sicherheit ist eines der zentralen Ziele der langfristigen **finanziellen Stabilität** des Betriebes. Die potenzielle Liquidität gibt Hinweise auf den verbleibenden **Finanzierungsspielraum** im Falle von Umsatzausfällen oder Überschreitungen bei den Kosten und bei Investitionsprojekten.	

Abb. 80 Planungsschema einer Mehrjahresplanung (Teil 2)

2.4 Auswertungen des betrieblichen Rechnungswesens

Die *Verkaufserfolgsrechnung* ist das *zentrale Führungsinstrument* des Unternehmens zur Planung und Feinsteuerung des Geschäftserfolges. Sie zeigt den Beitrag der einzelnen Erlösträger und Wertschöpfungsfunktionen zum Geschäftserfolg. Vor allem Verkaufsleiterinnen und Verkäufer tragen die Umsatzverantwortung. Den Geschäftserfolg beeinflussen können sie aber nicht nur durch die *Menge* der verkauften Produkte, sondern auch durch die Rabattgestaltung, die Festlegung der Zahlungsbedingungen (Erlösminderungen) sowie durch gezielte Promotionsmassnahmen (Verkaufsförderungskosten) pro Produkt oder Produktgruppe.

Sofern keine Kosten(stellen)rechnung vorhanden ist, muss auch die *Kostenbewirtschaftung* in der Verkaufserfolgsrechnung als Soll-Ist-Vergleich stattfinden. Es kann also auch mit einer sehr gut ausgebauten Buchhaltung eine Kostenkontrolle betrieben werden. In einem solchen Fall müssen die einzelnen Aufwandspositionen direkt bestimmten Erlösträgern (d. h. Marktleistungen im Sinne von Produktgruppen, Sparten usw.) und dem dafür verantwortlichen Manager zugeordnet werden können. Die sogenannte *Verbrauchsabweichung*, welche die wichtigsten beeinflussbaren Kostenabweichungen zum Ausdruck bringt, ergibt sich dann als Differenz zwischen den budgetierten Kosten und den Ist-Kosten.

In diesem Sinne empfiehlt es sich, zum Zweck der *Abgrenzung* der *Verantwortung* zwischen

- beschaffenden und *produzierenden* Unternehmensbereichen (Einkauf, Produktion) sowie
- dem *Absatzbereich*

bereits bei der Planung für die *Abrechnung der Ist-Kosten* (im Rahmen der innerbetrieblichen Leistungsverrechnung) Standards zu bilden (Standard-Einkaufspreise, Kalkulationssätze auf Standardbasis, Standard-Verrechnungspreise). Dies schafft die Möglichkeit, dass bei der Abrechnung der Ist-Kosten *Abweichungen* einzelner Bereiche dort ausgewiesen werden können, wo sie *tatsächlich anfallen* (im Kostenstellen-Soll-Ist-Vergleich) und demzufolge nicht weiterverrechnet werden müssen.

Mit andern Worten empfiehlt es sich sehr, die Managementerfolgsrechnung auf der Basis von Standardwerten (Ist-Mengen × *Standardpreise*) darzustellen und die Abweichungen in einem gesonderten Block aufzuführen. Abrechnung auf der Basis von Standardwerten heisst also in diesem Zusammenhang,

- dass die proportionalen Kosten als Produkt von Ist-Menge und in der Planung errechnetem *proportionalem Kalkulationssatz* in der Managementerfolgsrechnung ausgewiesen werden, während
- die geplanten Fixkosten der einzelnen Kostenstellen *unverändert* in die Managementerfolgsrechnung übernommen werden. Die Abweichungen (zum Beispiel Materialpreisabweichungen, Materialmengenabweichungen und Verbrauchsabweichungen) werden dadurch *nicht* auf die Erlösträger verteilt, sondern als Gesamtbetrag in jenen Unternehmensbereichen ausgewiesen, wo sie auch tatsächlich entstanden sind und beeinflusst werden können.

Der *Verkaufserfolg* stellt demzufolge ein Standardergebnis dar, und zwar auf der Grundlage:

- der Ist-Absatzmenge,
- der tatsächlich am Markt erzielten Ist-Preise,
- der an die tatsächliche Absatzmenge (Beschäftigung) angepassten proportionalen Kosten und
- der unverändert aus der Planung übernommenen Fixkosten.

Bei dieser Vorgehensweise werden *alle proportionalen Kostenelemente* nach Massgabe der tatsächlich erzielten höheren bzw. tieferen Absatzmenge entsprechend nach oben bzw. nach unten angepasst. Die Absatzmenge stellt somit den «*Treiber*» einer Managementerfolgsrechnung dar.

Die Fixkosten der einzelnen Funktionsbereiche (Produktion, Logistik, Marketing, F&E, Administration) sind dagegen unverändert aus der Planung zu übernehmen. Deshalb bedarf es, um vom *Verkaufserfolg* schliesslich zum *Managementerfolg* zu gelangen, eines nächsten Schrittes, bei dem die Materialkosten- und Verbrauchsabweichungen, das heisst die Differenz zwischen Soll-Kosten und Ist-Kosten, auf aggregierter Basis[61] ausgewiesen werden.

Der Managementerfolg stellt damit den betriebswirtschaftlich korrekten Unternehmenserfolg aus der Perspektive des betrieblichen Rechnungswesens dar. In einem nächsten Schritt stellt sich nun die Frage, woraus sich die Differenz zwischen diesem Managementerfolg und dem Reingewinn der Bilanz zusammensetzt.

61 In der Managementerfolgsrechnung wird eine aggregierte Darstellung gewählt, weil die Verbrauchsabweichungen vor allem in den einzelnen Kostenstellenberichten (Kostenstellen-Soll-Ist-Vergleich pro Kostenstelle) zur Erarbeitung von Korrekturmassnahmen herangezogen werden müssen. Es kann allerdings durchaus hilfreich sein, wenigstens für die wichtigsten Bereiche (Ressorts) die Verbrauchsabweichungen gesondert auszuweisen (siehe hierzu Deyhle/Steigmeier 1993, S. 44).

Managementerfolgsrechnung X-AG

Januar–September	Gesamtunternehmen			
	Plan	effektiv	in % vom Plan	Erwartung bis 31.12.
Verkaufserfolg (vor Abweichungen)	200	220	110	280
Abweichungen				
– Materialpreisabweichungen		–20		
– Materialmengenabweichungen		–10		
– Verbrauchsabweichungen (Differenz Soll-Kosten und Ist-Kosten)		20		
Managementerfolg (nach Abweichungen)	200	210	105	280

Abb. 81 Aggregierte Abweichungen als Differenz zwischen Verkaufserfolg und Managementerfolg

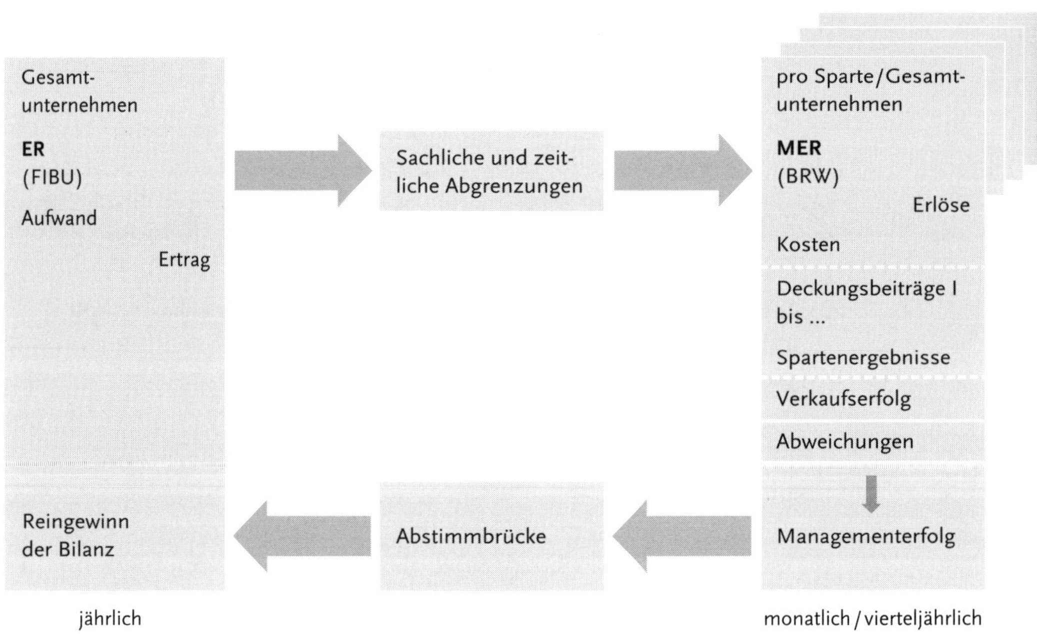

Abb. 82 Schematische Darstellung des Zusammenhangs zwischen Erfolgsrechnung der Finanzbuchhaltung (FIBU) und Managementerfolgsrechnung des betrieblichen Rechnungswesens (BRW)

Dem detaillierten Ausweis dieser Differenz dient eine sogenannte *Abstimmbrücke.* Die Abstimmbrücke entspricht im Wesentlichen den zeitlichen und sachlichen Abgrenzungen der Kostenartenrechnung. Dazu kommen Erträge, die nicht in der Managementerfolgsrechnung aufgeführt sind sowie allfällige weitere Bewertungsdifferenzen. In der Praxis ist es nicht immer möglich, die einzelnen Positionen der Abstimmbrücke lückenlos herzuleiten. Solange die entsprechenden Differenzen ein gewisses Mass nicht überschreiten, braucht man sich darum keine Sorgen zu machen, denn im betrieblichen Rechnungswesen geht es – wie bereits festgehalten – lediglich um genügend genaues Rechnen, dafür aber um schnell bereitgestellte Daten von hoher aktueller Relevanz.

Es ist nur dann möglich, die Abstimmbrücke, die vom Managementerfolg zum Reingewinn der Bilanz führt, zu erstellen, wenn auch in der Finanzbuchhaltung ein *Zwischenabschluss* erstellt wird (zum Beispiel per Ende Monat, Quartal oder Halbjahr). Unter dem Jahr kann es durchaus zweckmässig sein, sich lediglich mit einer stark reduzierten Abstimmbrücke zu begnügen.

Die Abstimmbrücke des Beispiels könnte schematisch folgendermassen aussehen:

Managementerfolgsrechnung X-AG

Januar–Juni	Gesamtunternehmen			
	Plan	effektiv	in % vom Plan	Erwartung bis 31.12.
Verkaufserfolg (nach Abweichungen)	170	170	100	400
Abweichungen				
– Gutschrift/Belastung der in der Lagerveränderung enthaltenen Fixkosten	20	30	150	–20
– Bilanzielle/kalkulatorische Abschreibungen	–25	–25	100	–50
– Effektive/kalkulatorische Zinsen (= ROI-Ziel)	35	35	100	70
– Zeitliche Abgrenzungen Finanzbuchhaltung	–10	–10	100	–20
– Finanzergebnis	40	50	125	80
– Saldo der Liegenschaftsrechnung	10	20	200	20
– Sonstige neutrale Aufwendungen/Erträge	–25	–40	150	–55
– Bewertungsabweichungen	5	10	200	5
– Steuern	–20	–20	100	–40
Reingewinn der Bilanz	200	220	110	390

Abb. 83 Schematisches Beispiel einer Abstimmbrücke

Die nachfolgende Abbildung 84 soll den erläuterten Gesamtzusammenhang nochmals verdeutlichen.

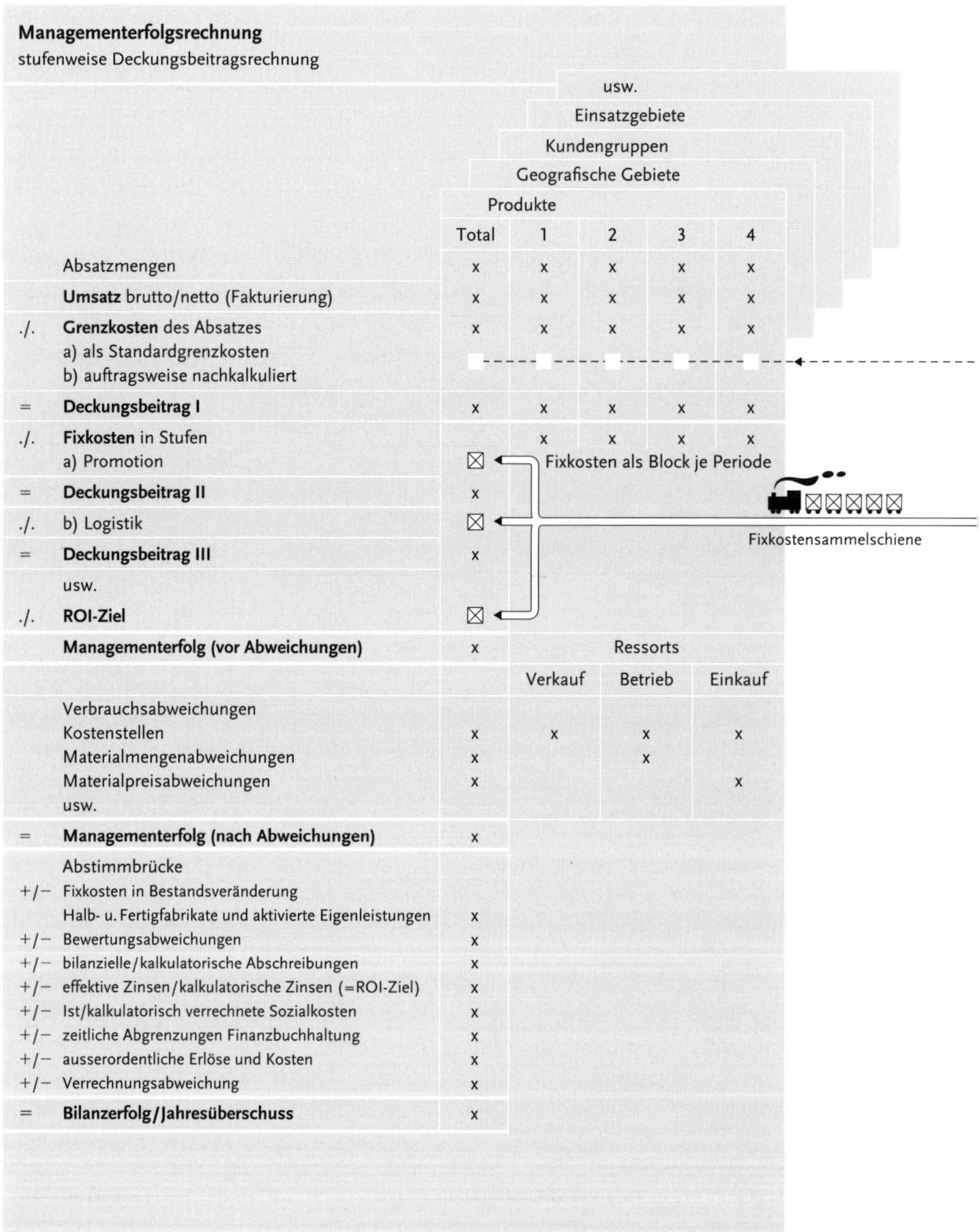

Abb. 84 Rechnungswesenpanorama (Quelle: Deyhle/Steigmeier 1993, S.44f.)

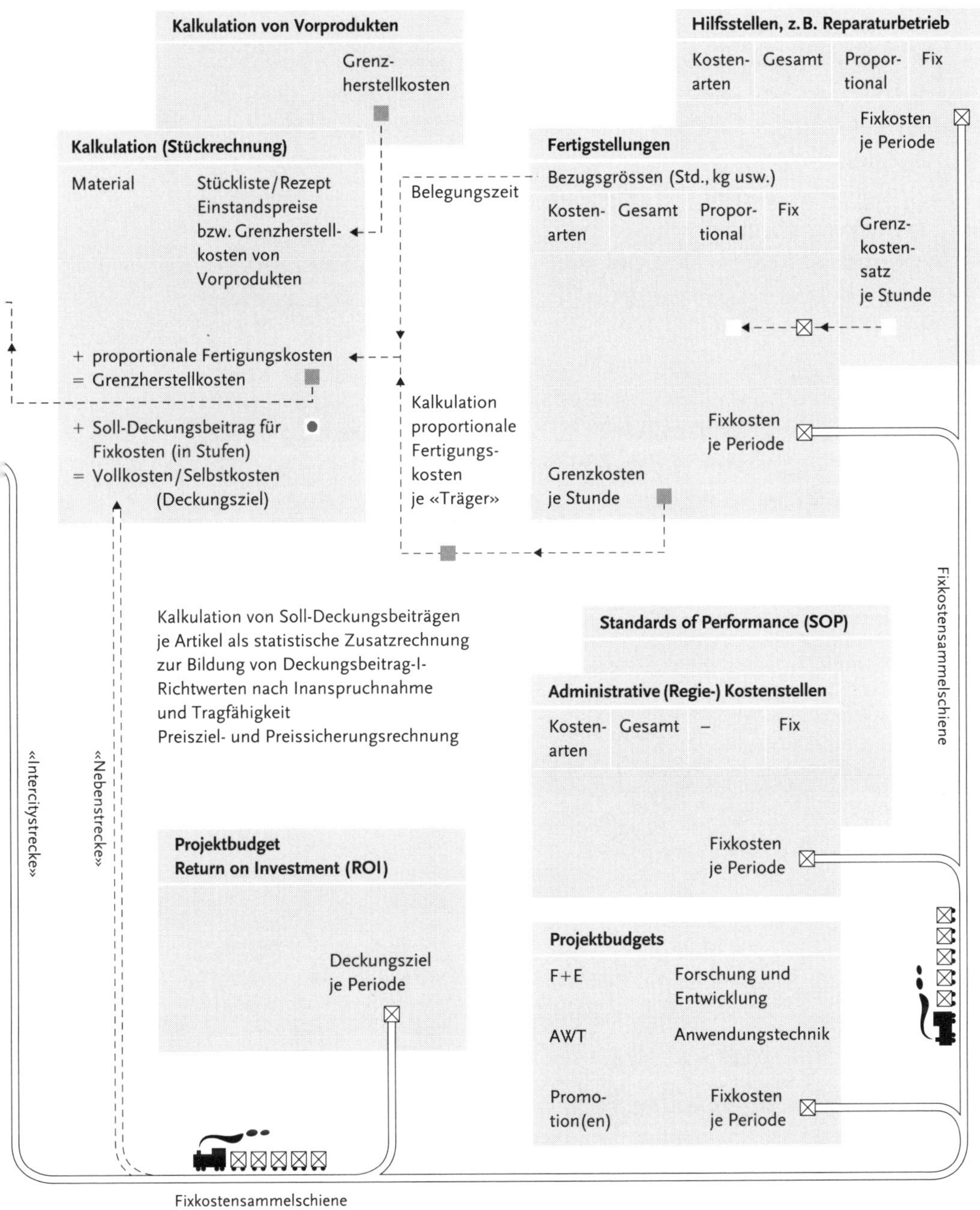

Insgesamt erweist sich die Managementerfolgsrechnung als ein *wirkungsvolles Instrument zur Erfolgssteuerung* eines Mehrprodukte- oder Mehrspartenunternehmens. Aus der Managementperspektive sind dabei nicht einmal so sehr die absoluten Beträge entscheidend. Vordringliche Aufmerksamkeit muss vielmehr der *Ertragsstruktur* zuteil werden, das heisst dem Verhältnis der einzelnen Kostenpositionen, Kostenblöcke und Deckungsbeiträge zum Nettoumsatz und allenfalls zum DB 0 (Rohertrag).

Kritisch sind dabei vor allem die *längerfristigen Trendentwicklungen* des gesamten Unternehmens, aber auch der einzelnen Produktgruppen- und Sparten-Deckungsbeiträge. Eine kontinuierliche Verschlechterung des DB I kann zum Beispiel anzeigen,

- dass das Unternehmen gezwungen ist, im Rahmen eines konsequenten Kostenmanagements die Kosten der Zentrale zu straffen, sei es durch verbesserte Abläufe in der Organisation oder durch den Abbau von Non-Added-Value-Leistungen und letztlich (leider auch) von unproduktivem Personal;
- dass zum Beispiel der Verkauf um jeden Preis Umsatz zu erzielen versucht. In einem solchen Falle kann sich folgende schleichende Entwicklung ergeben: Der Verkauf erhöht die Verkaufszahlen durch Gewährung grösserer Rabatte auf das gesamte Umsatzvolumen. Dabei vermag der *mengeninduzierte* Zuwachs der Bruttomarge den *preisinduzierten* Zerfall derselben *nicht* zu kompensieren.

Die aufgezeigten Zusammenhänge sollen nun am Beispiel der nachfolgenden konkreten Managementerfolgsrechnung verdeutlicht werden.

	Mineralwasser			Gesüsstes Wasser			Handelsware			Total		
	Plan	Ist	Abw.	Plan	Ist	Abw.	Plan	Ist	Abw.	Plan	Ist	Abw.
a Verkaufsmengen	12 000	12 000	0	40 000	45 000	5 000						
b Verkaufspreise	5	5	–	4	4	–						
c Plan-Grenzkosten/Einheit	1.957	1.957	–	1.396	1.396	–						
d Rabatt in %	10	15	5	10	10	–	40	45	5			
e Bruttoerlöse	60 000	60 000	–	160 000	180 000	20 000	25 000	30 000	5 000	245 000	270 000	25 000
f Erlösschmälerungen	– 6 000	– 9 000	– 3 000	– 16 000	– 18 000	– 2 000	– 10 000	– 13 500	– 3 500	– 32 000	– 40 500	– 8 500
g Netto-Erlöse (Umsatz) fakt.	54 000	51 000	– 3 000	144 000	162 000	18 000	15 000	16 500	1 500	213 000	229 500	16 500
h Plan-Grenzkosten (Vol.) der Istverkaufsmengen	23 484	23 484	–	55 840	62 820	6 980	8 500	10 500	2 000	87 824	96 804	8 980
i Deckungsbeitrag I	30 516	27 516	– 3 000	88 160	99 180	11 020	6 500	6 000	– 500	125 176	132 696	7 520
j Kostenträgerfixkosten (Ist)			–			–	– 6 500	– 7 000	– 500	– 6 500	– 7 000	– 500
k Deckungsbeitrag II	30 516	27 516	– 3 000	88 160	99 180	11 020	–	– 1 000	– 1 000	118 676	125 696	7 020
l Fixkosten des Verkaufes (Plan)											– 11 240	
m Deckungsbeitrag III											114 456	
n Fixkosten Prod. + Verwaltung (Plan)											– 66 102	
o Deckungsbeitrag IV											48 354	
p Abschreibungen	(berechnet aufgrund des investierten Kapitals)										– 23 533	
q ROI-Ziel											– 18 080	
r Standardergebnis	Verkaufserfolg November										6 741	

Abb. 85 Verkaufserfolgsrechnung November der Mineralwasser AG

Nach dem DB I werden jene Fixkosten erfasst, die einer Produktgruppe eindeutig zugeordnet werden können. Daraus resultiert der DB II, der aufzeigt, wie viel eine Produktgruppe insgesamt, nach Abzug aller ihr ohne Schlüssel zurechenbaren Kosten, zum Gesamterfolg beiträgt. Damit bildet der DB II die Zielgrösse für die Produktmanagerin, da sie auch die Verantwortung für die Deckung der von ihr beeinflussbaren Kostenträgerfixkosten trägt.

Analoge Überlegungen gelten für den DB II, der als Zielgrösse für den obersten Verkaufsverantwortlichen (Verkaufsleiter oder Profitcenter-Leiter) gilt. Denn für die Höhe der Fixkosten des Verkaufs ist er zuständig. Für den Verkauf als Gesamtes ist der DB IV die relevante Grösse, gibt er doch an, welchen Beitrag der Verkauf zur Deckung der fixen Kosten der Gesamtunternehmung leistet.

Diese Überlegungen zeigen, dass die Deckungsbeitragsrechnung auch als Zielsystem für den Verkauf aufgebaut werden kann. Sie bildet ein geeignetes Steuerungssystem für kurzfristig marktorientierte Entscheidungen. Dazu eignet sich eine Vollkostenrechnung nicht.

Ergänzend dazu können auch nach anderen Kriterien Deckungsbeiträge ermittelt werden; zum Beispiel Verkaufsbereiche, Kunden oder Länder. Erweitert man die mehrstufige zu einer mehrdimensionalen Deckungsbeitragsrechnung, dann ist zwischen einer horizontalen und einer vertikalen Dimension zu unterscheiden. In der horizontalen Dimension werden die Erlöse nach unterschiedlichen Kriterien strukturiert. Beispielsweise können die Erlöse nach Produkten, Produktgruppen, Verkaufsregionen, Ländern, Kunden, Kundengruppen bis hin zu Absatzkanälen differenziert werden. In der vertikalen Dimension ist die Aufteilung des Fixkostenblockes in Abhängigkeit von der horizontalen Lösung vorzunehmen.

Besonders sinnvoll ist eine Erlösdifferenzierung dann, wenn für den Absatzerfolg verschiedene Führungskräfte verantwortlich sind. Derartige organisatorische Lösungen legen es nahe, Erfolgsmessungen und Erfolgslenkung nach Verantwortung auszurichten.

Voraussetzung für den Aufbau einer solchen Rechnung ist allerdings, dass die Grunddaten zur Verfügung stehen (so ist es zum Beispiel von Vorteil, wenn eine möglichst feine Kostenstellengliederung vorliegt).

Nachfolgende Abbildung zeigt anhand eines Beispiels, wie selbst auf einem Personal Computer mehrdimensionale Verkaufserfolgsrechnungen aufgebaut werden können:

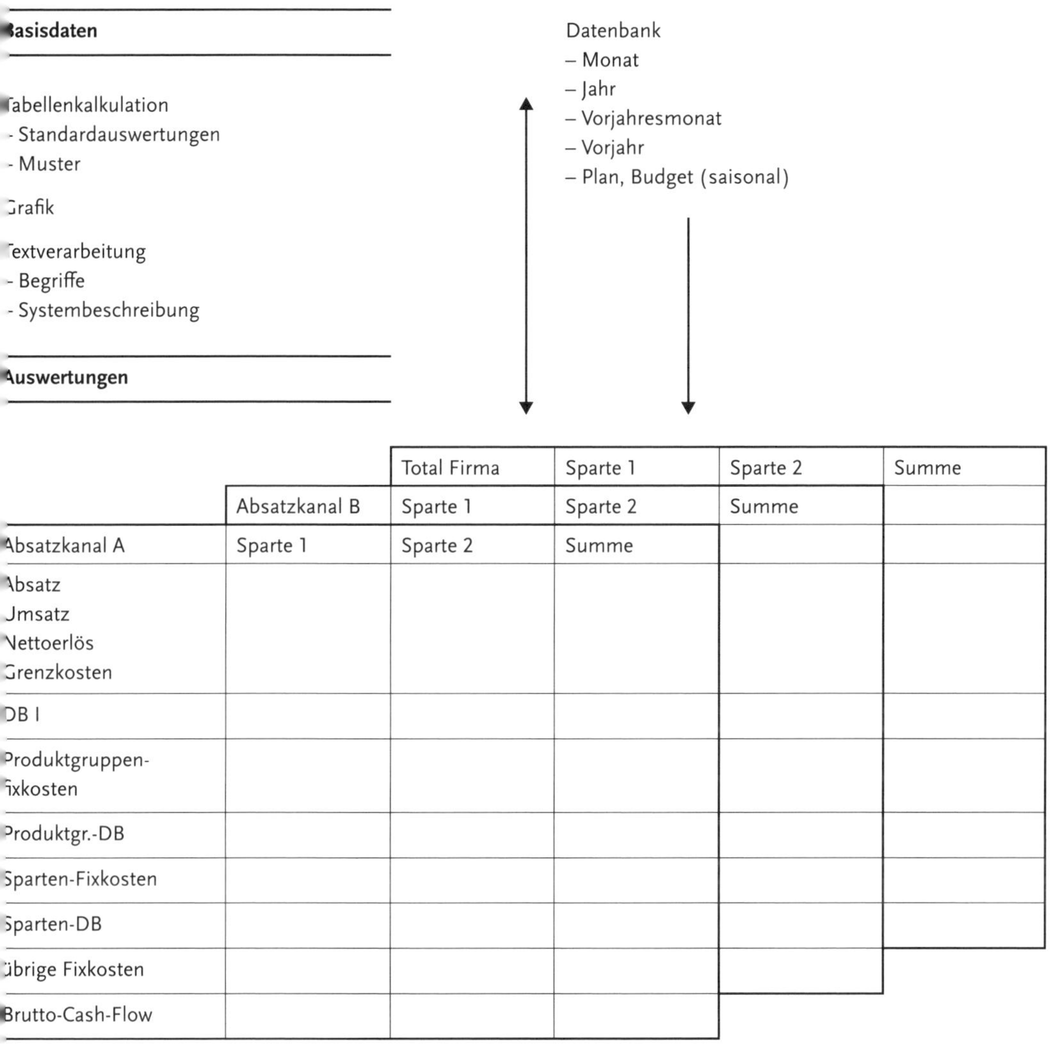

Abb. 86 Mehrdimensionale Verkaufserfolgsrechnung – mehrstufige Deckungsbeitragsrechnung

2.5 Kostenstellen-Soll-Ist-Vergleich (Kostenstellenbericht)

Zu einem integrierten, umfassend ausgebauten betrieblichen Rechnungswesen gehört eine aussagekräftige Kostenstellenrechnung (siehe hierzu Modul 4, Kapitel 4.3). Die Kostenstellenrechnung und daraus abgeleitet der Kostenstellen-Soll-Ist-Vergleich ist ein sehr wichtiges Instrument zur *Kosten- und Leistungsbewirtschaftung* (Feinsteuerung).

Mithilfe einer Kostenstellenrechnung kann einerseits eine *Leistungskontrolle*, das heisst eine Überprüfung der *Produktivität*, und andererseits eine *Kostenkontrolle* vorgenommen werden. Die *Leistungskontrolle* bezieht sich auf die erbrachten Leistungen einer Kostenstelle. Mithilfe der *Standardvorgaben* (Standardzeiten und -mengen) aus den Arbeitsplänen und Stücklisten, multipliziert mit dem tatsächlich bewältigten Produktionsprogramm, kann global, das heisst über alle Aufträge und Fertigungslose kumuliert, ermittelt werden, ob die erbrachte Leistung:

- mehr oder weniger Zeit in Anspruch genommen hat, als die Arbeitspläne zugestanden hätten, und
- ob der Materialverbrauch höher oder tiefer war im Vergleich zu den Soll-Vorgaben in den Stücklisten.

Bei der *Kostenkontrolle* werden vor allem Verbrauchsabweichungen ermittelt. Verbrauchsabweichungen beziehen sich auf die wichtigsten beeinflussbaren Abweichungen einer *Kostenstelle*. Unter einer *Verbrauchsabweichung* wird die *Differenz* zwischen *Ist-Kosten* und *Soll-Kosten* verstanden. Die Berechnung der Verbrauchsabweichung in einer Kostenstelle hängt davon ab, ob in der Planung eine analytische *Kostenspaltung* vorgenommen worden ist. Es geht also um das Problem, ob in der Kostenplanung unterschieden wird:

- in *proportionale Kosten*, deren Verlauf als proportional zur Leistungsbeanspruchung der Kostenstelle betrachtet wird, und
- in *fixe Kosten*, die infrastrukturbedingt unabhängig von der erbrachten Leistung fix anfallen.

Wenn *keine* Kostenspaltung stattfindet, ergibt sich die Verbrauchsabweichung als Differenz zwischen den geplanten Kosten und den Ist-Kosten der Kostenstelle. Wenn eine Kostenspaltung vorgenommen wird, werden die Ist-Kosten nicht gegen ein «starres» Ziel, das heisst die budgetierten Kosten, gemessen, sondern der als proportional geplante Teil der Kosten wird in Abhängigkeit von der tatsächlichen Leistung («Ist-Beschäftigung») nach oben oder nach unten angepasst (siehe hierzu Modul 4, Kapitel 4.3). Die Ist-Kosten werden also *nicht* den geplanten Kosten, sondern den sogenannten *Soll-Kosten* gegenübergestellt, die folgendermassen definiert sind:

> Soll-Kosten = geplante Fixkosten + (*Ist-Leistung* × proportionaler Plan-Kostensatz)

Dabei wird die Verbrauchsabweichung sowohl pro Kostenstelle insgesamt als auch für jede einzelne Kostenart pro Kostenstelle ermittelt. Es empfiehlt sich, dass die Abweichungen pro Kostenart bis zum ursprünglichen Erfassungsbeleg in der Buchhaltung (Ist-Kosten-Nachweis) zurückverfolgt werden können, damit nicht allfällige Kontierungsfehler oder ausserordentliche Aufwendungen zu falschen Schlussfolgerungen verleiten.

Verbrauchsabweichungen bei den beeinflussbaren Kostenarten sind für eine Kostenstellenleiterin ein wichtiges *Signal*, dass sie sich *Korrekturmassnahmen* für den weiteren Geschäftsverlauf überlegt. In Industrien mit hohem Kostendruck sollten Kostenstellenberichte deshalb *monatlich* und mit möglichst *geringer Zeitverzögerung* erstellt werden.

Dies darf allerdings nicht darüber hinwegtäuschen, dass ein *grosser* Teil der Kosten – gemäss empirischen Studien bis zu 90 Prozent – durch die Produktstruktur, die Organisation (effiziente Abläufe usw.) und die gewählte Verfahrenstechnologie, also durch die *Qualität* der Produkt- und Verfahrensentwicklung bestimmt werden. Dies erfordert in Ergänzung zu den bisherigen Ausführungen einen grundlegend erweiterten zeitlichen Controlling-Horizont. Auf den wirtschaftlichen Erfolg eines Erlösträgers kann eigentlich erst dann sinnvoll Einfluss genommen werden, wenn die finanziellen Folgewirkungen aller Aktivitäten, die mit diesem Erlösträger verbunden sind, von Beginn weg, das heisst während des gesamten *Produktlebenszyklus* systematisch erfasst und entsprechend sorgfältig bedacht werden (Life Cycle Costing).

Die *grössten Kostenersparnisse* können somit durch eine wachsame und (folge)kostenbewusste *Produkt- und Verfahrensentwicklung* sowie durch eine transparente und geschickte Planung und Organisation von Produktion und Logistik erzielt werden.
Dazu gehört auch ein optimaler *Einbezug der Kundinnen, Lieferanten* und vor allem der eigenen *Mitarbeitenden* sowohl in den Innovationsprozess als auch in die Planungsprozesse von Produktion und Logistik, was umfassende Ausbildungsanstrengungen mit kontinuierlicher Höherqualifikation und eine «Kultur» voraussetzt, die sich durch raschen und ehrlichen Feedback auszeichnet – alles Forderungen, die auch grundlegende Anliegen eines ernsthaften Total Quality Managements zum Ausdruck bringen.

3 Statusberichte (Ergebnisrechnungen) zur Feinsteuerung

3.1 Logik und Psychologik im Umgang mit Statusberichten

Mithilfe von Statusberichten (Ergebnisrechnungen) wird die aktuelle finanzielle Lage eines Unternehmens *transparent* gemacht. Erst auf der Grundlage aussagekräftiger Standortbestimmungen kann ein eigentliches Controlling betrieben werden. Solche Standortbestimmungen sollen Auseinandersetzungen provozieren, woraus idealerweise geeignete Massnahmen und Aktionen hervorgehen. Bei der Gestaltung einer geeigneten Controlling-Plattform, das heisst einer konstruktiven «Diskussionsplattform», gilt es ein paar Gesichtspunkte und Spielregeln im Auge zu behalten.

Controlling hat ganz wesentlich mit dem Prozess der Führung zu tun. Daran sind Menschen beteiligt. Wenn Controlling nicht das Handeln von Menschen zu beeinflussen vermag, dann nützen alle Anstrengungen, Auswertungen und Analysen *nichts*. Demzufolge muss neben die *Sach*logik der Zahlen auch die *Psycho*logik des Feingefühls treten. Dies soll im Folgenden näher beleuchtet werden.

Es stehen, da Controlling strikt *zukunftsgerichtet* ist, nicht Fragen der folgenden Art im Vordergrund:

> Wer ist schuld an allem?
> Warum sind so hohe Kosten angefallen?
> Wieso haben wir soundso viel nicht verkauft?

Vielmehr muss folgende Denkhaltung den Controlling-Prozess dominieren:

> Wie geht es weiter?
> Wie können wir die aktuelle Entwicklung am besten beeinflussen?
> Wie können wir das ursprünglich ins Auge gefasste Ziel trotz negativer Abweichungen dennoch erreichen?
> Welche Massnahmen müssen wir bis wann dazu ergreifen?
> Wer muss dabei behilflich sein?
> Wer kann alles zum Gelingen der Korrekturmassnahmen beitragen?

Bei der Bearbeitung solcher Fragen sind ein paar Grundregeln zu beachten:

- Der Controller – oder falls keiner vorhanden, dann die Geschäftsführerin selber – ist der *Coach* oder *Moderator* dieses Prozesses.
- In *sachlichen* Fragen darf keine beteiligte Person (Controller, Geschäftsführerin, Bereichsleiter usw.) davor zurückschrecken, rechtzeitig auf *Abwei-*

chungen und *problematische Entwicklungen* aufmerksam zu machen, die (mehr oder weniger) unbestritten einen *Handlungsbedarf* markieren. Unnötige Beschönigungen und Verschleierungsmanöver rächen sich gewöhnlich früher oder später. Bei einer verspäteten Reaktion müssen (im Sinne eines Sachzwangs) oft Massnahmen getroffen werden, die der ursprünglich angestrebten Unternehmensvision zuwiderlaufen und zum Beispiel aufgrund eines (oftmals weitgehend unvermeidbaren) Mangels an Sozialverträglichkeit dem Unternehmen einen schweren Imageschaden zufügen können.
- In *psychologischer* Hinsicht darf eine *Ursachenanalyse nie* im Sinne eines Tribunals dazu dienen, *Schuldige* zu identifizieren. Es geht *nicht* darum, bisher geleistete Arbeit und Anstrengungen *abzuwerten*, sondern auch unangenehme Lehren als Chance und damit als Investition in die Zukunft zu begreifen, dank der alle Beteiligten *lernen* können und als Folge ihrer Teilnahme an diesem Lernprozess in die Lage versetzt werden, in ähnlichen Situationen rasch(er) und besser adäquate Ziele zu setzen bzw. die richtigen Korrekturmassnahmen zu realisieren.
- Als Coach muss sich der Controller der Versuchung widersetzen, Wertungen vorzunehmen. Er verurteilt nicht (d.h. er wertet nicht ab), sondern er *unterstützt*.
- Information entsteht immer erst im Kopf der Empfängerin. Alle Anstrengungen im Controlling als Dienstleistungsfunktion müssen daher *strikt empfängerorientiert* sein. Wo es nicht gelingt, Verständnis bei den Adressaten zu erlangen, ist zum einen Ausbildungsbedarf angezeigt, zum andern könnte dies ein Hinweis dafür sein, die Adressaten persönlich stärker in den Controlling-Prozess einzubinden.

3.2 Kategorien von Statusberichten

Für ein wirksames Controlling sind im Wesentlichen die folgenden drei Kategorien von Statusberichten von grundlegender Bedeutung:
- Erstens wird ein *Controller-Bericht* benötigt, der die gleiche Struktur aufweist wie die Verkaufserfolgsrechnung. Der Controller-Bericht soll mit seiner Marktorientierung den aktuellen Geschäftsverlauf im Vergleich zum Budget (und allenfalls zum Vorjahr) zum Ausdruck bringen.
- Zweitens erlauben es *Kennzahlenübersichten* mit finanziellen und andern betrieblichen Kennzahlen, in kurzer Zeit einen guten Überblick über die finanzielle Situation und die Ertragslage des Unternehmens zu gewinnen. Vergleiche über mehrere Perioden (Jahre, Quartale, Monate) ermöglichen ein rasches Erkennen von Trends, Trendänderungen oder gar Trendbrüchen.

- Ein differenzierter *Kostenstellen-Soll-Ist-Vergleich* erlaubt drittens eine wirksame Kosten- und Leistungsbewirtschaftung (siehe Kapitel 2.5).

Nachfolgend soll die jeweilige Grundstruktur und Handhabung dieser Kategorien von Statusberichten näher erörtert werden. Beim Durchlesen der folgenden Ausführungen empfiehlt es sich, im Anhang II einen Blick auf die entsprechenden Berichtsformulare[62] zu werfen. Diese Berichtsformulare zeigen im Sinne von Anregungen für eigene konzeptionelle Gestaltungsarbeiten, wie aussagekräftige Statusberichte aufgebaut sein können.

3.3 Controller-Bericht

3.3.1 Struktur und Handhabung des Controller-Berichtes

Im Modul 1 wurde Controlling definiert als ein *Prozess* der *Planung* (Zielvereinbarung und Massnahmenbestimmung) und vorausschauenden *Feinsteuerung* im finanziellen Bereich.

Planung setzt einen systematischen Planungsprozess voraus, in den möglichst alle Unternehmensangehörigen im Sinne eines Management by Objectives einzubinden sind. Für jede Planungsperiode sind pro Bereich bzw. pro Person *fünf bis sieben* anspruchsvolle, aber grundsätzlich realisierbare Ziele festzulegen. Eine wirksame Feinsteuerung umfasst ihrerseits die in Abbildung 87 dargestellten Aktivitäten.

Diese «Controlling-Philosophie» widerspiegelt sich auch in der Ausgestaltung des Controller-Berichts. Diesem Zweck dienen die Formulare C1, C2 und C3, die im Anhang II zu finden sind.

> Diese drei Formulare sind nicht nur als Statusberichte zu verstehen, sondern vor allem als *Arbeitsinstrumente*, mit deren Hilfe die verantwortlichen Führungskräfte des Unternehmens (Geschäftsleitung und Bereichsleitung) aktuelle finanzielle Herausforderungen der laufenden und zukünftigen Geschäftsentwicklung aktiv bearbeiten können.

62 Es ist natürlich hilfreich, wenn Formulare dieser Art zusammen mit entsprechenden Planungs- und Kennzahlenformularen in einem Tabellenkalkulationsprogramm umgesetzt werden, was dann mit geringem Aufwand auch die Durchführung entsprechender Plan-Simulationen, das Durchdenken möglicher Zukunftsszenarien und damit ein wirklich *proaktives Controlling* ermöglicht.

Jedes dieser Formulare umfasst verschiedene Blöcke, die im Folgenden als *Berichtsfenster*[63] bezeichnet werden. Insgesamt finden sich *sechs* Berichtsfenster, die der Bearbeitung der oben angeführten Fragestellungen entsprechen. Zur Verbesserung der Übersicht und zu einer erleichterten Bearbeitung ist das Berichtsfenster 1 («Relevante Zahlen») sowohl auf dem Formular C1 als auch auf dem Formular C2 aufgeführt. Bei der Erstellung des Controller-Berichts, das heisst beim Bearbeiten dieser Formulare C1 bis C3, gilt es, zunächst ein paar allgemeine Angaben festzuhalten.

Elemente der Feinsteuerung («Berichtsfenster»)	Fragestellungen zur Bearbeitung
Standortbestimmung	Was haben wir bis jetzt erreicht? Wo stehen wir jetzt?
Abweichungsanalyse	In welcher Hinsicht befinden wir uns nicht mehr auf Zielkurs, das heisst, inwiefern ist es bereits absehbar, dass mit dem bisherigen Kurs die gesetzten Budgetziele nicht mehr erreicht werden können? Welche Abweichungen sind so wichtig, dass sie eine dringliche Bearbeitung erfordern?
Ursachenanalyse	Warum ist es zu den aufgetretenen Abweichungen gekommen? Welches sind die tiefer liegenden Ursachen der aufgetretenen Abweichungen?
Massnahmenplanung	Welche Massnahmen müssen ergriffen werden, damit unser Unternehmen bis zum Ende des Jahres wieder auf Budgetkurs kommt?
Erwartungsrechnung	Welche Resultate wollen wir aufgrund der aktuellen Position und Entwicklungstrends sowie der geplanten Korrekturmassnahmen bis zum Ende des Jahres im Minimum doch noch erreichen?
Aktionsplanung (Projektplan)	Wer ist für diese Massnahmen verantwortlich? Wer muss dabei zusätzlich mithelfen oder ist zumindest davon betroffen? Wie sieht der Zeitplan aus?

Abb. 87 Elemente der Feinsteuerung und deren zentrale Fragestellungen

63 Angelehnt an Deyhle/Steigmeier 1993, S.138ff.

Feld «Berichtsperiode»

Wird monatlich oder quartalsweise ein solcher Bericht erstellt, können dabei einerseits die Werte der *Berichtsperiode*, das heisst des entsprechenden Monats bzw. Quartals, eingetragen werden, zum Beispiel 2. Quartal 20XX, Juli 20XX usw. Andererseits bilden aber auch die *kumulierten* Werte der bisherigen Berichtsperioden des laufenden Jahres, zum Beispiel 1. + 2. Quartal, Januar bis und mit Juli 20XX usw., einen guten Überblick über den bisherigen Geschäftsverlauf. Selbstverständlich ist auch eine Kombination dieser beiden Möglichkeiten denkbar.

Feld «Geschäftsbereich/Sparte»

Idealerweise wird der Controller-Bericht einzeln für jeden Geschäftsbereich oder jede Sparte und aggregiert für das ganze Unternehmen erstellt. Der Controller-Bericht besteht also aus einem Satz von einzelnen Teilberichten (pro Geschäftsbereich) und aus einer Gesamtübersicht.

3.3.2 Berichtsfenster 1 – relevante Zahlen für die Standortbestimmung

Dieses Fenster bildet das *Kernstück* des Controller-Berichtes, weshalb es sowohl auf dem Formular C1 als auch auf Formular C2 zu finden ist. Die relevanten Zahlen für die Standortbestimmung stammen aus:

- dem *Jahresplan*, das heisst dem Budget («Plan per»),
- der *Ist-Abrechnung* aus der Buchhaltung und der Kostenrechnung («Ist per») und allenfalls
- dem Geschäftsabschluss des *Vorjahres* («Vorjahr»).

Die Differenzen zwischen dem «Plan» und dem «Ist» bilden die *Abweichungen*. Diese sind in absoluten Beträgen und in Prozent des Planes festzuhalten. Die prozentuale Abweichung zum Vorjahr kann ebenfalls eine hilfreiche Zusatzinformation sein.

3.3.3 Berichtsfenster 2 – Abweichungsanalyse

Ein Plan ist nie eine hellseherische Prognose der Zukunft, sondern eine Selbstverpflichtung der Unternehmensführung. Abweichungen – zumindest innerhalb gewisser Bandbreiten – sind als *normal* zu betrachten. Abweichungen bilden den *zentralen Auslöser* von *Korrekturmassnahmen*. Deshalb müssen sie Position für Position ganz kurz erklärt werden. Mit «Anamnese» (Aufnahme der Krankheitsgeschichte eines Patienten durch den Arzt) ist dabei das Festhalten allfälliger Probleme gemeint, mit «Diagnose» ein erstes Nachspüren nach möglichen Ursachen dieser Probleme.

Mit andern Worten geht es zunächst lediglich darum, die Bedeutung der aufgetretenen Abweichungen für den Geschäftserfolg festzuhalten (zum Beispiel: wichtig/unwichtig, innerhalb/ausserhalb eines bestimmten Toleranzbereiches, normal/abnormal, unbedeutend/bedrohlich usw.). Dabei genügt es, die *Symptome* für diese Abweichungen darzustellen (zum Beispiel: Grosskundin X hat von unserem Unternehmen zum Konkurrenten Y-AG gewechselt). Natürlich müssen hier aber auch besonders erfreuliche Leistungen und Entwicklungen Erwähnung finden.

3.3.4 Berichtsfenster 3 – Ursachenanalyse und Schlussfolgerungen

Obwohl sich schon durch eine saubere Abweichungsanalyse in den meisten Fällen ein hohes Mass an Transparenz über alle wesentlichen Ursachen der Abweichungen ergibt, müssen in einer gesonderten *Ursachenanalyse* die tatsächlichen Gründe für die aufgetretenen Abweichungen sorgfältig herausgearbeitet werden (zum Beispiel Kundin X ist abgesprungen, weil sie mit der Lieferqualität nicht mehr zufrieden war, oder: Wir wissen noch nicht, warum Kundin X den Lieferanten gewechselt hat usw.).

Eine solche weiterführende Ursachenanalyse ist durch folgende Merkmale und Aktivitäten gekennzeichnet:

- In der Ursachenanalyse des Berichtsfensters 3 werden (im Sinne eines Management by Exceptions) nur noch wirklich relevante Abweichungen und deren *Ursachen* festgehalten.
- Sie werden mit kurzen und prägnanten Worten kommentiert und in eine *Prioritätsrangfolge* (Dringlichkeit) gebracht.
- Den wichtigsten Abweichungen wird mit weiterführenden Detailanalysen auf den Grund gegangen.
- Dazu gehört auch eine *Trendanalyse* (siehe hierzu auch Kapitel 3.4 dieses Moduls), womit folgende Fragen beantwortet werden sollen:
  - Steckt hinter den aufgetretenen Abweichungen ein bestimmter Trend, der möglicherweise die zukünftige Geschäftsentwicklung prägen wird? Sind die aufgetretenen Abweichungen ein Signal (Indikator) für einen Trendbruch? Wenn ja, wie lassen sich dieser Trend und seine kurz- und langfristigen Folgen beschreiben?
  - Wohin gelangen wir, wenn diese Trends anhalten und wir *keine* Reaktion zeigen?
  - In Stichworten wird schliesslich der *notwendige Handlungsbedarf* skizziert.

3.3.5 Berichtsfenster 4 – Massnahmen

Standortbestimmung, Abweichungs- und Ursachenanalyse dienen nicht dazu, den Kopf in den Sand zu stecken, sondern *zeit- und situationsgerecht* Korrekturmassnahmen zu planen und zu realisieren. Deshalb gehört zu jedem zweckmässigen Controller-Bericht ein Massnahmenkatalog mit Verantwortlichkeiten und Terminen.

3.3.6 Berichtsfenster 5 – Erwartungsrechnung

Massnahmen müssen mit klaren Zielen verbunden sein. Die im Berichtsfenster 4 skizzierten Massnahmen sollen dazu dienen, ein Unternehmen möglichst wieder auf den ursprünglich geplanten Kurs zurückzubringen.

Gerade für den Fall, dass die ursprünglich vereinbarten Ziele *nicht mehr vollständig* erreicht werden können, ist es von ausschlaggebender Bedeutung, dass modifizierte Zielvorstellungen entwickelt und im Sinne einer *revidierten Selbstverpflichtung* verbindlich festgehalten werden. Es geht also darum, festzulegen, welches «Ausweichziel» trotz der bereits eingetretenen Abweichungen doch noch anvisiert werden soll. Diese modifizierten Ziele werden in den Spalten «Erwartung restliche Zeit» und «Erwartetes Ist-Ende» festgehalten.

Die Spalte «Erwartetes Ist-Ende» bildet dabei eine Art modifiziertes Budget der gesamten Planungsperiode, *ohne* dass das ursprüngliche Budget abgeändert werden muss. Denn es ist grundlegend falsch, ein Budget (= «Selbstverpflichtung») bei jedem «Windstoss» den aktuellen Gegebenheiten anzupassen. Damit geht nicht nur ein grundlegendes Orientierungssystem zur Ermittlung von Korrekturmassnahmen verloren, sondern es wird auch auf die Chance eines Lernprozesses verzichtet. Zudem birgt eine solche Gewohnheit die Gefahr, dass daraus ein opportunistisches, das heisst ein nachlässiges («laisser-faire») Geschäftsgebaren resultiert, weil negative Entwicklungen systematisch externalisiert, das heisst «unbeeinflussbaren» Umfeldentwicklungen zugeschrieben werden können.

Die Spalte «Erwartung restliches Ende» hält nun fest, was in der noch verbleibenden Zeit bis zum Ende der Planungsperiode durch die Verantwortlichen im Einzelfall erreicht werden muss.

Die restlichen Spalten dienen wiederum der Darstellung der Abweichungen des «erwarteten Ist-Endes» zum ursprünglichen Jahresplan.

3.3.7 Berichtsfenster 6 – Aktionsplan

Nach der Umsetzung des Massnahmenplans (Berichtsfenster 4) in modifizierte quantitative Zielvorstellungen (Berichtsfenster 5) kann bzw. muss nun der Massnahmenplan durch *Planung einzelner Aktionen* verfeinert, das heisst konkretisiert werden. Diesem Zweck dient das Formular C3.

3.4 Kennzahlenübersichten

Neben dem Controller-Bericht, der ein *Arbeitsinstrument* darstellt und sich sehr stark an der *Verkaufserfolgsrechnung*, das heisst am Geschäftserfolg der betrieblichen Tätigkeiten, orientiert, bedarf es weiterer Statusberichte, die das Gesamtbild der aktuellen Geschäftsentwicklung zu vervollständigen vermögen. Hierzu dienen Kennzahlenübersichten. Dazu gehören:

- die finanzielle Kennzahlenübersicht im Mehrjahresvergleich,
- die Ertragsstrukturanalyse der einzelnen Geschäftsbereiche im Mehrjahresvergleich (Trendanalyse) und
- Kennzahlen-Periodenübersichten.

Die Kennzahlen-Periodenübersichten dienen eher der *kurzfristigen* Überwachung des Geschäftsverlaufs und werden deshalb monatlich, vierteljährlich oder halbjährlich erstellt. Sie beziehen sich zum einen auf das Gesamtunternehmen, vor allem aber auf die Geschäftsentwicklung der einzelnen Geschäftsbereiche.

3.4.1 Finanzielle Kennzahlenübersicht im Mehrjahresvergleich

Die einzelnen Kennzahlen dieser Kennzahlenübersicht, das heisst die entsprechenden Definitionen und deren Aussagegehalt, wurden bereits in Modul 2, Kapitel 6 erläutert, weshalb sich hierzu im Anhang II lediglich noch ein Arbeitsformular (Formular KZ-MVGL) findet.

Die vorliegende Übersicht bezieht sich auf das Gesamtunternehmen und sollte jährlich rollend aktualisiert werden.

Kennzahlen dienen nicht zuletzt der *Frühwarnung*, das heisst der frühzeitigen Aufdeckung von sich anbahnenden positiven oder negativen *Trends* und *Trendbrüchen*. Der Aussagewert von Kennzahlen steigt entscheidend, wenn sie im Kontext eines *Zeitvergleichs*, eventuell auch *Konkurrenzvergleichs*, dargestellt werden. Deshalb hat eine finanzielle Kennzahlenübersicht, die sich auf ein einziges Jahr bezieht, einen vergleichsweise geringen Wert.

Selbstverständlich kann es sinnvoll sein, bei Bedarf und nach sorgfältigem Abwägen auch die Soll-Werte anzupassen.

3.4.2 Ertragsstrukturanalyse der einzelnen Geschäftsbereiche im Mehrjahresvergleich

Die Ertragsstrukturanalyse (siehe Formulare ESA-1 und ESA-2 [speziell für den Verkauf] im Anhang II) ist im Grunde genommen eine extrem vereinfachte Verkaufserfolgsrechnung, wobei nur Strukturkennzahlen aufgeführt sind, die jeweils die Bedeutung der einzelnen Geschäftsbereiche (bzw. deren Entwicklung im Zeitablauf) im Vergleich zum gesamten Unternehmen zum Ausdruck bringen. Wenn mit der Erstellung einer solchen Ertragsstrukturanalyse begonnen wird, fehlen möglicherweise gewisse Daten der Vergangenheit. Dies ist jedoch kein Grund, auf die Erstellung dieser aussagekräftigen Kennzahlenübersicht zu verzichten.

3.4.3 Periodenübersichten von betrieblichen Kennzahlen

Zum Zweck einer aktiven und zeitgerechten (raschen) Beeinflussung des betrieblichen Geschehens finden sich im Anhang zwei Beispiele von Kennzahlenübersichten. Sie beziehen sich auf den aktuellen Geschäftsverlauf

- des Gesamtunternehmens (Formular KZ-Total) und
- des Verkaufes (Formular KZ-VK).

Die einzelnen Kennzahlen sind weitgehend selbsterklärend.

Bei sämtlichen Kennzahlenübersichten findet sich jeweils ganz links der *Budget-Wert* der Berichtsperiode (Plan-Wert), daneben der tatsächlich erreichte *Ist-Wert* und rechts davon die *vier Ist-Werte* der entsprechenden Vorperioden, die bei jeder Erstellung einer neuen Kennzahlenübersicht rollend angepasst werden müssen.

Auch dieses Konzept soll einen Zeitvergleich und damit die Entdeckung von positiven oder negativen Trends ermöglichen. Zudem empfiehlt es sich, die ermittelten Trends mit denjenigen von Konkurrenzunternehmen zu vergleichen.

Die Kennzahlen-Periodenübersicht des Gesamtunternehmens sollte zumindest halbjährlich, wenn immer möglich quartalsweise, erstellt werden, diejenige des Verkaufs unbedingt monatlich.

3.5 Finanzielle Perspektive einer Balanced Scorecard

Die besprochenen Kennzahlen und Reportingberichte können Teil der Finanziellen Perspektive einer *Balanced Scorecard* (BSC) sein. In einer BSC, die ein- bis zweimal im Jahr als ganzheitliches *Managementinformationssystem* abgestimmt auf die verschiedenen Führungsstufen erstellt wird, soll aufgezeigt werden, in welchen Bereichen Handlungsbedarf besteht. Die Controllingverantwortung bzw. die finanzielle Führungsverantwortung wird in der Finanzperspektive der BSC abgebildet, die Balanced Scorecard stellt allerdings ein umfassendes Berichtswesen dar, das auch im Sinne einer *Armaturentafel* verwendet werden kann.

3.5.1 Grundlagen der Balanced Scorecard

Die von Robert S. Kaplan und David Norton[64] eingeführte *Balanced Scorecard* ist ein Konzept zur Messung der Aktivitäten einer Organisation im Hinblick auf ihre Vision und ihre Strategien. Getreu nach dem Motto: Was du nicht messen kannst, kannst du auch nicht managen. So bietet sie den Führungskräften einen umfassenden Überblick über die Leistungsfähigkeit und Effektivität des Unternehmens.

Das neue Element besteht darin, dass sich die BSC nicht nur auf die Vergangenheit (Finanzen) fokussiert, sondern auch künftige (spezifisch menschliche) Aspekte beinhaltet. Eine Organisation konzentriert sich somit auf ihre *Zukunft* und ihre *langfristigen Interessen*. Aufgrund ihrer flexiblen und damit umfassenden Gestaltungsmöglichkeit ist die Balanced Scorecard ein ideales Instrument zur Einrichtung eines integrierten Managementinformationssystems.

Die unterschiedlichen Dimensionen der BSC werden sinnvollerweise für jede Organisation individuell festgelegt. Ist sie wirtschaftlich ausgerichtet, umfasst die Balanced Scorecard auf oberster Stufe praktisch immer die Finanz- und die Kundenperspektive, meist auch die Prozess- und die Potenzial- oder Mitarbeitendenperspektive. Ist sie forschungs- und entwicklungsseitig ausgerichtet, umfasst sie meistens die Innovationsperspektive auf oberster Stufe und hat meistens neben der Prozess- auch eine Lieferanten-/Einkaufsperspektive.

64 R. Kaplan, D. Norton, «The Balanced Scorecard – Measures that Drive Performance», in: Harvard Business Review, January–February 1992, S. 72–79.

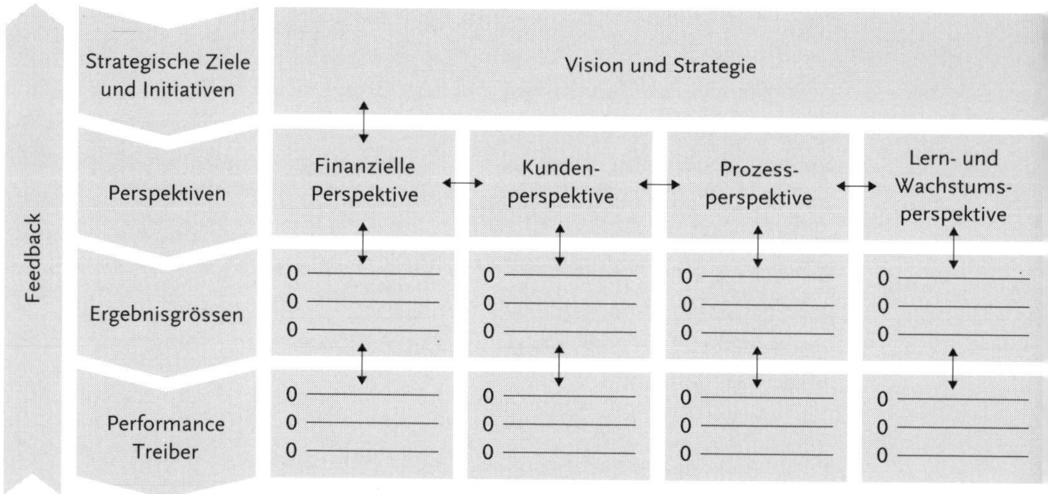

Abb. 88 Balanced Scorecard – Gesamtzusammenhänge

Die Vielfalt und Komplexität eines Unternehmens lässt sich über eine einzelne Firmen-BSC nicht darstellen. Deshalb sind für die einzelnen Bereiche individuelle, aus der Firmen-BSC abgeleitete Teil-BSCs zu entwickeln. Als Beispiel seien hier die relevanten Perspektiven der Human Resource (HR)-BSC einer Bank genannt: Werte, Kunden, Produkte, HR-interne Systeme/Prozesse und HR-Mitarbeitende.

Über die Kennziffern in der Balanced Scorecard wird es möglich, die Entwicklung der Unternehmung im Hinblick auf die Geschäftsvision zu verfolgen. Auf diese Weise wird es für das Management möglich, nicht nur die finanziellen Aspekte zu betrachten, sondern auch strukturelle *Frühindikatoren* für den Geschäftserfolg zu steuern.

3.5.2 Nicht nur Shareholder, auch Stakeholder

Neuartig an diesem System ist, dass die Kennzahlen nicht nur auf die Eigentümer/Shareholder ausgerichtet sind (beispielsweise Verzinsung des Kapitals, Börsenkapitalisierung), sondern dass alle Anspruchsgruppen integriert werden können. Die Stakeholder beinhalten neben den Aktionären beispielsweise auch Mitarbeitende, Lieferanten, Staat usw. Diese Berücksichtigung mehrerer *Anspruchsgruppen* erlaubt eine ausgewogene (balanced) Umsetzung der Strategie.

Durch die Definition von kritischen Erfolgsfaktoren (auch als strategische Ziele bezeichnet) und zu deren Messung abgeleiteten Schlüsselindikatoren

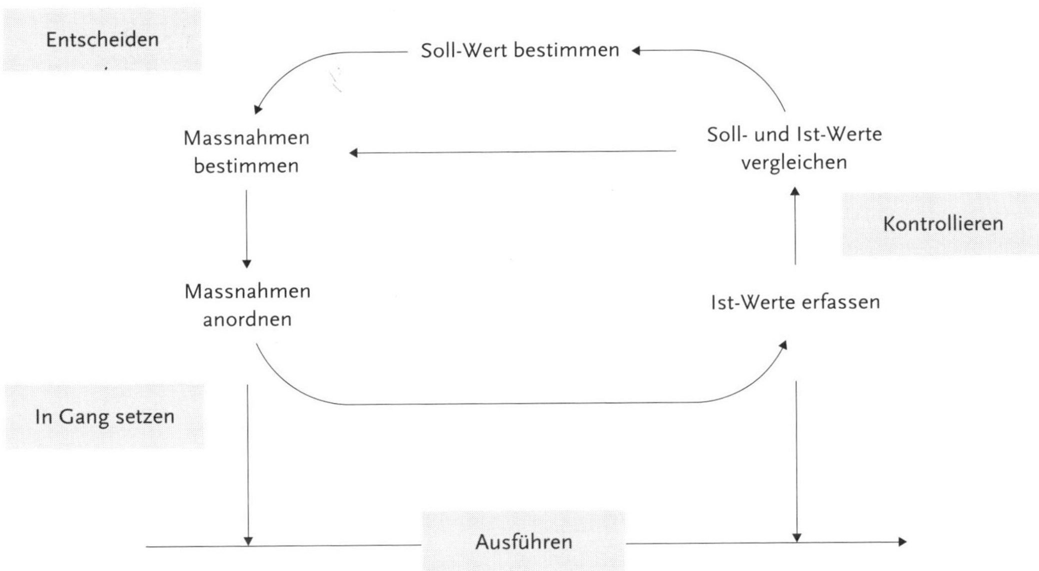

Abb. 89 Regelkreis

wird ein Kennzahlensystem aufgebaut und Massnahmen werden abgeleitet. Die Messgrössen veranschaulichen den regelmässig erhobenen Erreichungsgrad der gesteckten Ziele. Wird ein Ziel nicht wie gewünscht erreicht, sind weiterführende Massnahmen zu ergreifen. Ebenso sind aufgrund von Neuausrichtungen, Marktveränderungen usw. auch die Ziele kontinuierlich zu überprüfen und bei Bedarf anzupassen. Hier findet der Führungs-/*Regelkreislauf* seine Anwendung (siehe Abbildung 89).

Das Führungsinstrument Balanced Scorecard dient der Ausrichtung der Organisation an der Strategie. Allen Mitarbeitenden soll klar sein, wohin die Unternehmung sich bewegen soll, welche Ziele sie verfolgt. Die Strategie soll kein geheimnisvolles Papier sein, sondern allen offen und verständlich kommuniziert werden. Nur wenn auch alle Mitarbeitenden dahinterstehen, können die Ziele erreicht werden. Denn über die aus den Zielen abgeleiteten Massnahmen steuern sie aktiv mit.

Vier zentrale Barrieren behindern die Strategieumsetzung, es sind dies die Visions-, Personal-, Ressourcen- und Management-Barriere.

- Vision: Das Übersetzen der Strategie in konkrete Steuerungsgrössen ist nicht möglich.
- Personal: Die Verknüpfung der Strategie mit den Zielen der einzelnen Mitarbeitenden ist unmöglich.
- Ressourcen: Es besteht keine Verbindung der Strategie mit der operativen Planung / Budgetierung.

- Management: Es findet nur eine operative Ergebniskontrolle statt (anstelle strategischer Kontrollen).

Die Balanced Scorecard überwindet diese Hindernisse durch Visualisierung.

Das zentrale Element der BSC ist die *Ursachen-Wirkung-Kette*. Darin werden die Zusammenhänge und somit Abhängigkeiten zwischen den einzelnen Zielen (Erfolgsfaktoren) grafisch dargestellt. Durch die Verknüpfung der Perspektiven untereinander zeigt sich schlussendlich die Auswirkung des Erreichens oder Nichterreichens einzelner Ziele.

Verfügen beispielsweise die Mitarbeitenden nicht über die nötige Qualifikation, ist es schwierig oder gar unmöglich, die Steigerung des Free Cashflows im gewünschten Ausmass zu erreichen. Der Frühindikator «Qualifikation der Mitarbeitenden» zeigt somit bereits frühzeitig den Einfluss auf die künftige Entwicklung des Free Cashflows an.

3.5.3 Umsetzung

Die Basis für die Balanced Scorecard bilden die Unternehmensvision und die darauf aufbauende aktuelle Strategie. Aus dieser Strategie wird die BSC abgeleitet und nicht umgekehrt die Strategie aus der BSC.

Die Entwicklung der gesamten Balanced Scorecard sollte durch ein interdisziplinäres Team erfolgen, um alle Interessengruppen daran zu beteiligen. Damit wird auch gewährleistet, dass alle wichtigen und auch nötigen Inputs (Anliegen) verarbeitet werden. Durch dieses bereichsübergreifende Erarbeiten wird ein gemeinsames Verständnis aufgebaut und die BSC im Allgemeinen und deren Umsetzung im Speziellen erreicht breitere Akzeptanz.

Die unternehmensindividuellen Perspektiven bilden den Rahmen für die Ziele und darauf aufbauend der Ursachen-Wirkung-Kette.

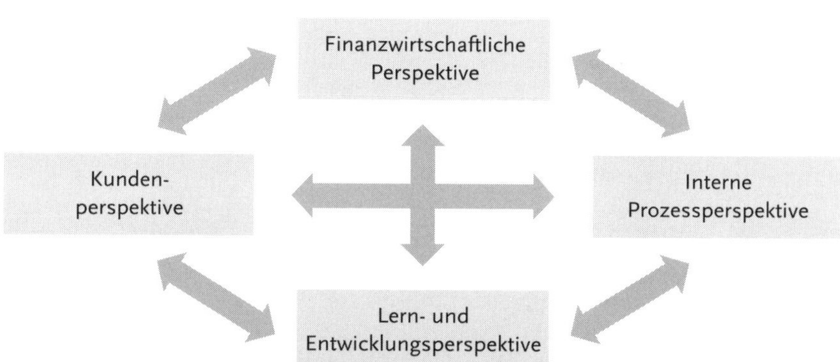

Abb. 90 Zusammenhänge der Perspektiven

Die Anzahl der Ziele sollte nicht zu hoch sein. Die BSC ist ein strategisches Umsetzungswerkzeug und dabei sollte man sich auch auf wenige, dafür entscheidende *Ziele* beschränken. Um die Veränderungen messen zu können, muss jedes Ziel mit mindestens einer *Kennzahl* hinterlegt werden.

Der Grundsatz «Twenty is plenty», also 20 ist genug, ist vollkommen berechtigt für die Anzahl der Kennzahlen. Zwanzig Indikatoren sind überschaubar und ermöglichen zielgerichtete Massnahmen. An der klaren Auswahl und Reduzierung auf wenige Messgrössen scheitern viele Balanced Scorecards.

Bei der Zielbestimmung gilt es zu berücksichtigen, ob es Faktoren gibt, die die verantwortliche Person bei der Zielerreichung nicht beeinflussen kann. Zum Beispiel kann der Rückgang der Umsätze aufgrund einer Abschwächung der Konjunktur nicht einer einzelnen Person angelastet werden.

Eine *klare* und knappe *Formulierung* der Ziele beugt Missverständnissen vor. Ziele sind darum eindeutig zu beschreiben: Krankheitsabsenzen senken, Durchlaufzeiten senken, Anzahl Neukunden steigern, Eigenkapitalanteil optimieren.

Sobald die Ziele pro Perspektive definiert sind, gilt es, die Ursachen-Wirkung-Kette zu erstellen, das zentrale Element der BSC (Beispiel: Das Ziel «Krankheitsabsenzen senken» hat einen Einfluss auf «Produktivität steigern»). Diese Zusammenhänge stellen das Neuartige der BSC dar. Nicht das Beschreiben einer Vision, nicht das Entwickeln einer Strategie, auch nicht das Bestimmen von Zielen sind das Ausschlaggebende, sondern das Aufzeigen der Korrelation der Ziele ist der entscheidende Vorteil dieses Werkzeugs.

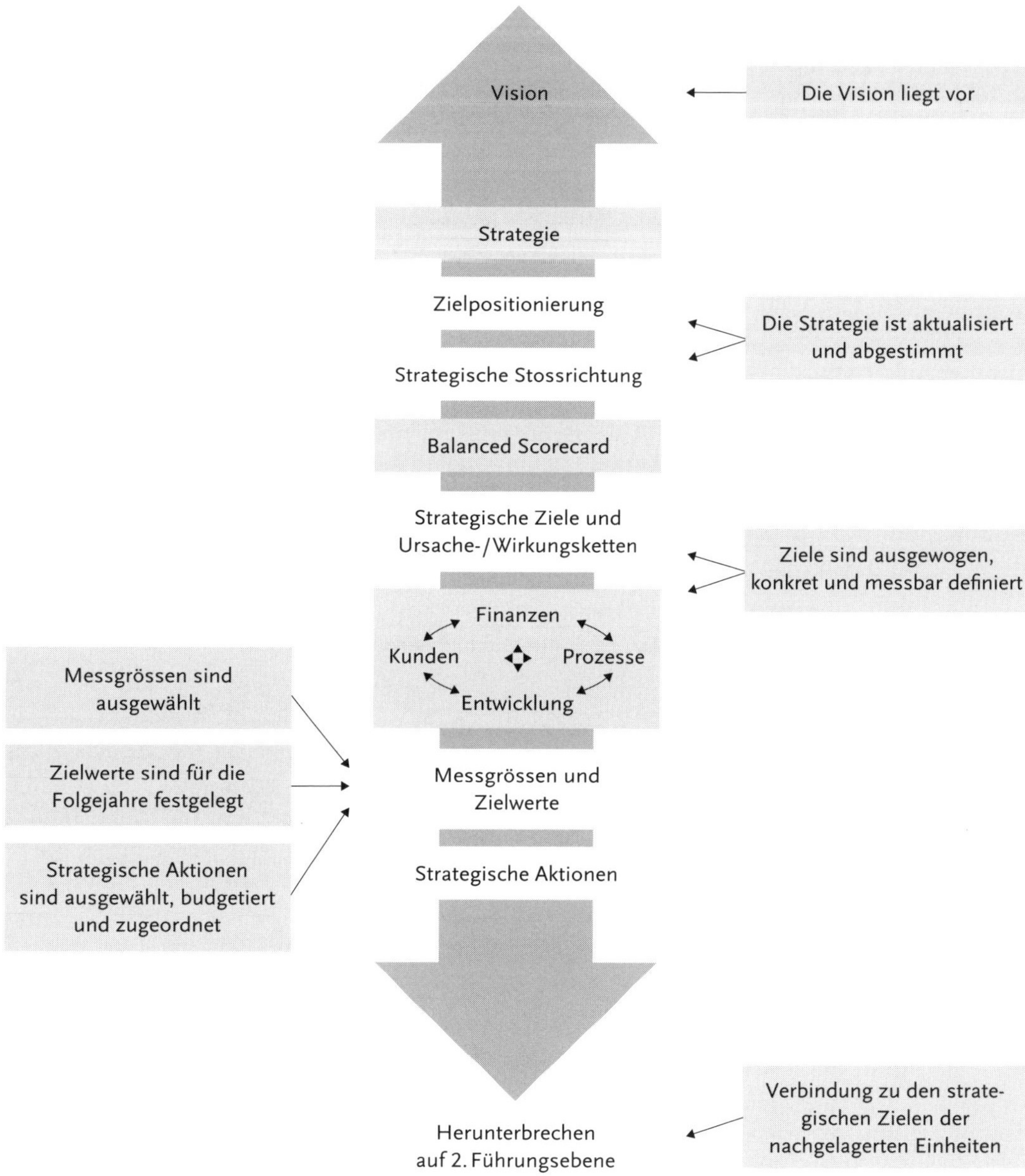

Abb. 91 Ablaufprozess einer Balanced Scorecard
(Quelle: Horvath & Partner)

Abschliessend sollte ein Hauptpfad innerhalb der Kette beschrieben werden, der Aussagen dazu macht, welche Ziele und somit auch welche Massnahmen den stärksten Einfluss auf die Umsetzung der Unternehmensstrategie haben.

Zusammenfassung

Folgende Schritte sind bei der Umsetzung zu beachten:

- Vision und Strategie bestimmen
- Perspektiven definieren
- Strategische Ziele entwickeln und formulieren
- Ursachen-Wirkung-Kette erstellen
- Indikator pro Ziel (mindestens einer pro Ziel und «Twenty is plenty»)
- Zielwert eruieren
- Massnahmen zur Erreichung der Zielwerte bestimmen
- Messung der Zielwerte
- Eventuell neue Massnahmen definieren
- Weiterentwicklung der BSC
- Eventuell Roll-out in weitere Unternehmensbereiche

Es sollte beachtet werden, dass die Einführung einer Balanced Scorecard einen Kulturwandel darstellt und den Mitarbeitenden genügend Zeit zur Umstellung sowie Anpassung gewährt werden muss.

3.5.4 Finanzielle Perspektive einer BSC

Das bisher beschriebene Cockpit Controlling mit seinen finanziellen Kennzahlen und die verschiedenen Berichte des monatlichen Reportings des betrieblichen Rechnungswesens sollen in die Finanzielle Perspektive der Balanced Scorecard münden. Dazu müssen die Kennzahlen aus dem *strategischen Finanzkonzept* abgeleitet sein, das heisst, die Leitplanken der Basiszielgrössen Liquidität, Stabilität und Rentabilität sollen in entsprechenden Kennzahlen berücksichtigt werden. Sie werden dann auch über ihre *langfristigen Zielvorgaben* in die Wirkungsketten der BSC eingebaut.

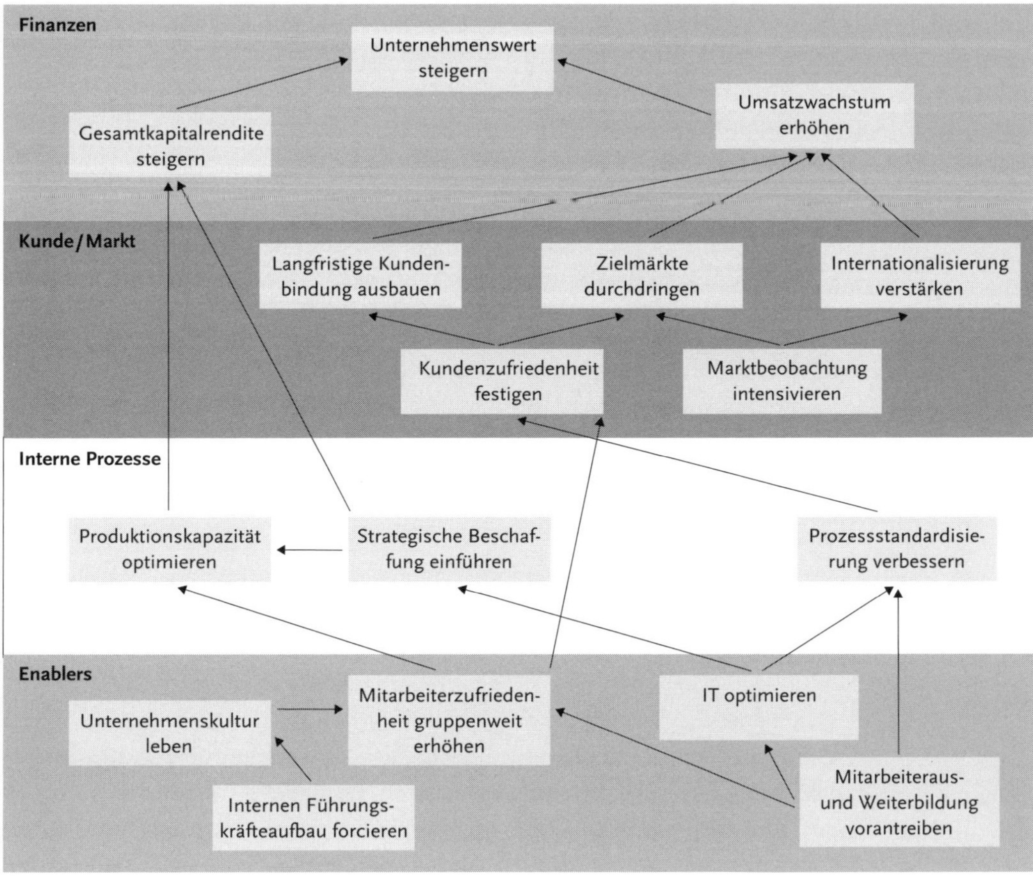

Abb. 92 Beispiel einer Ursachen-Wirkung-Kette

Zudem sollten die wichtigsten Kennzahlen des betrieblichen Rechnungswesens, also Deckungsbeitragskennzahlen der A-Produkte und der A-Kunden (DB-Marge, DB-Volumen) und ihr Zielerreichungsgrad, eingebaut werden.

Kostenseitige Abweichungen werden auf Ebene Monatsreporting abgefangen und müssen nicht Inhalt der Finanziellen Perspektive sein. Hier geht es in erster Linie um die Finanz- und die Ertragssituation.

Somit können ein Cockpit Controlling und eine Managementerfolgsrechnung in die Finanzielle Perspektive einer Balanced Scorecard fliessen. Aufgrund der unterschiedlichen Berichtsrhythmen können diese Managementinformationsinstrumente/-systeme sehr gut nebeneinander existieren.

Grundsätzlich ist aber immer die Frage zu stellen, ob die Informationen empfängergerecht sind und Massnahmen provozieren. Nie dürfen sie einfach nur reinem Selbstzweck dienen und den Zahlenfriedhof vergrössern.

3.5.5 Zusammenhang

Als Fazit kann festgehalten werden, dass die BSC ein *wirkungsvolles Instrument* zur Umsetzung der Strategie darstellt. Alle sind involviert, ziehen somit am gleichen Strick und vor allem in die gleiche Richtung.

Die Balanced Scorecard stellt ein gutes Beispiel für ein Berichtswesen bzw. ein *Armaturenbrett* dar. Wie gut jedoch ein solches Armaturenbrett auch konzipiert sein mag, es ersetzt *nicht* den *fähigen Piloten* bzw. eine *gut zusammenarbeitende Crew*, die aus den Daten der verschiedenen Instrumente rasch die richtigen Schlüsse zu ziehen vermag. Die Daten müssen also zuerst in ihrem Gesamtzusammenhang interpretiert werden, bevor daraus Schlüsse für weiterführende Korrekturmassnahmen gezogen werden können. Es gibt dabei keine simplen Patentrezepte, weil jede Unternehmung, jede Branche und jede Geschäftsperiode ihre Eigenheiten aufweist.

Ein guter Controller als Teil der Führungscrew nimmt dabei gewissermassen die Funktion des *Navigators* ein. Wenn sich ein Betrieb aufgrund seiner geringen Grösse keinen Navigator an Bord leisten kann, dann müssen Geschäftsführung und Bereichsleitung selber – zumindest in den Grundsätzen – wissen, wie man mit den Navigationsinstrumenten des Cockpits umgeht. Sie müssen in der Lage sein, eine zweckmässige Diagnose zu erstellen, um allfälligen Problemen auf den Grund gehen zu können. Es ist die *Pilotin* bzw. die Führungscrew als Team, die das Ziel vorgibt, *nicht* der Navigator. Nicht der Controller ist verantwortlich für den Plan (Ziele), sondern die *Geschäftsführerin*. Der Controller muss aber unerbittlich darauf hinweisen, dass rechtzeitig und sorgfältig geplant wird, und hierzu auch konzeptionelle und methodische Hilfen anbieten. Für den Plan und die gewählte Marschrichtung eines Unternehmens sind indessen die Geschäftsführerin und ihre Führungscrew verantwortlich.

Die Überlegungen der Module 2 bis 4 haben dazu gedient, aufzuzeigen, was hinter den «Anzeigeinstrumenten» des Controlling-Cockpits bzw. der BSC an Systematik vorausgesetzt und an Operationen und Überlegungen geleistet werden muss, damit für die Pilotin *sinnvolle Steuerinformationen* generiert werden können.

4 Schlussbemerkungen

Im Hinblick auf die langfristige Prosperität eines Gesamtunternehmens (nicht unbedingt aus der Sicht bestimmter Einzelinteressen!) ist *Transparenz* und damit *optimale Führbarkeit* unbedingt ein erstrebenswertes Ziel. Die Reichhaltigkeit der Anforderungen, die ein modernes Controlling an ein aufgeschlossenes Unternehmen stellt, sind allerdings alles andere als leicht erfüllbar – vor allem, wenn die eigenen Ressourcen begrenzt sind. *Finanzielle Transparenz* ist *nicht kostenlos*. Der Aufbau eines effizienten, aussagekräftigen Controllings will daher in guten Zeiten in Angriff genommen werden. Was nützt eine präzise Benzinanzeige, die erst dann eingebaut wird, wenn der Tank schon nahezu leer ist?

Finanzielle Transparenz muss auf jeden Fall einen *Nutzen* bringen, der den *Controlling-Aufwand* möglichst weit übersteigt. Den Punkt zu treffen, an dem weder zu viel noch zu wenig Controlling-Aufwand betrieben wird, ist nicht einfach. In Schönwetterperioden neigt man dazu, zu glauben, auf Controlling verzichten zu können, in Schlechtwetterphasen ist es oft zu spät, um ein schlagkräftiges Controlling auf die Beine zu stellen, weil die Krise bereits existenzgefährdend ist oder grundsätzlich die für den Aufbau eines angemessenen Controllings notwendigen Ressourcen (Finanzen, Zeit, Personal, EDV usw.) fehlen.

Je nach Unternehmensgrösse und Betriebsstruktur ist es aus wirtschaftlicher Sicht zweifellos empfehlenswert, bewusst auf das eine oder andere vorgestellte Controlling-Instrument zu verzichten. Mit Sicherheit falsch sind alle Schwarz-Weiss-Lösungen, die aus der *Unerfüllbarkeit überrissener Erwartungen* hervorgehen:

- Eine *einfache, plausible Planung* ist besser als keine Planung!
- Ein *vierteljährliches Reporting* ist besser als:
  - ein *jährliches Reporting* (zum Beispiel im Sinne einer Balanced Scorecard), wenn sich ein monatliches Reporting als zu aufwendig erweist;
  - ein *monatliches* Reporting, wenn sich dieses auf den Schreibtischen stapelt und infolge von «Information Overload» kaum zur Kenntnis genommen wird. Was die Häufigkeit der Berichterstattung betrifft, ist es somit zweckmässig, eher bescheiden zu sein, aber hartnäckig darauf hinzuwirken, dass Berichte als geschätzte Argumentationsgrundlage zu einer engagierten, ehrlichen, konstruktiven und massnahmenorientierten Auseinandersetzung mit dem aktuellen Geschäftsverlauf beitragen.
- Ein *einfaches Berichtswesen/Reporting* mit nur wenigen, dafür aber wirklich wichtigen und stets rasch vorliegenden, das heisst aktuellen Informationen und Kenngrössen ist besser als überhaupt kein Berichtswesen!

- Bei der Einführung in verkraftbaren Schritten vorzugehen und über Jahre hinweg kontinuierlich (auch kleine) Fortschritte anzustreben, ist besser, als in einer «Generalstabsübung» (mit entsprechend überhöhten Erwartungen) für alle Zeiten die Akzeptanz der Betroffenen zu verspielen und die eigene Freude am Controlling zu verlieren!
- Und last but not least:

Die Magie der Zahlen verdunkelt oft die Sicht für das Wesentliche!

oder mit andern Worten:

Der gesunde Menschenverstand lässt sich durch nichts ersetzen!

Zusammenfassung Modul 5

- Controlling-Instrumente haben keinen Selbstzweck, sondern stehen im Dienste eines aussagekräftigen *Berichtswesens*. Das Berichtswesen des Controllings stellt eine Plattform dar, auf der Daten (zum Beispiel des finanziellen Rechnungswesens) präsentiert, interpretiert und in Steuerungsinputs transformiert werden.
- Damit *Kursabweichungen* (überhaupt) erkannt und als *Auslöser* für *Korrekturmassnahmen* und *Veränderungsprozesse* verwendet werden können, muss als zukunftsgerichtete Orientierungsgrundlage ein sorgfältig erarbeiteter Plan mit klaren und akzeptierten Zielen vorliegen.
- Ein sorgfältiger Planungsprozess und die dabei erarbeiteten Zielvorstellungen schaffen eine gemeinsame *Verständigungsgrundlage* für zukunftsgerichtetes Handeln. Daraus resultiert im Idealfall auch ein waches Bewusstsein für kurz- und langfristige Auswirkungen allfälliger *Abweichungen*.
- Unter *Planung* wird eine systematische Auseinandersetzung mit den erwarteten Umweltentwicklungen sowie mit den eigenen Fähigkeiten, Stärken und Schwächen verstanden. Eine Planung ist *keine hellseherische Prognose* der Zukunft, sondern eine *Verpflichtung* auf gemeinsam anzustrebende Ziele, die hochgesteckt, aber auf jeden Fall erreichbar sein sollen.
- Planung ersetzt den Zufall durch den Irrtum. Aus Irrtümern – nicht jedoch aus Zufällen – kann man lernen. Deshalb birgt jeder ernsthafte Planungsprozess die Chance für einen erfolgreichen individuellen und organisationalen *Lernprozess*.
- Zur Erstellung und Beurteilung von Plänen empfiehlt es sich, so systematisch und hartnäckig wie möglich auch Erfahrungswerte der (besten) Konkurrenten und der Vergangenheit zu sammeln.
- *Zweck* der Budgetierung ist die Erarbeitung von finanziellen Jahreszielen, die im Budget festgehalten werden. Das Budget bildet die Messlatte für den Geschäftserfolg des Geschäftsjahres. Schwergewichtig geht es dabei um den *erfolgswirtschaftlichen Wertzuwachs*.
- Das Gerüst eines aussagekräftigen Budgets für ein Unternehmen ist die *Plan-Verkaufserfolgsrechnung*.
- Die Mehrjahresplanung ist das wichtigste *Bindeglied* zwischen der eher längerfristig ausgelegten (strategischen) *Unternehmensplanung* (in Worten, qualitativ) und der operativen Jahresplanung, das heisst dem *Budget* (in Zahlen, quantitativ). Zweck der Mehrjahresplanung ist die Sicherstellung der *finanziellen Stabilität* auf mittlere Frist.

- Die Mehrjahresplanung ist im Wesentlichen eine *Mittelflussrechnung* mit einem Planungshorizont von drei bis fünf Jahren. Eckpfeiler bilden dabei die geplante Umsatzentwicklung, die geplanten Kostenstrukturen (als Prozentsätze vom Nettoerlös) und die geplanten Investitionen ins Nettoumlauf- und ins Anlagevermögen.
- Mithilfe von Statusberichten (Ergebnisrechnungen) wird die aktuelle finanzielle Lage eines Unternehmens *transparent* gemacht. Erst auf der Grundlage aussagekräftiger Standortbestimmungen kann ein eigentliches Controlling betrieben werden.
- Im Rahmen des Controllings (Controlling-Prozesses) nimmt der *Controller* die Rolle des *Coachs* oder *Moderators* ein. Er hat dabei insbesondere die Aufgabe, rechtzeitig und unmissverständlich auf Abweichungen und *problematische Entwicklungen* hinzuweisen. Er sollte der Tendenz entgegenwirken, dass eine *Ursachenanalyse* zur Identifikation von Schuldigen missbraucht wird. Ebenso sollte er sich strikt davor hüten, Wertungen oder gar Verurteilungen vorzunehmen. Seine Anstrengungen müssen vielmehr unterstützend und empfängerorientiert sein. Die wichtigste Aufgabe der Controller besteht letztlich darin, kontinuierlich zu einem vertrauensbasierten individuellen und *organisationalen Lernprozess* beizutragen.
- Es können drei Kategorien von Statusberichten unterschieden werden: der *Controller-Bericht*, *Kennzahlenübersichten* und der *Kostenstellen-Soll-Ist-Vergleich*.
- Moderne *Managementinformationssysteme* sind *ganzheitlich* aufgebaut und die Finanzkennzahlen werden durch Kennzahlen anderer Bereiche ergänzt.
- Man spricht dann von Perspektiven einer *Balanced Scorecard*, bei denen zusätzliche Wirkungsketten aufzeigen sollen, wie die Kennzahlen aller Bereiche zusammenhängen.

Selbst-Controlling: Modul 5

Frage	*Unsicher? Wenn ja: Seite*
1 Wo findet eigentlich Controlling statt?	263
2 Was unterscheidet Planung von einer Prognose?	264
3 Was sind typische «Gegenstände» einer qualitativen und einer quantitativen Planung?	264

4 Was bildet die zentrale Referenzgrösse zur Ermittlung des Volumens an proportionalen Kosten in der Managementerfolgsrechnung? 268

5 Welche Vor- und Nachteile sehen Sie jeweils bei einer periodischen Neuauflage und einer rollenden Überarbeitung des Mehrjahresplans? 270/271

6 Wieso ist es sinnvoll, die Managementerfolgsrechnung auf der Grundlage von Standardwerten zu erstellen und die jeweiligen Abweichungen gesondert auszuweisen? 280

7 Welche Voraussetzungen müssen erfüllt sein, damit eine Kostenbewirtschaftung auch ohne Kostenstellenrechnung sinnvoll möglich ist? 280

8 Worin besteht die Differenz zwischen dem Managementerfolg und dem Reingewinn der Bilanz? 282/283

9 Welche Bedeutung kommt der periodischen Standortbestimmung im Controlling-Prozess zu? 292

10 Wieso ist im Verlauf des Controlling-Prozesses die Beachtung auch psychologischer Aspekte von enormer Wichtigkeit, und welche Rolle spielt in diesem Zusammenhang der Controller? 292

11 Beschreiben Sie in Ihren eigenen Worten den Zusammenhang zwischen den einzelnen Elementen der Feinsteuerung im Controller-Bericht. 294/295

12 Wie können Kennzahlen zur Frühwarnung eingesetzt werden? Wofür könnte ein kontinuierliches Absinken des Eigenfinanzierungsgrades ein deutliches Signal sei? Geben Sie andere Beispiele für alarmierende Entwicklungen verschiedener Kennzahlen mit jeweiligen Interpretationen. 299

13 Was sollte bei der Auswahl von Kennzahlen für die Finanzielle Perspektive beachtet werden? 299

14 Welchen Vorteil hat ein zu einer Balanced Scorecard ausgebautes Managementinformationssystem? Kapitel 3.5

15 Haben Sie Lust bekommen, das vermittelte Wissen in der Praxis anzuwenden?
Vereinbaren Sie einen Termin mit dem Controller in Ihrer Firma und lassen Sie sich die verschiedenen Module in der Praxis zeigen und erläutern. Sie werden dann sehen, dass Controlling keine Hexerei ist.

Anhang I
Hilfstabellen für Abzinsungsfaktoren

Abzinsungsfaktor
Gegenwartswert von 1.– (Tabelle A) $\nu = \frac{1}{(1+i)^n}$

Gegenwartswert einer Zahlung von 1, fällig Ende Jahr = Abzinsung
Anwendung Kapitalwert = Summe der jährlichen Gewinne × Abzinsungsfaktor des betreffenden Jahres

Jahre	2%	4%	6%	8%	10%	12%	14%	16%
1	.980	.962	.943	.926	.909	.893	.877	.862
2	.961	.925	.890	.857	.826	.797	.769	.743
3	.942	.889	.840	.794	.751	.712	.675	.641
4	.924	.855	.792	.735	.683	.636	.592	.552
5	.906	.822	.747	.681	.621	.567	.519	.476
6	.888	.790	.705	.630	.564	.507	.456	.410
7	.871	.760	.665	.583	.513	.452	.400	.354
8	.853	.731	.627	.540	.467	.404	.351	.305
9	.837	.703	.592	.500	.424	.361	.308	.263
10	.820	.676	.558	.463	.386	.322	.270	.227
11	.804	.650	.527	.429	.350	.287	.237	.195
12	.788	.625	.497	.397	.319	.257	.208	.168
13	.773	.601	.469	.368	.290	.229	.182	.145
14	.758	.577	.442	.340	.263	.205	.160	.125
15	.743	.555	.417	.315	.239	.183	.140	.108
16	.728	.534	.394	.292	.218	.163	.123	.093
17	.714	.513	.371	.270	.198	.146	.108	.080
18	.700	.494	.350	.250	.180	.130	.095	.069
19	.686	.475	.331	.232	.164	.116	.083	.060
20	.673	.456	.312	.215	.149	.104	.073	.051
21	.660	.439	.294	.199	.135	.093	.064	.044
22	.647	.422	.278	.184	.123	.083	.056	.038
23	.634	.406	.262	.170	.112	.074	.049	.033
24	.622	.390	.247	.158	.102	.066	.043	.028
25	.610	.375	.233	.146	.092	.059	.038	.024
30	.552	.308	.174	.099	.057	.033	.020	.012
35	.500	.253	.130	.068	.036	.019	.010	.006
40	.453	.208	.097	.046	.022	.011	.005	.003
45	.410	.171	.073	.031	.014	.006	.003	.001
50	.372	.141	.054	.021	.009	.003	.001	.001

18%	20%	22%	24%	26%	28%	30%	35%	40%
.847	.833	.820	.806	.794	.781	.769	.741	.714
.718	.694	.672	.650	.630	.610	.592	.549	.510
.609	.579	.551	.524	.500	.477	.455	.406	.364
.516	.482	.451	.423	.397	.373	.350	.301	.260
.437	.402	.370	.341	.315	.291	.269	.223	.186
.370	.335	.303	.275	.250	.227	.207	.165	.133
.314	.279	.249	.222	.198	.178	.159	.122	.095
.266	.233	.204	.179	.157	.139	.123	.091	.068
.225	.194	.167	.144	.125	.108	.094	.067	.048
.191	.162	.137	.116	.099	.085	.073	.050	.035
.162	.135	.112	.094	.079	.066	.056	.037	.025
.137	.112	.092	.076	.062	.052	.043	.027	.018
.116	.093	.075	.061	.050	.040	.033	.020	.013
.099	.078	.062	.049	.039	.032	.025	.015	.009
.084	.065	.051	.040	.031	.025	.020	.011	.006
.071	.054	.042	.032	.025	.019	.015	.008	.005
.060	.045	.034	.026	.020	.015	.012	.006	.003
.051	.038	.028	.021	.016	.012	.009	.005	.002
.043	.031	.023	.017	.012	.009	.007	.003	.002
.037	.026	.019	.014	.010	.007	.005	.002	.001
.031	.022	.015	.011	.008	.006	.004	.002	.001
.026	.018	.013	.009	.006	.004	.003	.001	.001
.022	.015	.010	.007	.005	.003	.002	.001	
.019	.013	.008	.006	.004	.003	.002	.001	
.016	.010	.007	.005	.003	.002	.001	.001	
.007	.004	.003	.002	.001	.001			
.003	.002	.001	.001					
.001	.001							
.001								

Barwertfaktor
Gegenwartswert einer Annuität von 1.– (Tabelle B) $a_{\overline{n}|} = \frac{1-(1+i)^{-n}}{i} = \sum_{t=1}^{n} \frac{1}{(1+i)^t} = \sum_{t=1}^{n} v_t$

Gegenwartswert eines Zahlungsstromes von jährlich 1, fällig jeweils Ende Jahr während n Jahren
Anwendung: Kapitalwert = jährlicher Gewinn × Barwertfaktor

Jahre	2%	4%	6%	8%	10%	12%	14%	16%
1	.980	.962	.943	.926	.909	.893	.877	.862
2	1.942	1.886	1.833	1.783	1.736	1.690	1.647	1.605
3	2.884	2.775	2.673	2.577	2.487	2.402	2.322	2.246
4	3.808	3.630	3.465	3.312	3.170	3.037	2.914	2.798
5	4.713	4.452	4.212	3.993	3.791	3.605	3.433	3.274
6	5.601	5.242	4.917	4.623	4.355	4.111	3.889	3.685
7	6.472	6.002	5.582	5.206	4.868	4.564	4.288	4.039
8	7.325	6.733	6.210	5.747	5.335	4.968	4.639	4.344
9	8.162	7.435	6.802	6.247	5.759	5.328	4.946	4.607
10	8.983	8.111	7.360	6.710	6.145	5.650	5.216	4.833
11	9.787	8.760	7.887	7.139	6.495	5.938	5.453	5.029
12	10.575	9.385	8.384	7.536	6.814	6.194	5.660	5.197
13	11.348	9.986	8.853	7.904	7.103	6.424	5.842	5.342
14	12.106	10.563	9.295	8.244	7.367	6.628	6.002	5.468
15	12.849	11.118	9.712	8.559	7.606	6.811	6.142	5.575
16	13.578	11.652	10.106	8.851	7.824	6.974	6.265	5.668
17	14.292	12.166	10.477	9.122	8.022	7.120	6.373	5.749
18	14.992	12.659	10.828	9.372	8.201	7.250	6.467	5.818
19	15.678	13.134	11.158	9.604	8.365	7.366	6.550	5.877
20	16.351	13.590	11.470	9.818	8.514	7.469	6.623	5.929
21	17.011	14.029	11.764	10.017	8.649	7.562	6.687	5.973
22	17.658	14.451	12.042	10.201	8.772	7.645	6.743	6.011
23	18.292	14.857	12.303	10.371	8.883	7.718	6.792	6.044
24	18.914	15.247	12.550	10.529	8.985	7.784	6.835	6.073
25	19.523	15.622	12.783	10.675	9.077	7.843	6.873	6.097
30	22.396	17.292	13.765	11.258	9.427	8.055	7.003	6.177
35	24.999	18.665	14.498	11.655	9.644	8.176	7.070	6.215
40	27.355	19.793	15.046	11.925	9.779	8.244	7.105	6.233
45	29.490	20.720	15.456	12.108	9.863	8.283	7.123	6.242
50	31.424	21.482	15.762	12.233	9.915	8.304	7.133	6.246

18%	20%	22%	24%	26%	28%	30%	35%	40%
.847	.833	.820	.806	.794	.781	.769	.741	.714
1.566	1.528	1.492	1.457	1.424	1.392	1.361	1.289	1.224
2.174	2.106	2.042	1.981	1.923	1.868	1.816	1.696	1.589
2.690	2.589	2.494	2.404	2.320	2.241	2.166	1.997	1.849
3.127	2.991	2.864	2.745	2.635	2.532	2.436	2.220	2.035
3.498	3.326	3.167	3.020	2.885	2.759	2.643	2.385	2.168
3.812	3.605	3.416	3.242	3.083	2.937	2.802	2.508	2.263
4.078	3.837	3.619	3.421	3.241	3.076	2.925	2.598	2.331
4.303	4.031	3.786	3.566	3.366	3.184	3.019	2.665	2.379
4.494	4.192	3.923	3.682	3.465	3.269	3.092	2.715	2.414
4.656	4.327	4.035	3.776	3.453	3.335	3.147	2.752	2.438
4.793	4.439	4.127	3.851	3.606	3.387	3.190	2.779	2.456
4.910	4.533	4.203	3.912	3.656	3.427	3.223	2.799	2.469
5.008	4.611	4.265	3.962	3.695	3.459	3.249	2.814	2.478
5.092	4.675	4.315	4.001	3.726	3.483	3.268	2.825	2.484
5.162	4.730	4.357	4.033	3.751	3.503	3.283	2.834	2.489
5.222	4.775	4.391	4.059	3.771	3.518	3.295	2.840	2.492
5.273	4.812	4.419	4.080	3.786	3.529	3.304	2.844	2.494
5.316	4.843	4.442	4.097	3.799	3.539	3.311	2.848	2.496
5.353	4.870	4.460	4.110	3.808	3.546	3.316	2.850	2.497
5.384	4.891	4.476	4.121	3.816	3.551	3.320	2.852	2.498
5.410	4.909	4.488	4.130	3.822	3.556	3.323	2.853	2.498
5.432	4.925	4.499	4.137	3.827	3.559	3.325	2.854	2.499
5.451	4.937	4.507	4.143	3.831	3.562	3.327	2.855	2.499
5.467	4.948	4.514	4.147	3.834	3.564	3.329	2.856	2.499
5.517	4.979	4.534	4.160	3.842	3.569	3.332	2.857	2.500
5.539	4.992	4.541	4.164	3.845	3.571	3.333	2.857	2.500
5.548	4.997	4.544	4.166	3.846	3.571	3.333	2.857	2.500
5.552	4.999	4.545	4.166	3.846	3.751	3.333	2.857	2.500
5.554	4.999	4.545	4.167	3.846	3.571	3.333	2.857	2.500

Anhang II
Beispiele für die Berichtsformulare aus Modul 5

Anregungen für eigene konzeptionelle Gestaltungsarbeiten

Inhalt

- Formulare für die Mehrjahresplanung (Formular MJP)
- Formulare C1, C2 und C3 für den Controller-Bericht («Berichtsfenster»)
- Finanzwirtschaftliche Kennzahlenübersicht im Mehrjahresvergleich (Formular KZ-MVGL)
- Ertragsstrukturanalyse der *einzelnen Geschäftsbereiche* im Mehrjahresvergleich (Formular ESA-1)
- Ertragsstrukturanalyse des *Verkaufs* im Mehrjahresvergleich (Formular ESA-2)
- Kennzahlen-Periodenübersicht Gesamtunternehmen (Formular KZ-Total)
- Kennzahlen-Periodenübersicht Verkauf (Formular KZ-VK)

Hinweis

Es erweist sich als ausserordentlich hilfreich, wenn solche Formulare in einem Tabellenkalkulationsprogramm umgesetzt werden können, was dann mit geringem Aufwand auch die Durchführung entsprechender Simulationen (Szenarien) und damit ein wirklich aktives Controlling ermöglicht.

Planungsschema einer Mehrjahresplanung (Form MJP)

	2009 (Budget)	
Planungsgrösse	absolut	% vom Nettoerlös
Bruttoerlös		
Erlösminderungen		
Nettoerlös		100
Warenaufwand, Fremdleistungen		
DB 0 (Bruttogewinn, Rohertrag)		
Übrige proportionale Kosten (Produktion, Vertrieb)		
DB I		
Erlösträgerfixkosten (Promotions, Product Management)		
DB II		
Fixkosten des Verkaufs		
DB III		
Fixkosten der Produktion und Logistik		
DB IV		
Fixkosten der Forschung und Entwicklung		
DB V (Spartenergebnisse)		
Fixkosten der Verwaltung		
DB VI (Plan-Verkaufserfolg ohne kalk. Kosten)		

2010		2011		2012	
absolut	% vom Nettoerlös	absolut	% vom Nettoerlös	absolut	% vom Nettoerlös
	100		100		100

	2009 (Budget)	
Planungsgrösse	absolut	% vom Nettoerlös
DB VI (Plan-Verkaufserfolg ohne kalk. Kosten)		
Positionen der Abstimmbrücke ./. Steuern + Finanzergebnis (Kapitalerträge minus Fremdkapitalzinsen, ausgehend von bestehender Kapitalstruktur bei Berücksichtigung allfällig entstehender Überschüsse/ Lücken) + Saldo der neutralen Erträge und Aufwendungen (ohne Abschreibungen; z. B. Saldo der Liegenschaftsrechnung)		
Cashflow		
./. Zunahme bzw. + Abnahme der *Kundenforderungen*		
./. Zunahme bzw. + Abnahme der *Warenvorräte (Lager)*		
./. Abnahme bzw. + Zunahme der *Lieferantenschulden*		
Mittelfluss aus betrieblicher Geschäftstätigkeit		
./. Investitionen in Sachanlagen und Beteiligungen		
+ Desinvestitionen von Sachanlagen und Beteiligungen		
Mittelfluss aus betrieblicher Geschäftstätigkeit und aus Investitionsaktivitäten		
./. geplante Dividendenzahlungen		
Mittelfluss aus betrieblicher Geschäftstätigkeit und aus Investitionsaktivitäten vor weiteren Finanzierungsaktivitäten		
p. m. Finanzierungsreserven (ungenützte Kreditlimiten usw.)		

2010		**2011**		**2012**	
absolut	% vom Nettoerlös	absolut	% vom Nettoerlös	absolut	% vom Nettoerlös

Form C1

1. Relevante Zahlen (Standortbestimmung)	**Informationen per (1000 CHF/EUR pro Periode [kum.])**			**Geschäftsbereich:**		
Leistungen/Ergebnis	Plan per	Ist per	Vorjahr per	Abweichungen zum Plan		
				in 1000 CHF/ EUR	in % vom Plan	in % vom Vorjahr
Bruttoumsatz						
Nettoerlös						
DB 0 (Bruttogewinn/Rohertrag)						
DB 0 in % vom Nettoerlös						
DB I						
DB I in % vom Nettoerlös						
DB II (Betriebs-Cashflow)						
DB II in % vom Nettoerlös						
Operatives Resultat						
Operatives Resultat, % vom NE						
Auftragsbestand						
Fertiglagerbestand						
Personalkosten in % vom Nettoerlös						
Bruttoinvestitionen Nettoumlaufvermögen						
Bruttoinvestitionen Anlagevermögen						

3. Ursachenanalyse und Schlussfolgerungen

2. Sachverhalte in Worten = Anamnese und Diagnose (Abweichungsanalyse)

Handlungsbedarf – Alternativen	Dringlichkeit

Form C2

1. Relevante Zahlen (Standortbestimmung)	**Informationen per (1000 CHF/EUR pro Periode [kum.])**			**Geschäftsbereich:**		
Leistungen/Ergebnis	Plan per	Ist per	Vorjahr per	Abweichungen zum Plan		
				in 1000 CHF/ EUR	in % vom Plan	in % vom Vorjahr
Bruttoumsatz						
Nettoerlös						
DB 0 (Bruttogewinn/Rohertrag)						
DB 0 in % vom Nettoerlös						
DB I						
DB I in % vom Nettoerlös						
DB II (Betriebs-Cashflow)						
DB II in % vom Nettoerlös						
Operatives Resultat						
Operatives Resultat, % vom NE						
Auftragsbestand						
Fertiglagerbestand						
Personalkosten in % vom Nettoerlös						
Bruttoinvestitionen Nettoumlaufvermögen						
Bruttoinvestitionen Anlagevermögen						

4. Massnahmen = Therapie (in Stichworten)

5. Erwartung bis zum 31.12.20XX (Restplanwert in 1000 CHF/EUR)

Jahresplan (Budget)	Erwartung restliche Zeit	Erwartetes IST-Ende	Abweichungen Jahresplan erwartetes IST-Ende	Abweichungen in %	
				zum Jahresplan	zum Vorjahr

Termin	verantwortlich

Form C3

6. Aktionsplan (Zeit-Meilensteine)

Nr.	Priorität	Massnahme

Legende

Priorität: Beispielsweise A (sofort + persönlich; kritisch für alle weiteren Schritte), B (mittelfristig + persönlich), C (mittelfristig + delegierbar)
Massnahme: Beschreibung in Worten
Mitarbeit: Unmittelbar beteiligte Personen (Wer muss an der Umsetzung dieser Massnahme persönlich mitarbeiten?)
Betroffene: Indirekt betroffene Personen (Personen, die nicht an der Umsetzung mitarbeiten, aber in irgendeiner Weise davon betroffen sind.)
Termin: Bis wann muss diese Massnahme spätestens realisiert sein?

Mitarbeit von	Betroffene	Termin	Hilfsmittel/ Ressourcen	Eventualitäten-planung

Hilfsmittel/Ressourcen: Stunden/Tage Arbeitszeit pro beteiligtem Mitarbeiter, Beratungsbedarf (extern/intern), EDV-Hardware (PC), Software, Sitzungszimmer, Broki-Schreiber, Pinnwand usw.

Eventualitätenplanung: Welche Massnahmen (Nr.) müssen ergriffen werden, falls die entsprechende Massnahme auf Widerstand stösst oder scheitert?

Finanzwirtschaftliche Kennzahlenübersicht im Mehrjahresvergleich *(Form KZ-MVGL)*

Kennzahl	Soll-Wert	2010	2011
Verschuldungsgrad			
Anlagendeckungsgrad II			
Liquidität I			
Liquidität II			
Liquidität III			
Nettoumlaufvermögen			
Belehnungsgrad der Liegenschaften (Hypotheken)			
Durchschnittlich gewährte Kreditfrist (Debitoren) in Tagen			
Umsatzrentabilität			
Gesamtkapitalrentabilität			
Cashflow-Rentabilität			
Nettoverschuldungsfaktor [Jahre]			
Selbstfinanzierungskraft			
Personalbestand			

2012	2013	2014	2015	2016	*2017*

Ertragsstrukturanalyse der *einzelnen Geschäftsbereiche* im Mehrjahresvergleich *(Form ESA-1)*

Geschäftsbereich		2010	2011
Sparte A	Prozentualer Anteil am Gesamtumsatz		
	Sparten DB II in % vom Gesamt-DB II		
	Prozentualer Anteil an der Summe aller Spartenergebnisse (DB V)		
Sparte B	Prozentualer Anteil am Gesamtumsatz		
	Sparten DB II in % vom Gesamt-DB II		
	Prozentualer Anteil an der Summe aller Spartenergebnisse (DB V)		
Sparte C	Prozentualer Anteil am Gesamtumsatz		
	Sparten DB II in % vom Gesamt-DB II		
	Prozentualer Anteil an der Summe aller Spartenergebnisse (DB V)		
Sparte D	Prozentualer Anteil am Gesamtumsatz		
	Sparten DB II in % vom Gesamt-DB II		
	Prozentualer Anteil an der Summe aller Spartenergebnisse (DB V)		

2012	2013	2014	Bemerkungen zur Trendentwicklung

Ertragsstrukturanalyse des *Verkaufes* im Mehrjahresvergleich *(Form ESA-2)*

Geschäftsbereich		2010	2011
Sparte A Total	Prozentualer Anteil am Gesamtumsatz		
	Sparten DB II in % vom Gesamt-DB II		
	Prozentualer Anteil an der Summe aller Spartenergebnisse (DB V)		
Produktgruppe **A1**	Prozentualer Anteil am Spartenumsatz		
	Produktgruppen-DB in % vom Sparten-DB II		
	Produktgruppen-DB in % vom Gesamt-DB II		
Produktgruppe **A2**	Prozentualer Anteil am Spartenumsatz		
	Produktgruppen-DB in % vom Sparten-DB II		
	Produktgruppen-DB in % vom Gesamt-DB II		
Produktgruppe **A3**	Prozentualer Anteil am Spartenumsatz		
	Produktgruppen-DB in % vom Sparten-DB II		
	Produktgruppen-DB in % vom Gesamt-DB II		

2012	2013	2014	Bemerkungen zur Trendentwicklung

Kennzahlen-Periodenübersicht Gesamtunternehmen *(Form KZ-Total)*

Kennzahlen	Budget der Periode Soll-Wert	Berichtsperiode Ist
Liquidität		
Liquidität I		
Liquidität II		
Liquidität III		
Investitionen		
Veränderungen des Umlaufvermögens		
Bruttoinvestitionen ins Anlagevermögen		
Wirtschaftlichkeit		
DB 0 in % vom Nettoerlös		
DB I in % vom Nettoerlös		
Verkaufserfolg		
Nettoerlös pro Mitarbeiter		
Verkaufserlös pro Mitarbeiter		
Betriebswirtschaftlicher Cashflow		
Betriebswirtschaftlicher Cashflow in % von Nettoerlös		
Bestände		
Auftragsbestand		
Lagerbestand Fertigfabrikate		
Debitoren in % vom Nettoerlös		

Periode ____________ Ist	**Periode ____________ Ist**	**Periode ____________ Ist**	**Periode ____________ Ist**

Kennzahlen-Periodenübersicht Verkauf *(Form KZ-VK)*

Kennzahlen	Budget der Periode Soll-Wert	Berichtsperiode Ist
Umsatz und Marktanteil		
Produktgruppe A		
Produktgruppe B		
Produktgruppe C		
Produktgruppe D		
Produktgruppe E		
Produktgruppe X (wichtigster Konkurrent)		
Wirtschaftlichkeit		
Nettoerlös pro Verkäufer		
Bruttogewinn pro Verkäufer		
Verkaufskosten in % vom Nettoerlös		
Lagerumschlag		
Fertigprodukte Total		
Produktgruppe A		
Produktgruppe B		
Produktgruppe C		
Produktgruppe D		
Produktgruppe E		

$$\text{Lagerumschlag} = \frac{\text{Anschaffungskosten der verkauften Marktleistungen der Periode} \times 12}{\text{durchschnittlicher Lagerbestand der Periode } [\tfrac{1}{2} \times (\text{Anfangsbestand} + \text{Endbestand})]}$$

Periode ______ Ist	Periode ______ Ist	Periode ______ Ist	Periode ______ Ist

Anhang III
Abbildungsverzeichnis

Modul 1

Modul 2

Modul 3

Modul 4

Modul 5

Anhang IV
Stichwortverzeichnis

Die Autoren

Johannes Rüegg-Stürm (*1961) Prof. Dr., ordentlicher Professor für Organizational Behavior an der Universität St. Gallen, geschäftsführender Direktor des Instituts für Betriebswirtschaft IfB-HSG, Studium in Betriebswirtschaftslehre mit Vertiefungsrichtung Finanzierung, Rechnungslegung und Controlling, mehrere Jahre Berufserfahrung in einem führenden Industrieunternehmen.
Forschungs- und Lehrgebiete: Integratives unternehmerisches Management, Strategische Unternehmensentwicklung, Management strategischen Wandels, Strategisches Prozessmanagement, systemisch-konstruktivistische Ansätze und Methoden in der Managementforschung und Managementpraxis, Management von Health-Care-Organisationen.

Stefan Sander (*1961) Prof. Dr., Professor für Controlling und Rechnungswesen an der Steinbeis Universität Berlin, Dozent an der Universität St. Gallen und Partner bei HSP Consulting AG St. Gallen, einer internationalen Beratungsfirma, Leiter des Kompetenzzentrums Controlling. Mehrfach ausgezeichneter Referent in verschiedensten MBA-Studiengängen, aktiver Verwaltungsrat und Coach zum Themengebiet «Finanzielle Führung und Controlling bei KMU und Familienunternehmen».